*Este livro é para
Judy, Carla, Katherine,
Jessica, Nicholas, Sebastian,
Lucy, Christopher, Timothy,
Julia e Charlotte.*

AGRADECIMENTOS

Teria sido impossível escrever sobre frei Joe sem a inspiração propiciada por The Moth e o incentivo do diretor de criação, Joey Xanders; sem o trabalho árduo, a dedicação e a confiança ilimitada de Dan Menaker, Jonathon Lazear e Webster Younce. Acima de tudo, agradeço aos abades e à Comunidade da Abadia de Quarr, no passado e no presente, de modo especial ao abade Cuthbert Johnson, a dom Matthew Tylor, a dom Robert Gough, ao irmão John Bennet e ao irmão Francis Verry. Ao incentivo do frei Joe McNerney, que não foi apenas de ordem espiritual. À ajuda do frei Tom Faucher e de Arthur Wells.

Finalmente, minha dívida de gratidão com George Kalogerakis é do tamanho do déficit público federal, pela perspicácia, paciência e amizade por ele sempre demonstradas.

**PAX**

PRÓLOGO

Lá está ele, de pé sobre o solo lamacento do promontório, as mãos debaixo do escapulário, para se manterem aquecidas, a boca larga e carnuda exibindo um sorriso sereno diante da agitação acinzentada do Canal da Mancha. Por cima das orelhas grandes, emoldurando um nariz de marmota e um par de óculos surrados e sem aro, como os de uma anciã, o capuz negro constitui um abrigo velho e rudimentar ante a chuva tempestuosa. Mais abaixo: pés irremediavelmente chatos, calçando meias pretas e grandes sandálias um tanto largas, que surgem sob paramentos pretos que, açoitados pelas rajadas de vento, revelam (a quem tiver a sorte de vê-los) lampejos de joelhos ingleses, brancos e tão ossudos que poderiam ganhar prêmios.

Dom Joseph Warrilow é seu nome monástico oficial, mas todos o chamam de frei Joe. Eu o vi na postura e no local que acabo de descrever, inúmeras vezes ao longo dos anos, seja em carne e osso ou na minha imaginação. Jamais consegui impedir que um sorriso me surgisse nos lábios. Não se pode imaginar caricatura mais perfeita de um monge. E ele é um santo.

Esta palavra, outrora poderosa, hoje em dia pobre e gasta — humilhada e enfraquecida pelo abuso —, não é aqui empregada de modo superficial. "Santo" não traduz apenas dedicação, altruísmo ou generosidade, embora inclua todas estas características. Tampouco traduz o ápice da devoção religiosa, embora possa, às vezes, incluí-la. Há muitas pessoas devotas que acreditam que são santas, mas não são, e muitas pessoas que se acham ímpias, mas que são santas.

Santa é a pessoa que pratica a virtude humana básica: a humildade. Humildade diante da riqueza e da fartura, humildade diante do ódio e da violência, humildade diante da força, humildade diante da própria genialidade ou carência de genialidade, humildade diante da humildade do próximo, humildade diante do amor e da beleza, humildade diante da dor e da morte. Os santos são impelidos a se humilharem diante do esplendor e dos horrores do mundo porque percebem haver aí algo divino, algo pulsante e vivo sob a superfície enrijecida e inerte das coisas materiais, algo incrivelmente maior e mais puro do que eles.

Esse homem é uma dessas raras criaturas. Ternura e bondade exalam dele como loção após barba. Apesar de uma curiosidade e uma preocupação irreprimíveis, apesar do gosto que tem em conversar e ouvir, e conversar um pouco mais, uma grande calma o envolve, em que ele nos acolhe sem que possamos perceber, atenuando a dor das nossas obsessões mais agudas, aplacando as prioridades ensandecidas do nosso mundo com o bálsamo da sua paz.

Por mais de quarenta anos, pois quando o conheci eu não passava de um menino, esse homem que parece uma gárgula tem sido o meu ponto fixo, a rocha da minha alma, estável e firme como o imenso carvalho que fica na curva da colina em que o mosteiro está situado, a colina que desce até o mar. Já o perdi e o reencontrei mais de uma vez; já fui longe, já me desviei muito do ancoradouro que é a sua presença, mas, a despeito da distância, jamais deixei de amá-lo e respeitá-lo, e de ansiar por sua companhia. Almejei-lhe a sapiência — embora jamais esperasse alcançá-la; temi-lhe o julgamento —, embora jamais fosse por ele julgado.

Desde que me entendo por gente, ele tem sido o meu aliado mais poderoso, o porteiro do meu Éden perdido, um farol de fé iluminando o nevoeiro oceânico criado pelo sucesso e pelo dinheiro, pela celebrização e pelos bens materiais, o meu guia destemido na floresta tropical do amor humano, a corda de segurança que me mantém preso ao divino, meu frei Joe.

Anos atrás, o promontório de barro onde ele agora se encontra avançava bem mais sobre o mar, mas a erosão provocada pelas ondas é implacável. O frade contempla as gaivotas se precipitando e mergulhando em busca de comida. Vira-se para mim e exibe o sorriso amável e torto:

*Tony, meu caro, eu estava mesmo pensando em você. Como vão seus belos filhos?*

*Mais belos do que nunca. Felizmente, à medida que ficam mais velhos, parecem cada vez menos com o pai.*

*E você, meu caro?*

*Ainda sozinho, frei Joe.*

*Não está sozinho, meu caro. Jamais estamos sozinhos.*

*Eu me lembro. E todas as vezes que o senhor disse isso, senti a presença de Deus. Mas senti tal presença no senhor, através do senhor. Agora estou vazio.*

Ele volta a sorrir, o velho sorriso de "não" — um "não" que sempre quer dizer "sim". Tomando o sorriso como um convite, chego mais perto. Esperançoso. Porventura dessa vez...

Mas ele se desfaz, ainda sorridente, na chuva eterna.

As árvores desfolhadas e decaídas pingam a água da garoa que esfria o meu corpo sempre a envelhecer. A maré espanca e empurra o barro teimoso.

Como fazer meu amigo querido, meu bom amigo voltar a viver? Afastando a pedra que lhe encobre o túmulo, tomando-o pela mão e o trazendo de volta à luz. Vendo-o, novamente, a sorrir, ensinar e curar...

# PARTE UM

CAPÍTULO UM

Como conheci frei Joe:

Eu tinha 14 anos, e estava tendo um caso com uma mulher casada.

Ao menos, ela dizia que tínhamos um caso; dizia também que éramos amantes, e em várias ocasiões disse que éramos amantes condenados. Adolescente típico, muito me agradavam estes termos tórridos; na prática, entretanto, não passei da segunda base (eu não sabia que se tratava da segunda base, pois eu vivia na Inglaterra).[1]

---

[1] Referência ao jogo de beisebol, com suas quatro bases. Ao dizer que não passou da segunda base, o autor insinua que só acariciou os seios da mulher. [N. do T.]

Bem mais tarde, quando assisti ao filme *A Primeira Noite de um Homem*, percebi que a minha Mrs. Robinson talvez fosse mais velha do que me confessara — 22 anos. Aos meus olhos inexperientes, ela, sem dúvida, parecia ter tal idade; eu ainda era bastante jovem para supor que quaisquer mulheres que tivessem seios e cintura, bem como os seus próprios dentes, teriam mais ou menos a mesma idade — isto é, seriam adultas —, e seriam também o repositório de prazeres inimagináveis que nos valeriam...

... tormentos específicos, medonhos. A mosca na sopa dessa relação era o fato de sermos ambos católicos. Ao menos em teoria (teoria, para mim, prática, para ela), uma conta alta estava sendo acumulada, em algum lugar, somando a pecaminosidade de todos os nossos atos, de cada gesto nosso, de cada palavra trocada entre nós, sem falar de cada beijo. Se a morte nos golpeasse, se um raio ricocheteasse em uma das grandes árvores das cercanias e atingisse nossos corpos concupiscentes, se um dos aviões a jato que estavam sendo construídos em DeHavilland, do outro lado da colina, se desintegrasse e se precipitasse em direção ao solo (conforme tantas vezes parecia ser o caso, quando os aviões tentavam romper a barreira do som), transformando em uma bola de fogo o *trailer* em que ela morava, nós mergulharíamos fundo nas entranhas do inferno, inconfessos, impenitentes, condenados a sofrimento indescritível, por toda a eternidade.

Grande parte da nossa conversa limitada — a norma geral era o que ela chamava de silêncio "existencial", interminável, agonizante — versava sobre o cabimento dessas mesmas conversas, se deveríamos ficar juntos, amantes condenados, sofrendo as agruras de uma relação desesperada e ilícita, debatendo-nos diante da tentação irresistível de morarmos na mesma vizinhança, cidade, condado, país, planeta, dimensão. Fazíamos tanto mal um ao outro, dizia ela, éramos tamanhos objetos de pecado mútuo, que estávamos brincando com fogo; ah, quisera jamais termos nos encontrado, jamais mergulhado nesse caldeirão de emoções incontidas, das quais não tínhamos como escapar!

Tais sentimentos eram para mim muito novos. Minha reação instintiva era de que tudo aquilo parecia tolice, mas será que eu compreendia o que estava acontecendo? Eu tinha uma vaga idéia de estar vivendo um rito de passagem, deixando a infância, e que, a partir de então, teria de aprender, sem ser ensinado, como os adultos agiam e falavam. Melhor seria não atrapalhar o andamento do caso, dando com a língua nos dentes. Eu usufruía bem o momento. A Sra. Bootle não era de se jogar fora, em termos de aparência física. Quem sabe, em situações críticas, todas as mulheres não falassem sempre assim. Os livros tinham sido os meus únicos guias e, até então, tudo parecia correr condignamente — era como estar na minissérie *Os Pássaros Feridos*, se esta tivesse sido escrita por Christina Rossetti.

Mas já fazia muito tempo, desde o primeiro beijo hesitante, e muitos beijos tinham sido dados desde então. Eu estava ficando impaciente, ansioso por descobrir qual seria o próximo caldeirão de emoções incontidas, das quais não havia como escapar.

Agora, em uma triste manhã de sábado, no início de uma primavera úmida e abafada nos campos verdes de Hertfordshire, na Inglaterra, no Mundo, no Sistema Solar, no Universo, no ano de 1956 de Nosso Senhor, eu estava prestes a realizar tal descoberta.

Ela estava de pé, no canto do *trailer* onde ficava a cozinha, cercada de louça usada, de costas para a janela que parecia um quadro, e através da qual era possível avistar o terreno encharcado que descia até o rio, inchado e sisudo por causa da chuva, as pequeninas calotas verdes dos legumes da horta pouco visíveis em meio à lama.

— Será que devemos? — ela disse, em um meio suspiro, agonizante.

— Acho que sim — respondi, sem fazer idéia do que ela estava falando.

— Mas... mas... — ela nunca dizia apenas um "mas", sempre dois, pelo menos — será o fim; não poderemos voltar atrás, tudo estará perdido.

— Bem, então — disse a voz da razão proto-adulta —, talvez não devamos.

— Não! Não! Sim! Sim! Como podemos nos controlar; estou fora de mim. Ouça o que digo: atiremos ao vento as nossas precauções! Vire-se.

Obedeci à ordem, virando o rosto e fechando os olhos, sentindo que um êxtase enlouquecido me subia pelo corpo, dos calcanhares até as pálpebras. Então era aquilo, seja lá o que fosse. Ouvi, atrás de mim, uns ruídos furtivos: roupas roçando, botões e zíperes se abrindo, breves arquejos causados pelo esforço.

— Vire-se — ela sussurrou, com uma voz áspera. Obedeci. — Abra os olhos.

Obedeci. Agora era ela quem estava de olhos fechados, a cabeça inclinada para o lado, os cabelos longos encobrindo-lhe os ombros brancos, delicados e desnudos, toda a sua figura emoldurada pela janela molhada de chuva: a Madona da Garoa. Meus olhos nervosos escorregaram até aqueles seios. Eram bem pequenos, de tamanhos ligeiramente diferentes e meio caídos. Bem, na realidade, bastante caídos, com bicos maiores do que eu esperava. O bebê — que parecia um temporão muito meigo — deve ter sido um grande comilão.

Foram os primeiros seios que vi ao vivo. Até aquele momento, eu só tinha visto seios em revistas de nudismo. Seriam todos como aqueles? Eu acabara de ler os *Quatro Quartetos*: a imagem de Tirésias surgiu na minha mente e se recusava a sair.

Então, ela me beijou. Seus lábios e o rosto estavam mais quentes do que de costume, como a face do meu irmão caçula, quando tinha febre. Ela chegou mais perto. Senti o calor de sua pele através da minha camisa, e senti o contato do que imaginei fossem aqueles bicos de seio. Enfiei a mão por dentro do vestido que ela havia abaixado, tocando-lhe o quadril e o ventre.

— Não! Não! — ela sussurrou, cobrindo a minha mão com a sua. Mas empurrou minha mão um milímetro para baixo. Tendo eu cedido ao movimento, ela resistiu, puxando minha mão para cima, ainda que menos de um milímetro.

— Não faça isso! — ela disse, soluçando. — Pense no pecado, no pecado mortal, nas chamas eternas!

Em seguida, a pressão para baixo. Caso modelar de não que é sim, embora eu fosse jovem demais para entender artimanhas psicossexuais. Cedi à descida daquela mão por alguns milímetros. E a mão resistia. E subíamos novamente. Mas não muito — estávamos, sem dúvida, avançando. Para baixo... para cima, para baixo, para cima, para baixo... Minha mão estava agora inteiramente dentro do vestido dela, movendo-se, lentamente, em direção à terra. A pele era sedosa, e a carne, deliciosamente macia. E ficava cada vez mais macia. Onde estávamos? Bem lá embaixo, com certeza? Ondas de alguma emoção desconhecida atravessavam-me o corpo. Senti-me tonto, tamanha era a excitação. Tirésias estava, sem dúvida, tendo a sua experiência...

Ben e Lily Bootle começaram a freqüentar a igreja católica local um ano antes. Lily era miúda e esbelta; Ben era corpulento e tinha pernas longas, e ela não lhe passava dos ombros. Embora estivesse em fase de gravidez avançada, ela usava um vestido comprido e colante, que lhe destacava os seios alvos e o ventre protuberante. As sandálias abertas de couro mostravam pés pequeninos e bem-feitos. O traje tinha um ar distintamente boêmio, em uma congregação dominical composta, em sua maioria, de viúvas inglesas malvestidas e operários irlandeses de ressaca, acompanhados de suas famílias numerosas e desregradas, e esposas que tinham a cor de cinza de cigarro.

Ben parecia ter acabado de sair de uma sessão noturna de eletrochoque. Seus cabelos fartos e viçosos estavam sempre espetados, em tufos e pontas; as roupas eram sempre amarrotadas e com algum item fora do lugar, e ele usava um velho par de óculos de aro de tartaruga, com lentes extremamente espessas.

O casal parecia não ter amigos, e mantinha um perfil discreto; ninguém sabia sequer onde eles moravam, muito menos o nosso velho pároco, padre B. Leary (o "B.", de Bartolomeu, propiciava a nós, coroinhas, a oportunidade de chamá-lo de padre Bleary).[2]

Em tempo, surgiu o bebê dos Bootle, carregado pela própria Lily, no quadril, como o faria uma camponesa tími-

---

[2] Em inglês, o adjetivo conota o sentido de "embaçado", especialmente no caso de "visão". [N. do T.]

da. O sexo do bebê não era evidente, pois este não usava roupinhas apropriadas, sendo embrulhado, a despeito da estação do ano, no que minha mãe chamava, em tom crítico, "cueiros". Ninguém descobrira muito a respeito dos Bootle, exceto que Ben era uma espécie de cientista que desenvolvia algum trabalho secreto com jatos, foguetes ou coisa que o valha. Visto que a igreja era o único lugar onde eles entravam em contato conosco, terráqueos, já havia sido notado que Ben era muito devoto. Além da missa de domingo, ele costumava aparecer em celebrações não obrigatórias, como nas noites de oração do Apostolado do Terço, no intuito de rezar pelos ateus soviéticos.

Embora nossos caminhos não tivessem se cruzado, eu costumava auxiliar o sacerdote durante a missa, uma das tarefas que eu odiava, não apenas pelas respostas em latim, que me enrolavam a língua, mas também porque a última vez que o padre Bleary escovara os dentes fora por ocasião das comemorações da vitória sobre o cáiser, e seu hálito teria paralisado até São Francisco, que tinha por hábito abraçar leproso. Determinado momento da missa, o lavabo, quando o ajudante deve lavar os dedos do sacerdote, cuja face chega a poucos centímetros do coroinha, era como sofrer um ataque de gás venenoso, nas trincheiras de Verdun.

O nível da minha fé se situava no limite da obrigatoriedade. Eu era produto do que a Igreja chamava de "casamento misto" — entre católico e não-católico, o que, no caso do meu pai, não significava nada de interessante, como muçulmano ou satanista, mas, tão-somente, queria dizer agnóstico desiludido, um "descrente de tudo, na realidade". Ironicamente, ele trabalhava com vitrais, de modo que passava mais tempo no interior de igrejas e sabia mais acerca de iconografia católica do que sua prole, nominalmente, católica.

Minha mãe era o que os padres chamavam de católica "devota". Assistia à missa todos os domingos e dias santos, confessava uma vez por mês, não poupava moedas, sempre que solicitada, mas, até onde eu podia perceber, não deixava os preceitos dos Evangelhos e do seu principal porta-voz interferirem muito em sua rotina de mexericos, reprimendas, palmadas, difamação de vizinhos, represálias mesquinhas e outros pecadinhos da classe média.

A meu ver, um aspecto do comportamento de minha mãe estava no topo da escala de pecados veniais, se já não fosse mesmo mortal: a exemplo dos não-católicos da comunidade, ela demonstrava preconceito contra operários irlandeses que surgiam em nosso vilarejo, em grande número, conforme ocorria em outras regiões da Inglaterra, a fim de trabalhar na reconstrução da Grã-Bretanha no período pósguerra, em especial nas novas auto-estradas. Todos esses irlandeses eram católicos.

A grande maioria desses trabalhadores fugia do desemprego crônico que grassava na nova república, e trazia consigo hábitos de pobreza incompatíveis com os burgueses protestantes emergentes que habitavam o sudeste da Inglaterra: beber e cantar na rua, à meia-noite, é claro, mas também urinar na esquina, possuir somente um paletó e um par de calças — usados no local da construção, toda manhã, e no bar, toda noite, assim como na igreja, aos domingos, e na hora de dormir e cochilar, a qualquer momento.

De modo geral, eram detestados apenas por serem irlandeses. A profundidade do ódio britânico por um povo que os próprios ingleses roubaram, exterminaram, escravizaram e subjugaram pela fome é imensurável; muitas vezes vivenciei esse ódio, quando gangues de brutamontes da vizinhança me perseguiam, no meu caminho de volta da escola para casa, gritando "católico imundo, some daqui", e me atiravam pedras. É verdade que o preconceito britânico contra os católicos remonta ao século XVII e foi um tanto institucionalizado, mas é improvável que aqueles trogloditas estivessem cientes dos excessos praticados por Jaime II; para eles, "católico" e "irlandês" eram insultos semelhantes.

Eu ainda não tinha estabelecido tal conexão; crianças aprendem a lidar bem com o preconceito, perigo do qual aprendem a se desviar, na jornada rumo à idade adulta. Naquela ocasião, o sentido mais amplo de preconceito era para mim opaco, e eu estava propenso a fazer concessões ao preconceito, e com ele, talvez, até colaborasse.

Por exemplo: todos os anos, na Inglaterra, no dia 5 de novembro, Guy Fawkes — insurgente católico que viveu no início do século XVII, e que quase explodiu o Parlamento britânico — é queimado (em forma de boneco) em milhares de fogueiras por todo o país. Embora aceitável que Guy Fawkes seja lembrado pelo que, de fato, foi — um abjeto terrorista antidemocrático —, o costume expressa e alimenta há séculos o preconceito anticatólico. Por conseguinte, no domingo que precede o dia de Guy Fawkes, padres católicos condenam a prática, e católicos não costumam participar da comemoração. Para mim — piromaníaco obsessivo —, a idéia de não armar fogueira já era desanimadora, e a impossibilidade de participar da comemoração significava perder a parte mais espetacular do dia de Guy Fawkes: os fogos de artifício.

Em um casamento misto, essa questão pode ser venenosa. Meu pai chegou ao seguinte acordo: (a) fogos de artifício, evidentemente, as crianças não podiam deixar de brincar com fogos; (b) uma fogueira pequena (embora eu sempre saísse, no meio da noite, para alimentar o fogo e, se possível, queimar alguns pneus); (c) nada de *guy* (conforme é conhecido o boneco de Fawkes). Quando minha mãe levantava a objeção de que, ainda assim, simbolicamente, estávamos queimando um católico, meu pai concordava, mas acrescentava que, cada vez que soltávamos um rojão, simbolicamente, explodíamos o Parlamento.

Portanto, celebrávamos o mesmo preconceito que fazia com que me atirassem pedras no caminho entre a escola e minha casa. O mesmo preconceito que fazia com que bons cidadãos se referissem aos irlandeses como bêbados preguiçosos e lhes recusassem aluguel de quartos e atendimento em estabelecimentos comerciais. Eu considerava detestável a atitude e, uma vez que minha mãe concordava com esses cidadãos, sua atitude era, igualmente, revoltante. Eu gostaria de poder dizer que, aos 14 anos, era bastante inteligente para compreender bem a questão, mas, na verdade, tinha apenas assimilado uma aversão à discriminação a um povo quase indigente e que fazia trabalhos que ninguém queria fazer.

Sem que eu soubesse, havia mais fatores em jogo do que o altruísmo puro e simples; um vínculo mais profundo me fazia ficar do lado dos irlandeses.

Se a provocassem, mamãe dizia que apenas tentava nos manter o mais longe possível dos moleques que estavam sempre no bar. (É certo que, na igreja, ela mantinha a maior distância possível, pois sentava do lado oposto aos confrades beberrões, e ainda se afastava, se eles se aproximassem demais.) Algo mais interessante, no entanto, estava ocorrendo por trás daquelas reprimendas maternais.

Ela sempre afirmava que seu nome de solteira — McGovern — era escocês, embora o prefixo fosse "Mc", típico dos melhores sobrenomes irlandeses, e não "Mac", típico dos melhores sobrenomes escoceses. Ela e as outras quatro irmãs McGovern tinham, deveras, nascido em Glasgow, fato que pesava em seu favor. Porém, conforme dizia uma das irmãs mais velhas, menos preocupada com questões de origem: se uma gata tem gatinhos no forno, os filhotes serão biscoitos? Contudo, mamãe insistia: éramos escoceses, e orgulhosos de sê-lo: *och awa' the noo*. É claro que os britânicos não gostavam mais dos escoceses do que dos irlandeses, mas, em se tratando do preconceito anglo-saxônico em relação aos celtas, ela, evidentemente, preferia ser ridicularizada como escocesa a ser desprezada como irlandesa.

Certa vez, quando eu tinha cerca de dez anos, papai trouxe para casa um livro sobre padrões de xadrez escocês (ele era bastante meticuloso com os símbolos heráldicos e cavalheirescos exibidos em seus vitrais), e fiquei entusiasmado com os antigos desenhos em xadrez usados pela aristocracia escocesa. Com nossas profundas raízes escocesas, não teríamos o nosso próprio xadrez? Isso implicaria o uso do nosso *kilt, och awa' the noo*. Meu questionamento forçou mamãe a dar a maior volta de todos os tempos.

— Hum... é este — ela disse, apontando o xadrez dos Campbell.

— Mas este é o xadrez dos Campbell — protestei.

— Bem — ela retorquiu —, os McGovern fazem parte do clã dos Campbell.

Somente mais tarde, quando me mudei para Nova York, onde encontrei dezenas de McGoverns, todos tão irlandeses quanto cerveja preta, a questão foi esclarecida; constatei que a maior proximidade que meus antepassados por parte de mãe tinham alcançado em relação à Alta Escócia e ao *kilt* do clã dos Campbell fora a região despovoada do condado de Leitrim.

Se eu soubesse, àquela época, o quanto era irlandês, talvez a idéia não me agradasse muito. Tampouco me agradava o fato de ser católico. O sentimento tinha menos a ver com o preconceito do qual eu era alvo do que com o crescente hiato entre o que eu ouvia na igreja e aprendia na escola. Não que minha mãe não fizesse de tudo para impedir o aumento de tal hiato. O acordo que a Igreja, em se tratando de casamentos mistos, exigia da parte não-católica estabelecia que todos os filhos gerados pelo casal seriam instruídos no catolicismo. Se de todo possível, isso implicava freqüentar uma escola católica.

Entre as idades de cinco e oito anos, por conseguinte, estudei em colégio de freiras dominicanas, seguidoras do intrépido pregador espanhol Domingo de Guzmán, também conhecido como São Domingos, flagelo dos cátaros e inventor da primeira modalidade de Inquisição. As boas irmãs eram conhecidas por nomes estranhos, como irmã Mary Joseph, irmã Mary Frederick e irmã Mary Martin. Conquanto não chegassem a impor autos-de-fé às crianças do primeiro ano primário, com certeza, inventavam certos tormentos à moda da Inquisição, a fim de nos incutir a Única e Verdadeira Fé; e, a bem da justiça, cabe dizer que eram eficazes. (*Por que foste criado por Deus? Fui criado por Deus para conhecê-Lo e servi-Lo neste mundo, e para ser feliz com Ele, para sempre, no próximo.*) Diversos conceitos e suposições do catecismo talvez estejam um pouco além de uma criança de seis anos, mas, passado meio século, ainda sou capaz de recitá-lo em sonhos.

A próxima parada, depois das boas irmãs, foi com os bons irmãos.

Esses homens empedernidos dirigiam uma espelunca chamada, com benevolência, São Columbano, situada em uma grande e velha mansão vitoriana. Não consigo me recordar do nome da ordem; às vezes, penso que o título incluía a expressão "Santo Aloísio, o Empalador", mas, provavelmente, o nome da ordem era algo parecido com Veneráveis Irmãos da Pequena Flor. Eram todos, sem exceção, irlandeses; durante os longos anos em que me aproximei e me afastei da Igreja, jamais me deparei com um bando tão ímpio. Usavam trajes e cortes de cabelo no estilo leigo e, até onde era possível notar, não cumpriam quaisquer observâncias religiosas. Nada os distinguia do que pareciam ser — integrantes de um núcleo secreto do IRA, ou partícipes de alguma forma perversa de crime organizado.

Eles nos espancavam com cinto e com réguas de metal — com o lado fino, não o chato. Atiçavam cães em meninos que se aventuravam em seus alojamentos, e, nos encontros matinais, seu hálito fedia a cerveja. Incitavam os meninos mais velhos — especialmente os que tinham nomes irlandeses — a bater nos menores, *ad majoram Dei gloriam.* Esse processo de "fortalecimento" nos transformaria, aos sete ou oito anos de idade, em bons soldados de Cristo. A religião só era invocada como prelúdio à violência; o fogo do inferno aguardava aquele que cometesse qualquer infração ou indisciplina, principalmente no caso do pecado mortal de se aproximar de algum Irmão Venerável que estivesse de ressaca. Pouco adiantava incutir o medo da condenação ao inferno — eu achava que aquilo já era o inferno.

Desavenças entre os meninos eram resolvidas na hora, por meio de lutas de boxe — e sem luvas acolchoadas, daquelas utilizadas em treinamento, mas com luvas oficiais, que pesavam 280 gramas. A primeira vez que me vi em tal situação, reclamei, choroso, que não sabia boxear, e perguntei se não poderia apostar uma corrida ou algo semelhante, ao que o irmão Colm, que era o diretor da escola, respondeu, arreganhando os dentes:

— Vais resolver a questão com as luvas... conforme a vontade de Cristo.

Pesquisei mentalmente os Evangelhos, buscando ocasiões em que Jesus tivesse lutado alguns assaltos com fariseus e saduceus. Nada encontrei. Então, o outro menino atingiu-me no rosto, e eu apaguei.

Depois que cheguei em casa pela milionésima vez com o nariz ensangüentado, ou o traseiro coberto de vergões, ou a mão machucada envolta em um lenço — não havia enfermeira na escola de São Columbano, os Soldados de Cristo prestavam eles mesmos os primeiros socorros —, meus pais decidiram que, a despeito do acordo previsto em casamentos mistos, minha educação católica chegara ao fim.

Fiz minha primeira escala protestante em uma pequena escola da Igreja Anglicana que assumia ares bem mais sofisticados do que o permitia a sua localização — um vilarejo nos subúrbios ao norte de Londres. A escola não me agradava muito e, talvez como recompensa paga a alguma grande autoridade educacional no céu, fui possuído por um demônio incitador de pequenos delitos e me tornei um delinqüente juvenil, fazendo jus ao estereótipo do pérfido irlandês católico.

Dispensado, várias vezes na semana, das orações matinais diárias e da instrução religiosa anglicana, eu costumava passar o tempo destinado à reflexão religiosa revirando os bolsos dos casacos e paletós dos colegas, na chapelaria.

Amealhava grandes somas com a prática, às vezes 10 ou 15 xelins por dia, montantes elevados para um pré-adolescente em meados dos anos 50. Os lucros eram despendidos no cinema local, o Gaumont.

Minhas visitas ao cinema eram tão freqüentes que mamãe se convenceu de que a viagem de ônibus até em casa demorava mesmo três horas e meia, e não pouco mais de uma hora, que era a duração oficial. Assisti — ao menos quatro ou cinco vezes cada uma — às comédias produzidas pelo estúdio Ealing, a *Henrique V*, de Olivier, a *Crepúsculo dos Deuses*, de Billy Wilder, bem como a uma longa sucessão de antigas delícias hollywoodianas, em *technicolor*, principalmente, aos extravagantes épicos bíblicos produzidos por velhos magnatas da década de 1930, com o objetivo de incomodar a televisão (e, em alguns casos, apoiar, subliminarmente, as pretensões bíblicas do novo Estado de Israel). Meu filme favorito era *Sansão e Dalila*, com a arrasadora Yvonne de Carlo no papel da huri das tesouras afiadas, e o musculoso Victor Mature, no papel de Sansão. Eu ficava perplexo diante do fato de que o peito de Sansão era quase tão grande quanto o de Dalila. Uma das minhas primeiras crises sexuais caracterizou-se por decepção e raiva diante do fato de que eu jamais teria um bebê, e o peito de Victor Mature propiciava-me um estranho consolo.

Tornei-me adepto do furto, planejando minhas incursões e deixando as moedas de cobre e bronze (mais pesadas) nos bolsos das vítimas, para que estas só descobrissem o prejuízo quando estivessem fora da escola, e a perda pudesse ser atribuída ao descuido. Estou certo de que a direção da escola se esforçava para seguir o exemplo de Cristo e ser tolerante, e hesitava em acreditar que o único aluno católico da escola surrupiava o dinheiro dos colegas protestantes.

Afinal, os idiotas bem-intencionados instalaram uma patrulha na chapelaria, mas àquela altura o demônio já se fora, tão subitamente quanto chegara, deixando-me sem qualquer interesse por contravenção. Obtive notas elevadas no exame de admissão e ganhei uma vaga na melhor escola do município; então, para surpresa geral, inclusive a minha, venci diversos eventos da competição de atletismo realizada no final do ano letivo, e fui declarado campeão da minha série. Um bom aluno, um atleta premiado não poderia ser ladrão. Por conseguinte, os bons protestantes não apenas me propiciaram uma pequena fortuna em mercadorias roubadas, e uma boa base em filmes de Hollywood, mas ainda me ofereceram uma taça de prata, antes de eu seguir meu caminho.

Roubo, violência, Hollywood — eis os inimigos clássicos da devoção católica. Quando, aos 11 anos, cheguei à Saint Albans, já estava me desviando da Santa Igreja. Oficialmente, Saint Albans pertencia à Igreja Anglicana; era também a escola mais antiga ainda em funcionamento na Inglaterra, tendo sido fundada por monges beneditinos da Abadia de Saint Albans, no ano 948. Isso queria dizer que a escola fora católica durante muito mais tempo do que anglicana, pois, de 948 até a dissolução dos monastérios foram, aproximadamente, seiscentos anos, ao passo que os protestantes detinham o colégio desde a dissolução, isto é, há meros quatrocentos anos. Até a Segunda Guerra Mundial, a instituição era uma escola particular de pequeno porte, mas, quando ali ingressei, o nivelamento de caráter socialista que havia transformado a educação britânica tinha acabado com grande parte da história religiosa e classista de Saint Albans. Visando à meritocracia emergente, o colégio tornara-se uma instituição financiada pelo governo, e a excelência acadêmica passara a constituir a preocupação central.

O nível acadêmico era intimidador. Enquanto, até aquele momento, eu não tivera dificuldade de chegar às primeiras colocações de todas as turmas pelas quais tinha passado, em Saint Albans eu era apenas um dos anônimos que se esforçavam para se manter na média. O objetivo era, simplesmente, manter a cabeça baixa e as notas altas. O currículo incluía latim e grego, mas, em última instância, não havia dúvida quanto à ênfase utilitarista — matemática e ciências, com a literatura inglesa (e francesa) em um distante terceiro lugar.

A disposição dos alunos na sala de aula se dava em ordem alfabética e bem à minha frente, durante os três primeiros anos que freqüentei Saint Albans, sentava-se um homúnculo chamado Stephen Hawking.[3] A grande utilidade de Hawking para os colegas era que ele conseguia fazer as tarefas de casa de matemática e física na velocidade da luz — conceito que, a propósito, ele era o único que parecia compreender. Geralmente, quando terminava o horário de almoço, ele já havia concluído os deveres de casa, e os valentões da turma — inclusive eu — não tinham dificuldade de convencê-lo a nos emprestar o trabalho. Nossas notas de matemática e física eram excelentes, até o dia inevitável da prova, que Hawking terminava em minutos, para, em seguida, sentar-se fungando, sorrindo e rabiscando durante o período que restava até o fim da aula, enquanto nós suávamos diante das incompreensíveis runas científicas.

O hábito de recorrer a Hawking para a obtenção de belas notas nos trabalhos de casa continuou até um dado

---

[3] Stephen William Hawking (1942- ) é célebre astrofísico britânico, conhecido pelo trabalho com a relatividade geral e a teoria quântica, bem como pelas contribuições na área da cosmologia. É autor do livro *Uma Breve História do Tempo: do Big Bang aos Buracos Negros* (1988). [N. do T.]

momento, no terceiro ano, quando ele começou a se mover em velocidade exponencial. Hawking pegava um problema simples, digamos, de cálculo, como pretexto de desenvolver uma extensa dissertação que ocupava páginas e páginas de equações e fórmulas que, sem dúvida, chegavam quase até o enigma do horizonte. Os tipos mais infames copiavam tudo, supondo que o trabalho haveria de lhes render notas extras. Mas isso não aconteceu e, pouco tempo depois, Hawking desapareceu das aulas de matemática, a fim de seguir sozinho o próprio destino.

As letras miúdas do contrato pertinente a casamentos mistos realizados na Igreja estabeleciam que, quando filhos de católicos eram obrigados a freqüentar um colégio que não fosse católico, a devida instrução religiosa deveria contrabalançar as mentiras pagãs que enchiam os ouvidos das crianças. Na prática, meu currículo era tão intenso que eu não dispunha de tempo para instrução religiosa, mesmo que tal instrução fosse oferecida em um pequeno vilarejo rural. Portanto, não houve contrapeso às matérias que eu mais apreciava — história e química orgânica —, o que conferiu à minha educação um rumo cada vez mais secular.

Os livros de texto utilizados para o ensino de história ainda não estavam atualizados, em função das reflexões e da pesquisa realizadas acerca de história no período pósguerra; o material didático tendia ao anglocentrismo, sutilmente anticatólico, e muitas vezes maldosamente contrário ao papa. Tal posicionamento era bastante perceptível no meu período histórico predileto — a Idade Média. Um dos casos mais extraordinários de manipulação da história do Vaticano dizia respeito a um rapaz do local, Nicholas Breakspear, que, em meados do século XII, foi guindado, de abade de Saint Albans a Adriano IV, o único inglês a chegar ao papado. Breakspear, os livros enfatizavam, era ave rara: um bom papa.

Adolescente que engolia, com avidez e sem senso crítico, toda aquela maravilha, eu não tinha referências com as quais avaliar a questão. Conforme os burocratas da cúria responsáveis pela redação do contrato de casamento misto, sem dúvida, previam, eu preferia a nova análise à antiga e maternal análise pró-Igreja.

O fascínio pela química despejava combustível na minha pira de herege. A mensagem clara anunciada pela química — de modo especial, as experiências de laboratório (que eu nunca tinha feito anteriormente) — era que, no mundo fenomenológico, tudo tinha uma explicação, e que, se algo ainda não pudesse ser explicado, pesquisas futuras chegariam ao devido esclarecimento. Não era preciso ser gênio para perceber que a prova corriqueira da existência de Deus ("alguém deve ter criado tudo") ficava algo abalada no laboratório. Havia uma constatação diante das lâminas do microscópio: amebas se reproduziam sozinhas, sem o clarão de um raio, ou um grande dedo que as comandasse, assim como o fizeram, muito tempo atrás, ao pôr em movimento a cadeia de evolução que chegou até Hawking.

Havia, para mim, um outro fator, de certo modo mais abrangente e, sob um aspecto estritamente doutrinário, mais insidioso. Eu tinha me apaixonado pelos campos de Hertfordshire.

Hertfordshire apresenta muitas imagens características do grande paisagista John Constable: regatos sinuosos e de águas lentas, percorrendo prados vicejantes e divididos por grandes campos de olmos; colinas suaves e campos amenos e ondulantes circundados por cercas vivas bem aparadas, formadas por espinheiros e aveleiras; animais de todos os tipos, selvagens e domésticos, em profusão; solo argiloso de qualidade, coberto por vegetação úmida e bulbosa, explodindo de seiva nativa. Não se podia quebrar um talo na campina sem que um fluido vital, espesso e leitoso escorresse da planta.

Não estou querendo dizer que passei a juventude em transe, à moda de Wordsworth.[4] Eu tinha os meus objetivos. E o principal objetivo era abater aves aquáticas e assá-las numa fogueira. Caçar exigia a fabricação de armas — de início, em um período curto e frustrante, lanças com pontas feitas de pedra lascada, mais tarde, arcos e flechas, o que era mais prático.

Nos anos maravilhosos em que vaguei pelos campos portando minhas armas letais, não consegui matar nenhum ser vivo, muito menos assá-lo — embora certa vez tivesse encontrado uma flecha espetada na anca da vaca leiteira que pertencia ao nosso vizinho (ela não parecia incomodada; ele ficou lívido).

Eu tinha obsessão por galinha-d'água rechonchuda; patos eram arriscados, pois poderiam ter dono, mas galinhas-d'água revoavam em formações estranhas e imprevisíveis, e era impossível atingi-las. O fracasso, porém, pouco importava. Minha auto-imagem de caçador intrépido, sozinho na mata, sobrevivendo a partir da minha própria sagacidade, implacável no encalço da minha presa, era recompensa suficiente.

Construí uma sucessão de cabanas secretas, usando junco trançado, galhos e relva. Para ter menos trabalho com a

---

[4] William Wordsworth (1770-1850), poeta inglês, figura central do romantismo em seu país, e grande defensor da capacidade criativa da imaginação. [N. do T.]

construção, tornei-me perito em situar tais esconderijos atrás de moitas e cortinas formadas pela vegetação (o que os tornava ainda mais secretos). Nada melhor do que me sentar à entrada de uma cabana secreta, construída com junco, depois de caçar durante toda a manhã, a fogueira estalando sob a garoa, assando uma fatia de pão ou uma salsicha, mascando tabaco seco. Um belo dia, desde que eu aprendesse a depenar e limpar aves, uma galinha-d'água rechonchuda estaria girando sobre aquele mesmo fogo, e toda a minha vida passaria a ter sentido.

Ninguém sabia onde eu estava; ninguém poderia me encontrar. Eu me identificava com meus aliados: árvores e folhas, sulcos da terra, barrancos, cercas vivas, relva. Nos dias bonitos, a luz do sol conspirava comigo, infiltrando-se através da filigrana das folhas e da vegetação, formando uma segunda camada de camuflagem pintada, ainda mais segura — e me tornando ainda mais invisível.

Foi então que me deparei, pela primeira vez, com os versos de Marvell:

*Aniquilando tudo o que é feito,*
*Na sombra verde, o pensar mais perfeito.*

Sem dúvida, eu estava criando uma vida alternativa e fantástica (casa, comida, segurança), como rejeição àquela que meus pais me propiciavam. No entanto, nada tão entediante, do ponto de vista psicológico, ocorreu-me. Eu era feliz e não sabia, e tinha paz, muito antes de saber como a paz é crucial e ilusória.

Em dado verão, uma epidemia de mixomatose atingiu a população de coelhos selvagens, e havia corpos das minhas antigas presas espalhados por toda parte, com os olhos esbugalhados, em conseqüência dos tumores gelatinosos causados pela doença, olhos que, paralisados no desespero da morte, pareciam tumores eles mesmos. Havia troféus por todo lado, carne a ser recolhida à vontade, mas eu só pensava *que maneira horrível de morrer* — meus amigos e correligionários —, e pensava também que, de um modo implacável, a minha insensibilidade era responsável pela agonia dos animais.

Por que tudo isso constituía uma ameaça doutrinária? Porque meus bosques e prados pareciam ser uma igreja melhor do que a Igreja. A força irresistível da vida — pequenos ovos surgidos dentro de um ninho, brotos de flor nascidos de um galho no inverno — comprovava a presença de algo divino, uma presença muito mais imediata do que aquela que se supunha existir no tabernáculo do altar.

À luz avermelhada e sempre acesa para indicar que Ele estava em casa ("o Salvador está"), ficava o próprio Cristo, presente na Santa Eucaristia, em um cálice repleto de hóstias consagradas. Tínhamos aprendido que se tratava de uma presença *sacramental,* um sinal exterior de graça interior. A exegese tradicional era que, embora a aparência externa do pão não se alterasse no momento da consagração, a sua essência — que fazia com que a substância fosse pão e somente pão — transformava-se na essência de Jesus Cristo, que o tornava filho de Deus, e somente Ele, filho de Deus. Análise interessante e, se verdadeira, um milagre extraordinário. O problema era que eu nada sentia, ao contemplar a casinhola de metal em que Cristo morava. Não sentia presença alguma, apenas o aroma exótico do incenso queimado no domingo anterior e aquele cheiro de cogumelo empoeirado, de deterioração, típico de todas as igrejas, sejam velhas ou novas.

Todavia, sob um céu de folhas manchadas de sol, com toda certeza, eu sentia a presença de algo, algo que eu chamaria de divino, poderoso, benigno, até mesmo terno, e que não ficava muito além da minha compreensão. Poderia ser Deus, ou algum deus, ou talvez uma divindade, o espírito das folhas manchadas de sol. O rio Lea, apesar de indolente e poluído, era um milagre, um universo líquido de vida.

Certa noite, no início do verão, às margens do rio Lea, enquanto seguia a trilha das galinhas-d'água, deparei-me com algo que jamais tinha visto, escondido atrás de uma espessa cortina de galhos de chorão e gigantescos talos de junco: um *trailer* combalido, pintado de um verde melancólico, com fios elétricos velhos e frouxos suspensos por árvores. No quintal, um homem e uma mulher, esta com um bebê apoiado no quadril, cuidavam de uma horta recentemente lavrada. Eu estava diante da toca secreta do Sr. e Sra. Mistério — Ben e Lily Bootle.

Contrariando minha reação habitual ao avistar outros seres humanos, decidi iniciar o contato. Não sei por que o fiz — talvez achasse que teria alguma afinidade com aquela gente esquisita, escondida no meio do junco. Os primeiros minutos foram estranhos: três criaturas do bosque, carregando a maleta de inibições típicas do povo inglês, farejando-se e averiguando as possibilidades de contato. Era como uma versão preliminar de *The Wind in the Willows* (O Vento nos Salgueiros), antes de Kenneth Grahame decidir concentrar a atenção em roedores. Visivelmente, o casal sentiu um certo alívio; depois de uma troca de desculpas e mesuras, acabamos entrando no *trailer*.

Ali reinava o caos. Em um canto ficava o "quarto", inteiramente tomado por uma cama de casal desarrumada e um berço, com fraldas penduradas, quiçá limpas. No outro canto, ficava uma "cozinha" estreita, com louça empilhada e restos de comida. No meio, havia uma "saleta" toda revirada, cheia de livros, com peças de roupas espalhadas e um belo piano vertical, um Bechstein antigo.

Ben era um sujeito estranho. Usava óculos cujas lentes pareciam fundos de garrafa, tortos sobre o nariz grande e pontiagudo, com uma bolota de carne que parecia servir de proteção contra a ponta. Parecia estar sempre olhando por cima da cabeça do interlocutor, ou através do interlocutor, contemplando um horizonte longínquo. Somada ao sotaque esnobe, essa atitude conferia-lhe um ar arrogante, um tanto mitigado pela aparência física sumamente desleixada.

Lily era tímida e discreta: em termos de informação ou opinião, tinha pouco a oferecer além de fazer ecoar as palavras do mestre e senhor. Ben balbuciou que uma xícara de chá cairia bem, e ela correu até a cozinha, mas nada fez, e o chá não se materializou.

Um tanto formal, a conversa se voltou para minha opção escolar.

— Saint Albans — eu disse. Ben parecia chocado. (Lily, também.)

— Mas é um colégio protestante — ele disse, gaguejando. Mencionei a carência local de boas escolas de ensino médio católicas. Bootle ficou bastante perturbado, as lentes reluzindo de preocupação diante do perigo vislumbrado a distância.

— Você está recebendo instrução religiosa?

Eu disse que não.

— Mas isso é terrível! — ele agora piscava os olhos e se contraía.

Eu tinha apenas 14 anos e pisava em falso. Concordei que era terrível, mas que a escola era fantástica e...

— Isso não vem ao caso! — exclamou Ben. Lily concordou, em silêncio, ao fundo.

— Estamos falando da sua alma imortal!

A conversa foi longe demais, naqueles cinco minutos do nosso primeiro encontro; anteriormente, eu só tinha ouvido tais palavras com sotaque irlandês.

Ben parecia olhar fixamente para alguém que estava muito distante, acima do meu ombro esquerdo.

— Tenho uma idéia — ele disse. — Eu lhe darei instrução religiosa.

Eu não sabia o que dizer. Olhei para Lily, em busca de uma terceira opinião, antes que o juiz batesse o martelo. Ela sorriu para mim, timidamente, como quem dissesse: nesta noite salvou-se uma alma.

— Está decidido, então — disse Ben, levantando-se subitamente. — Amanhã mesmo vou falar com seus pais.

Minha mãe consentiu; Ben tinha sotaque de figurão, diploma de Cambridge, e seu oferecimento atenuava a culpa que ela sentia por eu estar em uma escola pagã. Meu pai, como sempre, assumiu uma atitude distante, ignorando a questão. E assim tudo começou.

A inflexibilidade doutrinária por parte de Ben tinha um motivo. Ele havia se convertido recentemente, e exibia o entusiasmo e um brilho nos olhos, típicos dos recém-convertidos, diante dos mais diversos aspectos do catolicismo. Logo que conheceu Lily, pediu-a em casamento, após um namoro rápido; sendo ela católica praticante, o matrimônio seria, classicamente, misto. Em obediência à letra miúda do contrato, Ben, a exemplo de meu pai, teve de passar pelo teste das Grandes Doutrinas. Ao contrário de meu pai, Ben se deixou arrebatar pela bela lógica dessas doutrinas.

A conversão de Ben não foi um renascer de emoções transbordantes. Ele afirmava, com um brilho visível nas lentes dos óculos, que não tinha emoções (ao que Lily indicava aquiescência, acenando com a cabeça, com mais entusiasmo do que de costume). Ben orgulhava-se de ser "frio", "distante", "objetivo", "lógico". A atitude não era apenas uma pose: ele tinha obtido as melhores notas em Cambridge, em uma época em que a reputação da universidade no que dizia respeito à formação de físicos e matemáticos era incomparável (Bertrand Russell, Fred Hoyle e outros). O boato que corria pela paróquia, de que ele trabalhava em algum projeto secreto, como pesquisa nuclear, não era inteiramente infundado. Ao deixar Cambridge, Ben assumira um cargo de alto nível, relacionado à defesa, fato que, provavelmente, ensejou-lhe a dispensa de dois anos de serviço militar. Não falava muito acerca do assunto, exceto para dizer que não gostava do trabalho e que queria ser professor.

A expressão mais estranha que ele utilizava para descrever a si mesmo era "teutônico". O brilho das lentes tornava-se ainda mais estranho, quando ele tocava nesse assunto. Seu temperamento era teutônico, a carência de emoções era teutônica, a frieza e a lógica eram teutônicas, a disciplina teutônica era o seu modelo. Na Grã-Bretanha dos anos 50, quando as flores que cobriam os túmulos dos mortos na guerra ainda estavam frescas, e cidades arrasadas em bombardeios ainda aguardavam o processo de reconstrução, tudo graças a uma certa gangue de teutônicos, a atitude de Ben era um tanto descarada. É provável mesmo que tenha iniciado com um posicionamento estudantil, do tipo *épater-les-bourgeois*.

A despeito de como tenha iniciado, ou de onde tenha surgido, a noção de teutônico predominava em sua auto-imagem. E ocupava uma posição central no relacionamento com a esposa, sendo o único fator capaz de animar Lily. Ela, segundo a avaliação de Ben, era o exato oposto do temperamento teutônico, de vez que era francesa de nascimento (embora criada na Inglaterra) e, por conseguinte, consumida por emoções incontroláveis. Ela abraçava o estereótipo de bom grado, que lhes propiciava um ponto de consenso, um molde no qual o casamento podia se basear. Um temperamento teutônico e um temperamento francês, vivendo em harmonia tensa, em lados opostos de uma imaginária Linha Maginot, sangue frio contra sangue quente, lógica *versus* impulso, cérebro *versus* coração, espírito *versus* matéria, estoicismo *versus* arrebatamento, Saarlândia *versus* Alsácia-Lorena... era brilhante, explicava tudo, às vezes, causava até boas risadas.

— Mas que atitude teutônica, querido — ela murmurava, quando ele cortava os talos de junco, formando linhas retas. (Haveria outro modo de cortar o junco?, ele indagava.) Entrementes, ela concordava que se sentir deprimida em razão de trabalho doméstico e, portanto, deixar de fazê-lo era atitude tipicamente francesa e estritamente emocional. (Embora o orgulho do lar que se constata entre as esposas francesas beire à psicose.)

À medida que minhas visitas se tornaram mais freqüentes, aderi ao "divertimento" — maneira fácil de tentar agradar. Houve um momento estranho, na primeira vez que penetrei na festa, como se eles não tivessem certeza se desejavam a presença de outra pessoa na brincadeira. (Tentei diluir o momento de tensão doméstica com uma piadinha acerca da Guerra Franco-prussiana.) Porém, depois que consegui entrar, tornei-me parte da família — a situação que se apresentava era oposta ao três é demais. Uma terceira pessoa conferia vigor e solidez ao molde.

Durante todo o verão e o outono, passei cada vez mais tempo no interior e nas cercanias do velho *trailer* verde. Havia algo de atraente na invisibilidade do veículo — nem meus pais, nem meus irmãos, nem o único subgrupo de habitantes locais a que eu pertencia (os paroquianos católicos) sabiam onde eu estava. O *trailer* era a versão mais recente da minha cabana secreta — uma nova sombra verde para novos pensamentos verdes.

Havia muito sobre o que pensar. Ben era um docente voraz. Eu acabara de completar 14 anos, mas ele pontificava de acordo com o nível do seu próprio entendimento, e não do meu. Do lado da doutrinação positiva (que era o nosso time), fui exposto principalmente a Tomás de Aquino, tão querido por Ben (as provas da existência de Deus e a exegese dos mistérios, *e.g.,* a Trindade e a Eucaristia), tendo um pouco do cardeal Newman como lastro. Do lado negativo, e muito mais rigoroso (o time adversário), travávamos uma verdadeira guerra contra os equívocos: os motivos por que todos os filósofos ocidentais, a partir da Reforma Protestante, estavam inteiramente enganados. Ben mandava pelos ares os equivocados, de bispo Berkeley a Bertrand Russell. Muitos dos tais erros eram incompreensíveis, mas aquilo que eu podia entender me parecia mais interessante do que as refutações propostas pelo instrutor.

Minha carapaça de fé no catolicismo era mais frágil do que eu mesmo supunha. A filosofia — disciplina que não era ministrada em minha escola nem na maioria das escolas inglesas — apresentava-se como algo novo e cativante. Por conseguinte, sempre que me deparava com alguma inconsistência na argumentação com que Ben se opunha ao inimigo, eu empacava e defendia a questão da melhor maneira possível.

Lily ficava fascinada com os debates (que eu jamais vencia). Sentava-se à mesa, depois do jantar, ou nos degraus do *trailer*, em uma noite de verão, meneando a cabeça e sorrindo, em sinal de apoio às minhas posições. Eu era ingênuo o bastante para achar que ela concordava comigo, e não percebia que sua satisfação resultava do fato de eu estar fazendo algo que ela não tinha coragem de fazer — discutir com Ben. Certa noite, vi-me enrolado em uma controvérsia relativa à fé e à razão, e se a distinção entre as duas não seria uma questão de fé. Eu não fazia a menor idéia da direção seguida pelo meu argumento e, em todo caso, Ben o estava demolindo. Fiquei sem palavras e bastante contrariado.

— Espere até eu concluir! Deixe-me em paz! Você está errado! Espere, espere!

Ben saiu do transe de objetividade e distanciamento em que costumava professar e olhou-me diretamente nos olhos.

— Não há necessidade de reagir com espetadelas.

Lily deu uma risada, a primeira desde que eu a conhecera, se não me falhava a memória.

— Você é um ouriço-cacheiro! Quando as coisas ficam difíceis, você se enrosca, eriça os espinhos e se esconde do mundo! De agora em diante — ela disse — vou chamá-lo de Ouriço-cacheiro.

Ela me ofereceu um belo sorriso. Também o primeiro. Ben parecia apenas desconcertado, diante daquela erupção de sentimentos gauleses.

Então, passei a ser Ouriço-cacheiro. Nosso Ouriço-cacheiro, meu Ouricinho-cacheiro, Ouricinho bobinho, Ouricinho. Sendo um adolescente típico, dotado da autoconfiança de um molusco, fiquei feliz em possuir identidade suficiente para merecer um apelido.

Havia muito trabalho a ser feito no *trailer* e na horta durante aquele outono, e me ofereci para ajudar, nas horas vagas. Uma vez que Ben estava procurando trabalho como professor, em muitas noites, ele se ausentava de casa, e comecei a ficar a sós com Lily. Nessas ocasiões, ela era mais alegre do que quando o marido estava presente, e me tratava de igual para igual, o que me agradava, pois, afinal, ela era adulta, membro da classe paterna, tribo superior à minha.

Em um entardecer ensolarado, em pleno outono, enquanto retirava lenha apodrecida do meio do juncal, comecei a achar que estava sendo observado. A situação me constrangeu e me deixou confuso; jamais tinha visto uma terceira pessoa ali. Continuei a trabalhar, ignorando quem quer que fosse a tal pessoa. Não agüentei mais. Olhei para trás. Ninguém. Então, notei que Lily me fitava através da janela emoldurada do *trailer*. Estava com os braços cruzados, acima dos seios. Pareceu-me bem estranho: como se ela estivesse posando, à semelhança da imagem de uma santa medieval.

Acenei. Ela saiu do transe e acenou também. Voltei ao meu trabalho. Minutos mais tarde, a mesma sensação. Agora Lily estava a poucos metros de distância. O sol poente, atrás dela, brilhava através dos cabelos castanhos. Ela usava um vestido branco longo, colante, como de hábito, que lhe marcava os quadris e o ventre. Fitava-me de olhos arregalados, como se eu fosse um estranho e pudesse me tornar perigoso.

— Ouricinho... você sente o que eu sinto?

— O que a senhora sente?

— Sinto que algo nos aproxima. Uma tentação terrível. Você está sentindo?

— Hum, não, bem, não estou, não.

Na verdade, o que eu mais sentia era nervosismo.

— Eu sinto como se um demônio estivesse me empurrando para os seus braços.

E ela se moveu em minha direção, como se alguém a empurrasse — até chegar bem perto de mim. Os olhos ainda estavam arregalados. Os lábios tremiam e o queixo parecia franzido.

— Ah, meu Deus, Sra. Bootle, por favor, não chore.

Ela pegou as minhas mãos e as conduziu aos seus quadris.

— Me abraça!

Então eu fiquei realmente nervoso. Puxei-a, em um abraço desajeitado, como quem abraça uma tia no Natal. E ela me beijou. Foi tão rápido que não tive tempo de fechar os olhos — e pude ver que os dela estavam cerrados. A boca era macia, mas muito seca. Ela bem que poderia ter passado um hidratante para os lábios.

Abriu os olhos.

— Seu demônio.

Eu não sabia como interpretar tais palavras. Seguiu-se um longo silêncio. Comecei a tomar consciência do que tinha acabado de acontecer — meu primeiro beijo! E como seria gostoso, se fosse repetido. Talvez com um pouco mais de planejamento. Avancei. A Sra. Bootle sacudiu a cabeça, energicamente, e pisou em falso, como se eu estivesse tentando mordê-la.

— Você precisa ir embora.

— Ainda não terminei de catar a lenha.

— Termine amanhã.

Ela deu-me as costas, correu para o *trailer* e bateu a porta.

Caminhei até minha casa, na névoa fria de outono que encobria os prados, sentindo-me perdido e confuso. Em algum ponto, nas redondezas da confusão, havia um entusiasmo incontido, de que, finalmente, minha vida amorosa se iniciara. Mas eu não podia ter certeza. A bem da verdade, no fim do encontro, ela parecia estar bastante zangada. Teria eu feito algo errado? Deveria tê-la beijado com mais ardor? Deveria ter insistido mais em um segundo beijo? Não deveria ter insistido, de maneira alguma? Será que ela agora me odiava?

O que eu não sentia era culpa ou remorso, nem qualquer tipo de elo entre o incidente e a minha religião, apesar de saber que o ato seria classificado como adultério, pecado mortal dos mais picantes.

Mas, o que era muito estranho e perturbador, eu não tinha me sentido excitado. Nem quando ela me beijou. E, em termos de aparência física, a Sra. Bootle estava muito à frente das alunas que tomavam o mesmo ônibus que eu, a caminho de diversas escolas, alunas que tantas vezes foram objeto do meu perpétuo amor.

Em contraste com aquelas robustas "rosas inglesas", a Sra. Bootle era miúda e esbelta, com o clássico e sedutor porte francês, que se obtém quando se aprende, desde os seis anos de idade, a caminhar com um livro equilibrado na cabeça: costas e ombros retos, abdômen contraído, virilha retraída, nádegas empinadas. Porte que provoca olhares fortuitos capazes de derreter corações, a deliciosa arte francesa de conferir ao traseiro uma função erótica.

Seu rosto também era miúdo e belo; ela poderia passar por uma molequinha, não fosse o nariz um tanto protuberante. O mesmo traço recorreu em muitas das mulheres pelas quais me deixei seduzir e em todas as que amei, traço que, no momento em que me apaixonava, eu nunca percebia, mas que, posteriormente, em momentos de raiva ou separação, assumia proporções grotescas.

O meu nariz, apresso-me em dizer, nada tem de especial.

Quanto mais eu pensava na graça inegável da Sra. Bootle, mais o fator físico sobrepujava todos os outros. E, uma vez que ela não tinha despertado em mim as reações bestiais que seriam de se esperar, deveria haver algo superior e mais puro naquele amor, se é que se tratava de amor, e o que mais poderia ser, quando se tem 14 anos e se é beijado por uma bela mulher?

Na manhã seguinte, movido a um combustível altamente inflamável, uma mistura de êxtase e pavor de ter confundido tudo, apareci para acabar de recolher a lenha. Ben não estava em casa, mas ela estava, de pé nos degraus do *trailer*, esperando por mim, segurando o bebê, como proteção. Exibia uma atitude oposta àquela do dia anterior, quase uma anfitriã, falante, desinibida, gentil.

— Ouricinho, sinto muito pelo que aconteceu ontem. Eu... nós não deveríamos ter feito aquilo. Mas... mas... pois é. Espero que você me perdoe, e que Deus me perdoe também. Sei que você quer começar logo a recolher a lenha, mas por que não entra um minutinho?

Com a mão que estava livre, ela pegou na minha, cruzando seus dedos com os meus, ofereceu-me um sorriso brilhante e me puxou para dentro do *trailer*.

Sentamo-nos à mesa onde tantas questões nobres relativas à moralidade tinham sido pregadas, obviamente, sem muita eficácia, à minha alma mortal. Na ausência de Ben, ela adotou uma atitude magisterial.

— Ouricinho, esses impulsos, às vezes, tomam conta de nós, mas não devemos ceder a eles. Acho que só de falar no que aconteceu talvez o impulso volte a aparecer, e é por isso que qualquer contato social entre nós talvez seja pecaminoso.

Ensaiei um aceno de cabeça, em sinal de respeito, mas absolutamente decepcionado.

— Estarmos juntos assim é ocasião propícia ao pecado, e, no futuro, não convém ficarmos a sós... até que esses impulsos passem. Você entende, não, Oricinho? Agora suponho que você queira começar a catar a lenha.

Então, ela se levantou e ficou parada. Os olhos se arregalaram, assumiram um ar trágico e ela sacudiu a cabeça, em um gesto operístico.

— Ah, meu amor. — Correu em volta da mesa e envolveu minha cabeça em seus braços. — Não consigo me controlar, e pouco me importa.

Levantei-me. Dessa vez não hesitei. Beijei-a, de olhos fechados, devorando-lhe os lábios, conforme tinha visto Victor Mature, Burt Lancaster, Stewart Grainger e Errol Flynn fazê-lo, com tanta eficiência.

Ela enterrou a cabeça em meu peito, soluçando.

— Te amo, te amo, te amo. Quero um amor humano, pervertido, ordinário! Vai embora, antes que eu faça alguma loucura, algo imperdoável!

Fui embora, radiante de amor. Estava apaixonado, ela era minha amante, eu era seu amante — talvez um Grande Amante. Eu tinha participado de uma cena de amor. O amor era sensacional, e eu estava em cena.


E aquele momento não foi superado. Com variações, a cena se repetiu durante meses. Tínhamos, na verdade, pouco sobre o que conversar, exceto sobre o nosso amor, como ele era trágico, e dizíamos que não deveríamos sequer estar a sós, para falar do nosso amor, conversa que acabava por excitar um de nós — primeiramente, ela, e então, à medida que eu entrava no ritmo da coisa, também passei a tomar a iniciativa, pois sempre queria chegar ao momento

48

dos beijos o mais rápido possível. E os beijos eram o momento final, pois ela ardia, enlouquecida de desejo, uma cena no estilo de Verdi, e eu era obrigado a partir, passo a passo, plenamente realizado, explodindo com obscuros sentimentos de orgulho e exaltação, por já me achar adulto — subindo a travessa sob a luz de uma lua invernal. A lenha nunca era recolhida.

Aquela frase inusitada foi repetida mais de uma vez: "amor humano, pervertido, ordinário". Sob pressão, ela admitiu que a frase não era original — pertencia a um de seus livros prediletos, *Fim de Caso*, de Graham Greene.

Minha mãe me dissera algo acerca de Graham Greene, escritor que ela desaprovava. Não era boa propaganda para o catolicismo, ela dizia. Mas, vale lembrar, ele tinha se convertido, e não sabia se comportar de maneira adequada. Ben também desaprovava Greene — veementemente —, de modo que a leitura de Lily tinha de ser às escondidas. Ela me emprestou um exemplar do romance, e eu o devorei. Eu não percebia a maior parte da sofrida introspecção de Greene, mas a sensualidade da obra me deixava pasmo. A descrição do orgasmo de Sarah, "aquele estranho, triste e irado grito de abandono", e, de modo especial, "seus pêlos secretos", levavam-me à loucura. Estranhamente, não estabeleci qualquer relação entre Sarah, mulher dotada de profunda sensualidade, e minha amante de carne e osso. Mas não tive dificuldade em perceber a intensidade dos sentimentos, o fruto proibido da infidelidade e, com certeza, o paralelo que Lily buscava traçar. Eu também queria ser como Bendrix, experimentar emoções de adulto, tórridas e complexas, tais como ódio, ciúme e desespero.

Mas Lily era uma mulher infeliz e solitária e, por vezes, naquele inverno, não tinha forças para atuar em uma dramaturgia tão complexa. De modo geral, em tais momentos, surgiam novas informações a respeito do seu casamento com Ben.

Ficou patente que Ben era teutônico não apenas no jardim e na horta, ao piano, à mesa e na vida cotidiana, mas também na cama. Ele fazia amor, ela dizia, como uma verdadeira máquina, assim como tocava Bach, como se fosse um metrônomo humano.

Evidentemente, Ben tinha uma explicação racional para a abordagem teutônica ao coito (ele sempre se referia a sexo como "coito", em nossas sessões de instrução religiosa, que prosseguiam sem interrupção). A explicação vinha diretamente de Roma, inspirada pelo grande especialista em sexo, o papa Pio XII. Sentir prazer no coito, mesmo no âmbito de um casamento legítimo, aprovado pela Cúria, e sem uso de anticoncepcionais, embora não fosse pecado, era uma fraqueza. O caminho supererrogatório, a opção da santidade, era *evitar* o prazer. Por conseguinte, uma vez que, na realidade, o único propósito do coito era a procriação, Ben evitava qualquer prazer durante o ato sexual, e empurrava Lily pelo caminho da salvação, certificando-se de que ela tampouco sentisse prazer. Por garantia, Ben fazia questão que o casal rezasse, antes da relação sexual, para rogar ajuda a Deus, no sentido de impedir prazer e gerar vida, no momento extremo.

As intimidades relatadas por Lily operavam em outro nível. Não eram uma encenação. Eram reais, desconcertantes. Tinham por objetivo provocar pena, e, até onde eu era capaz de compreender as emoções que estavam em jogo, eu procurava reagir com empatia. Mas essas mesmas intimidades também me excitavam, mais do que qualquer outro componente do relacionamento. Sempre que ela tocava no assunto, eu sentia um frêmito delicioso, confuso, flagrantemente ilícito, flagrantemente impuro.

A culpa vinha acompanhada da constatação de que aquilo tudo era mais do que um jogo puro e inocente chamado amor — havia em tudo aquilo um substrato perigoso e fascinante. A falta de prazer de que ela se queixava era uma mensagem bastante clara a respeito de suas necessidades e da profundidade de suas frustrações. O medo do inferno começou a se fazer presente, agora que eu sabia com o que estava brincando, mas a minha excitação também se fez presente. Talvez eu pudesse ser melhor que o sujeito. Talvez eu pudesse fazê-la feliz. Quando eu imaginava o que isso implicaria, os pensamentos, por mais vagos que fossem, deixavam-me inebriado, e eu queria que tudo acontecesse logo.

E foi assim que nos vimos na minúscula cozinha, em uma fria manhã de primavera, minha mão pressionada sob aquela mãozinha, por baixo do vestido, abaixo da rigidez da cintura, onde nada havia que me impedisse, acariciando aquela pele cálida, logo acima da virilha, sentindo-lhe o suor, ó Deus, ali estávamos, ela me conduzindo ao desconhecido, ao inimaginável — seus pêlos secretos!

— *Não!* — ela uivou, subitamente, puxando a minha mão para fora do vestido. Desvencilhou-se de mim, soluçando, em tom melodramático.

— Vai, vai embora, ah, o que estou fazendo, por que fui te conhecer? Seu demônio, seu diabo, *arreda Satanás*!

Naquele momento, à porta do *trailer*, surgiu o rosto de Ben, seguido do resto do corpo, um corpanzil que ocupava toda a entrada. Olhou para a mulher, no momento em que ela se virou, quase sem fôlego diante da aparição do marido, encobrindo-se com a parte superior do vestido desabotoado; em seguida, olhou para mim, tentando ver, através das lentes de fundo de garrafa, se havia alguém mais nas sombras da cozinha. Era deveras corpulento. Eu ainda não tinha notado que, quando ele entrava na saleta, a cabeça roçava o teto do *trailer*. Eu não fazia idéia do que iria acontecer. A boca de Ben expressava incompreensão, e as lentes dos óculos exibiam um brilho novo e diferente. Mas o que seria aquilo? Raiva? Ciúme? Intenção homicida?

## CAPÍTULO DOIS

Onde frei Joe morava:

O trem deixou a estação de Waterloo, com destino a Portsmouth, no litoral sul da Inglaterra. À nossa frente havia uma jornada de duas horas de trem e mais meia hora de travessia de balsa até a ilha de Wight, que ficava a cerca de 2 quilômetros do continente. Lá, uma breve viagem de ônibus nos levaria ao nosso destino final: um lugar chamado abadia de Quarr.

Ben retomou a palestra sobre história eclesiástica da França nos séculos XIX e XX:

— No final do século, o anticlericalismo do governo francês tinha se tornado crônico, e, em 1901, foi promulgada a Lei da Associação, oferecendo aos monges franceses duas opções efetivas: ou abandonavam os votos ou deixavam o país.

Ele tinha falado desse assunto, ou de outros semelhantes, durante a viagem de duas horas, de ônibus e de trem, até Londres. "Manter o ambiente leve, animado e cortês", evidentemente, era assim que aquele teutônico, que pertencia ao ramo britânico e civilizado, lidava com a situação delicada de se ver confinado em um transporte público ao lado de um rapazola que lhe conferira, se não um par de chifres, dois belos galos no crânio. A atitude me parecia estranha, assim como me parecera estranha a reação de Ben, ao surpreender Lily e a mim quase em flagrante delito. Embora não contasse com qualquer experiência quanto à reação normal de um marido que encontrasse a mulher sem a blusa na presença de outro homem, eu sabia que "olá, tudo bem" não era comum. É verdade que o cumprimento tinha sido um pouco tenso, mas mesmo assim...

No entanto, eu não estava interessado em fazer daquele momento uma experiência de aprendizagem. Escorregando da melhor maneira possível entre o Bechstein e o corpanzil de Ben, eu disse que já era hora de ir para casa, ao que Ben respondeu, com o primeiro tom de ameaça, que sim, que talvez fosse melhor ir embora mesmo.

Durante o resto do fim de semana fiquei apavorado. Eu não tinha a quem recorrer, não tinha meios de descobrir se meu ato tivera conseqüências. Era sábado e, portanto, dia do sacramento semanal da penitência, mas eu não iria confessar àquela grade enferrujada que tinha sido pego pelo Sr. Bootle com a mão enfiada por baixo do vestido da Sra. Bootle. Eu suspeitava que o sigilo do confessionário talvez deixasse vazar algo aos meus pais. Não confessar implicava, na manhã seguinte, fingir estar doente e perder a missa dominical, para não ter de comungar enquanto um pecado mortal maculava minha alma imortal. Por outro lado, perder missa sem desculpa válida também era pecado mortal. Eu não podia dizer à mamãe que deixara de comungar porque era adúltero, a exemplo de Scobie, em *O Coração da Matéria*. Lily muitas vezes comparava o nosso apuro em relação aos sacramentos da confissão e da comunhão com as tribulações de Scobie. Eu não conseguia ver o paralelo.

Mas agora eu percebia. Eu estava acumulando contas eternas, como um bêbado em um cassino. Talvez os padres estivessem certos. Era impressionante o quanto eu tinha me pervertido, em relação a apenas 24 horas antes; depois que se tomava o caminho da luxúria, os pecados começavam a se aglomerar como abelhas.

Ainda havia no ato um crime em potencial. Todos os dias, o jornal *News Chronicle*, que meu pai comprava, pingava sangue em decorrência de crimes passionais, o que quase sempre decorria de transar com gente comprometida. E se eu fosse mesmo um delinqüente inveterado, primeiro roubando dinheiro de passagens de ônibus e agora esposas? E se Ben pedisse minha prisão?

No final da tarde de domingo, fui chamado ao *trailer*. Os Bootle não tinham telefone, portanto, a mensagem veio na forma de um bilhete trazido por um menino que morava em uma fazenda próxima, procedimento formal o bastante para despertar a atenção de meus pais. Eu não gostaria de ir até lá, para jantar com eles? Na verdade, não. Porém, considerando o entusiasmo com que eu geralmente aceitava os convites vindos do *trailer* (apesar de os dotes culinários de Lily serem de baixíssimo nível), negar faria com que minha mãe ligasse todas as suas antenas.

Naquela noite, a caminhada pela travessa foi das mais longas. A última vez que percorrera aquele trecho, o que parecia ter acontecido meses atrás, eu era um grande amante, apressando-me ao encontro da amada, pensando em receber agrados novos e inimagináveis. Agora, eu tinha regredido a "Mas o que eu fiz?", desafio típico de um adolescente sem sorte.

— Olá, Ouriço — disse Ben, com entusiasmo, de pé à porta do *trailer*, como sempre, parecendo fitar alguém ao longe, na linha do horizonte. Jamais o meu apelido me pareceu tão indesejável. — Entre, por favor.

O *trailer* estava todo arrumado, o que parecia antinatural. Lily não estava por ali. Estava descansando, informou Ben, pois tinha trabalhado na limpeza da casa. Ameaçador. Eu não estava com um pouco de fome? De maneira alguma, mas era um meio de retardar o advento do que me aguardava.

— Faminto — eu disse.

— Vamos comer mais tarde — Ben retorquiu. — Sente-se, por favor.

Sentamo-nos em lados opostos da mesa instável onde estudávamos o catecismo. Meu estômago revirava. Eu não fazia idéia do que estava por acontecer. Éramos professor e aluno ou machos batendo testa contra testa? Ben parecia desprovido de qualquer emoção. Com efeito, parecia estar entrando no costumeiro transe de docência.

— Vamos rezar o terço, para pedir luz — ele entoou.

Ajoelhou-se ao lado da mesa e pegou o grande terço de madeira, do tipo utilizado pelas freiras. Hesitei.

— Você não trouxe seu terço? — perguntou, em tom áspero, como se o terço fosse peça indispensável na elucidação de embrulhadas de adultério. Sacudi a cabeça, em silêncio, e também me ajoelhei.

Eu detestava o terço, com as infinitas repetições de Ave-Marias. As Ave-Marias se dividem em duas partes, a primeira entoada pelo padre ou quem puxa o terço, a segunda pelos fiéis (nesse caso, eu). A primeira parte — Ave Maria — é positiva e alegre, celebrando a Virgem por seus atributos semidivinos e pelo feito de, sem ter um marido, gerar Jesus; a segunda parte — Santa Maria —, como de hábito nos rituais católicos, contendo trechos para serem recitados pelos fiéis, fala de pecadores e da necessidade de ajuda, "agora e na hora da nossa morte".

Rezamos os Mistérios, as cinco "dezenas" do rosário, ou cinqüenta Ave-Marias. Cinqüenta vezes fui obrigado a repetir que era pecador e precisava de intervenção divina agora e no leito de morte. Talvez houvesse alguma intenção maligna naquele comportamento que parecia beirar a loucura, mas não creio que fosse esse o caso. Embora nenhuma inspiração me ocorresse durante as preces intermináveis, em Ben elas pareciam surtir efeito. Ele acelerou as orações, chegando ao "Glória a Deus" com um ar otimista, e voltou a sentar-se.

— Estamos diante de uma situação lamentável — disse Ben ao sujeito que ficava no horizonte. — Precisamos resolvê-la.

Qual seria o significado dessas palavras? Haveria um duelo?

— Precisamos levar a questão a um sacerdote — ele prosseguiu.

Comecei a entrar em pânico. Apresentar nossa situação lamentável ao padre Bleary de nada adiantaria, além de instigar a retaliação paterna.

— Mas não a qualquer sacerdote — Ben continuou. Ele conhecia um mosteiro, no sul da Inglaterra, onde vivia um frade que ele e Lily tinham consultado acerca de uma questão conjugal anterior. Nós, isto é, ele e eu, iríamos até lá o quanto antes. Era época dos feriados de Páscoa; portanto, poderíamos partir imediatamente. Ele se encarregaria de tudo, e diria a meus pais que a viagem fazia parte da minha instrução religiosa.

— Conheço um monge — disse Ben, olhando-me diretamente pela primeira vez, seus olhos frios, cinzentos e distantes parecendo ainda mais frios, cinzentos e distantes, em decorrência dos óculos sempre tortos. — Ele vai saber lidar com a questão.

*O coração da matéria*, pensei. A hostilidade contida de Ben causava-me um calafrio no estômago. A questão era *eu*.


Monges eram um mistério, com certeza, para a maioria dos católicos ingleses, exceto a pequena e unida aristocracia católica, cujos filhos freqüentavam colégios de monges beneditinos. Entre esses colégios, os dois melhores — Downside e Ampleforth — eram considerados os equivalentes católicos a Eton e Harrow. Um dos motes de Ampleforth afirmava que a instituição era "o que Eton outrora fora [*i.e.,* antes da Reforma Protestante]: uma escola para os filhos de cavalheiros católicos".

Era um privilégio conhecer os beneditinos que administravam tais estabelecimentos, mas, a rigor, as ordens que trabalhavam no magistério não eram de monges, pois não viviam em contemplação.

Os contemplativos, que passam a vida no claustro, em contato mínimo com o mundo exterior, condizem melhor com a imagem imemorial dos monges. Tendo crescido em um contexto histórico anglocêntrico, eu, à semelhança dos meus colegas e, sem dúvida, da maioria dos meus concidadãos, imaginava que monges fossem criaturas encapuzadas e desprovidas de fisionomia, deslizando através da história por claustros escuros, inclinados à intriga e à traição, forças romanas de ocupação em um país que ansiava por ser livre e protestante.

O isolamento da vida monástica e o sigilo a ela inerente, sem falar das grandes riquezas amealhadas pelos mosteiros através dos séculos, propiciaram uma longa tradição de lendas monstruosas acerca do que acontecia "lá dentro". Dizia-se que monges eram beberrões, glutões, libertinos, catamitos ou coisa pior. Era comum em banheiros e salões britânicos uma estampa satírica produzida no século XIX que exibia monges (geralmente, gordos) em atitudes indevidas. *O Monge*, de Matthew Lewis, foi um dos primeiros romances de horror surgidos na literatura romântica. Freiras tinham uma imagem alegre ou ingênua; chegaram a estrelar um filme de sucesso. Mas os monges, não. A maioria das pessoas supunha que monges contemplativos fossem coisa do passado, uma espécie em extinção — e já iam tarde.

O monge e o mosteiro em questão eram contemplativos.

O que Ben estava pensando? Como um monge poderia nos ajudar? Um homem que passava grande parte da vida despendendo energia na tentativa de afastar da mente coisas como adultério, vestidos e o que os vestidos encobriam? Para tornar tudo ainda mais complicado, o mosteiro era de origem francesa, tendo sido fundado por monges franceses no início do século. Uma vez que a situação lamentável, segundo Ben, resultara em grande parte do temperamento gaulês de Lily, tão impetuoso e ardente, por que haveríamos de buscar um monge que, possivelmente, também teria um temperamento gaulês, impetuoso e ardente? Não deveríamos estar a caminho da Alemanha?

Se eu fosse um ou dois anos mais velho, talvez tivesse resistido à viagem. Mas eu era pouco mais que um menino, e um menino criado no campo, e no meu mundo restrito Ben dava as cartas. Ele era a "parte prejudicada", e exercia sobre mim forte influência intelectual. E tinha um ás na manga: se me recusasse a atendê-lo, ele poderia, simplesmente, contar aos meus pais o que eu tinha feito. Só Deus saberia o resultado de tal delação — fosse tal resultado físico ou de qualquer outra natureza. Mais obscuro e, portanto, mais assustador: qual seria a minha responsabilidade moral no caso? Qual seria a real gravidade do meu pecado?

Passado meio século, é fácil diminuir a importância da monitoria minuciosa que o catolicismo dos anos 50 exercia sobre o pecado. Mas o bem e o mal, e o ponto em que eu me situava no respectivo espectro, eram preocupações minhas, assim como de muitas outras pessoas.

Dentro do espírito da época, a angústia de ordem moral era comum. Do túmulo, o militarismo germânico empanava tudo o que era escrito e sentido na Europa, por mais otimistas que parecessem as diversas manifestações. O sofrimento incompreensível causado por um pequeno grupo de homens obstinados, apoiados por uma população passiva que cedeu às alegações apresentadas por tais indivíduos, de que defendiam o bem contra o mal, ainda estava vivo na memória, 60 milhões de ausências súbitas eram sentidas pelos sobreviventes, as fotos ainda por esmaecer.

Poucos anos antes — na verdade, foi a primeira reportagem jornalística de que tomei ciência — outro pequeno grupo de homens obstinados, em Washington, falando em tom jubiloso, aventou a possibilidade de matar, em questão de horas, um número de civis igual ao total de baixas ocorridas na Segunda Guerra Mundial, e outra população, igualmente apática, concordou plenamente com a idéia (muitos porque acreditavam que Cristo concordaria, ou já concordava, com tais planos). O novo militarismo empanou o futuro ainda mais do que o militarismo passado, novamente, insistindo que um lado era bom e o outro mau, um absurdo histórico, considerando-se os sacrifícios insondáveis do povo russo e a maneira como a Wehrmacht foi detida e destruída.

Contudo, quando os corpos de seus próprios heróis ainda não tinham esfriado nos túmulos, os russos já haviam lhes traído a memória, tratando os vizinhos com uma brutalidade comparável à dos nazistas, empenhando-se no desenvolvimento das armas mais covardes de toda a história das guerras, afirmando que o bem, se não Deus, estava do seu lado, e do outro lado tão-somente o mal.

Minhas duas figuras representativas de autoridade, meu pai e Ben, tinham opiniões sobre o comunismo que não poderiam ser mais divergentes. Para meu pai, o socialismo fora a esperança da vida, a força que o elevara da classe operária à realização como artista, e que, pelas mãos do Partido Trabalhista, haveria de elevar a mim, minhas irmãs e meu irmão a um novo patamar social. Ele sabia que Stalin era um monstro, mas o comunismo era também socialismo, e não deveria ser julgado com base nos atos dos que o traíram.

Tendo vivido a infância no período posterior à Primeira Guerra Mundial, cercado pelas constatações medonhas relativas aos efeitos do militarismo cruel somados à tecnologia de ponta (fenômeno conhecido, polidamente, como "guerra moderna") sobre os infelizes que sobreviveram à guerra, meu pai se tornara pacifista. Quando o nazismo entrou em ebulição, o socialista intimidou o pacifista, e ele ingressou na Real Força Aérea, embora com um desespero entorpecido que o acompanharia por toda a vida. A exemplo da maioria dos indivíduos da classe operária, ele desconfiava do heroísmo de Churchill, arrogante e cabotino, mas aceitava sua liderança como um mal necessário. Para que o futuro do socialismo pudesse ser garantido em função da derrota do fascismo, o verdadeiro inimigo do século, concessões desse tipo eram necessárias. A única alegria de meu pai com a Vitória foi um tanto amarga: ele e um companheiro pintaram o painel "A Batalha da Grã-Bretanha", na abadia de Westminster, memorial que a nação dedicara aos combatentes que tombaram lutando na RFA.

Ben via o comunismo através de um prisma exclusivamente religioso, como um inimigo intelectual, espiritual e político. Não apenas o comunismo negava a existência de Deus, mas afirmava que a espiritualidade era mais uma das ferramentas utilizadas pelo capital, no intuito de manter o proletariado medroso, submisso e sujeito à exploração. Era também absolutamente materialista, negando a divindade do homem e do universo, prometendo a concretização de um paraíso material, em que todos os seres humanos seriam agraciados com o melhor bem-estar possível. Para o Sr. Bootle, o comunismo era a imagem invertida do catolicismo. Estabelecida a ausência da fé — a inexistência absoluta de Deus —, tudo o mais decorria de tal postulado, com uma precisão tomista. O comunismo era a Fé Verdadeira do mundo material, a Igreja Católica Universal Profana. A contragosto, Ben nutria uma admiração pela solidez teórica e pela pureza dialética do sistema.

Ao abraçar integralmente a doutrina católica, Ben enxergava a luta entre o bem e o mal como algo absoluto, afetando este mundo e o próximo. Em conseqüência do equilíbrio gerado pela Guerra Fria, a vitória, por enquanto, era apenas um sonho agradável, uma nova aurora tingindo o horizonte. Nesse ínterim, a oração era a arma escolhida. E uma vez que a eficácia da prece era função direta da relação do indivíduo com Deus, exigia-se do ser humano o aperfeiçoamento constante. À medida que nos aperfeiçoávamos, aumentava a pressão sobre o diabo e os incautos comunistas por ele ludibriados. Portanto, a luta externa entre o bem e o mal foi internalizada, e o posicionamento do indivíduo diante desses dois extremos passou a ser um ponto crucial.

Em tal contexto de "ou tudo ou nada", era difícil defender a posição de que o pecado seria questão de foro íntimo. O pecado auxiliava o inimigo; o pecado debilitava o lado de Cristo e de Maria. A insistência incansável de Ben, de que o pecado não apenas conduzia ao Inferno, na outra vida, mas ao inferno do comunismo, nesta vida, produziu efeitos, se não no meu intelecto, decerto no meu id. Meus pais, as freiras, os irmãos, a observância dos sacramentos e uma excelente educação liberal nada conseguiram fazer para aguçar o meu sentido de moral, mas Ben pôs o bem e o mal à frente e ao centro do meu palco interior, recorrendo a uma antiga técnica católica: o medo. Ou, conforme nós, modernos e intrépidos, preferimos chamar: a culpa. O rigor doutrinário demonstrado por Ben não me persuadiu, mas sob a sua tutela acumulei reservas impressionantes de culpa católica, bilhões de barris, um suprimento para toda a vida.

As refinarias trabalhavam com capacidade máxima, no momento em que descemos do trem para embarcar em uma balsa enferrujada, no porto de Portsmouth, com destino à ilha de Wight. (A ilha de Wight era o reduto mais meridional da rainha Vitória, preferência monárquica que havia garantido ao lugar, além do charme natural, um bolor sufocante. O local não poderia ser mais rígido e inglês do que era, um refúgio para aconchegantes chalés pertencentes a aposentados e identificados com placas tais como "Pequeno Refúgio".)

Ao embarcar para o litoral nevoento da ilha, situada a cerca de 2 quilômetros de distância, senti que estava muito longe de casa, descendo como Dante, em uma barca lúgubre, pelo Letes sombrio, acompanhado de meu Caronte, Ben.

Meu pensamento central: o que farão comigo, esse monge e esse mosteiro? Visto que os únicos modelos de religiosos masculinos de que eu dispunha até então eram os Santos Frades, eu receava que o castigo que me aguardava seria dos grandes. E físico. Não enclausuravam indivíduos e coisas assim — não obrigavam os infelizes a passar a noite em criptas assombradas, com os braços abertos, como Cristo na cruz?

Ben em nada poderia me ajudar. Eu não podia perguntar à parte prejudicada qual seria o meu castigo por ter ofendido a referida parte. Em todo caso, leve e faceiro, ele prosseguia com a tagarelice sobre história. Tínhamos chegado à ordem dos beneditinos, fundada, em 534 d.C., por São Bento, jovem da aristocracia romana que, enojado diante da corrupção em Roma, desapareceu nas colinas da Úmbria, com o propósito de se tornar eremita, mas acabou por fundar a primeira ordem monástica pan-européia.

Anteriormente, havia mosteiros, comunidades de homens ou mulheres — na Irlanda, homens *e* mulheres — que viviam à margem do mundo, para melhor contemplar as limitações mundanas e aumentar as próprias chances de salvação eterna. A maioria desses antigos monastérios tinha sido fundada pela Igreja Oriental — na Grécia, na Ásia Menor, no Oriente Médio —, pequenas comunidades que viviam sob condições extremamente rígidas e ascéticas, nos lugares mais inacessíveis. Uma tradição paralela de eremitério tinha se desenvolvido no Norte da África, ainda mais propensa à autoflagelação e à abnegação, das quais os expoentes mais célebres eram os Santos Padres do Deserto.

No caos social e espiritual da Itália pós-romana, era grande o interesse em se isolar do mundo, mas a abnegação e o asceticismo dos Santos Padres do Deserto não agradavam à maioria dos pós-romanos.

São Bento seguiu um curso bastante diverso. Homem carismático e administrador brilhante, ele deu dois golpes de mestre: primeiro, ao insistir que o caminho da salvação era comunitário, e, segundo, ao deixar tal idéia por escrito. A Regra Beneditina — na realidade, um conjunto de regras — regulava cada aspecto da vida comunitária, do mais espiritual ao mais mundano.

A Regra atenua a abnegação: "visto que os monges de hoje não se convencem [a deixar de beber vinho], concordemos em beber moderadamente, e nunca em excesso..." Em lugar da autoflagelação, São Bento instituiu a prece e a organização coerente. Os monges eram obrigados a fazer votos de firmeza de caráter, de conversão (inclusive pobreza e castidade) e, principalmente, de obediência. Em substituição às demonstrações exibicionistas de autoflagelação e jejum, São Bento insistia no trabalho. O dia do monge era dividido entre trabalho e oração, "trabalho" incluindo desde a arte e a pesquisa acadêmica até a fabricação de vinho, a prática culinária e a limpeza dos currais.

Mas o trabalho, na tradição beneditina, agradável ou não, enobrecedor ou modesto, jamais entra em conflito com a atividade espiritual. Com efeito, trabalho também é oração, princípio muito bem expresso no célebre provérbio beneditino *Laborare est orare* — "Trabalhar é orar". Não existe distinção entre trabalho, no sentido de labuta secular, não espiritual, e atividade espiritual, como edificante alternativa ao tédio imposto pelo trabalho. Os beneditinos foram as primeiras pessoas da história a sustentar que o trabalho é sagrado.

A aula de história durou toda a travessia do Solent — o canal cinzento que separa a ilha de Wight do continente —, acompanhada de rajadas de vento e chuva golpeando as janelas sujas da cabine. Mas até Ben se calou no momento em que a viagem chegava ao fim. O ônibus verde de dois andares subiu por ruas estreitas, arrastando-se, ruas em que havia casas de chá e farmácias, as primeiras cheias de pensionistas, as segundas cheias de produtos protéticos, curativos para calos e aparelhos de auxílio à locomoção, que os pensionistas utilizavam para se deslocar até as casas de chá.

O ônibus alcançou os arredores da cidade e chegou à via marginal, onde, em uma série de becos sem saída, localizavam-se os chalés dos pensionistas, casas atarracadas, construídas de pedra cinza, cuja meticulosidade já era o bastante para produzir laivos suicidas. Cada chalé tinha o seu nomezinho bonito, furtado à fonte comum das emoções: Porto Lindo, Dunroamin',[1] Mon Nid,[2] ou em tom mais imperial, Kilimanjaro, Bangalore, Botany Bay. Vários se chamavam "Laburno", e quase todos exibiam as respectivas flores, que apenas começavam a florescer, com seus cachos de brotos úmidos, cor de pus, caindo por cima de cercas retas e muros impecáveis.

Logo estávamos em um campo aberto, percorrendo prados vicejantes e bosques densos. Quase imediatamente, à

---

[1] Em inglês, "*done roaming [the world]*", *i.e.,* "chega de correr [mundo]"; ironicamente, muitos desses pensionistas jamais teriam passado de Dover. [N. do T.]

[2] Em francês, "meu ninho". [N. do T.]

minha direita, brotando do meio de carvalhos maciços e sempre-vivas em tom verde-escuro, surgiu um estranho pináculo redondo, construído de tijolo, cuja forma parecia algo entre um chapéu de gnomo e um míssil. O ônibus resfolegou e parou em frente a uma longa via de acesso para carros, que subia na direção do pináculo. O final da via era escuro e encoberto por folhagem, um mistério úmido e verde.

Nada sugeria o que esperar daquele lugar. Poderia ser uma penitenciária municipal. Poderia ser uma versão moderna da Inquisição, destinada a menores adúlteros. Com aquele pináculo, poderia ser até uma filial estrangeira do Kremlin.

De repente, senti uma necessidade incontrolável de resistir, de fugir, de voltar aos meus pais e ao mundo conhecido, de expor o blefe do meu companheiro demente. Eu não era obrigado a fazer o que ele dizia. Na verdade, eu não o conhecia bem. Talvez ele viesse a enlouquecer, auxiliado pela pessoa que estaria ao fim daquela estrada. Se eu fosse até lá, algo cataclísmico, algo que mudaria a vida, quiçá acabaria com a vida, poderia acontecer.

Mas eu era um menino britânico bem-educado. E meninos britânicos bem-educados não fazem cenas em público.

Portanto, subi a via de acesso, com destino à abadia de Quarr.

## CAPÍTULO TRÊS

A primeira impressão foi de silêncio total, uma tranqüilidade tão palpável que a tendência era deter-se, na expectativa de que algo pudesse perturbar tamanha placidez. Mas o silêncio apenas aumentava minha apreensão: por experiência própria, eu sabia que tamanha quietude sempre precedia algum transtorno. E o silêncio persistia.

A entrada era espaçosa e acolhedora, mas, olhando bem, percebia-se que era fechada em todos os lados, a não ser onde se encontrava a via de acesso principal e dois grandes portões de ferro, com uma placa que estampava a palavra PARTICULAR. Duas laterais dessa área fechada eram formadas pelo muro de tijolo de uma grande horta. Na terceira lateral, de frente para a entrada, via-se um edifício de três andares, com diversas janelas triangulares e um portal de madeira, em arco ogival gótico, o tipo de portal que outrora teria servido de proteção contra os machados e os aríetes dos sitiadores. A quarta lateral era formada por uma igreja bonita e compacta, cuja entrada exibia um arco ogival ainda maior.

A arquitetura não era inglesa, mas também não era francesa. Tampouco era muito antiga. Construídos de tijolos nos tons rosa e amarelo, os prédios apresentavam muitas crenas e pequenas torres triangulares; atentando-se bem, notava-se a presença de triângulos por toda parte — como no pináculo que eu agora percebia estar em cima da torre do sino. No contexto, o pináculo se parecia menos com um míssil do que com um minarete. O padrão bicolor do tijolo e o motivo triangular conferiam às estruturas um ar mourisco, ao mesmo tempo, elegante, exótico e ligeiramente ameaçador. Exceto pela igreja, no entanto, o conjunto de prédios em nada sugeria o que pudesse ser chamado de "abadia". A construção de três pavimentos à nossa frente mais se assemelhava a um colégio interno para meninas ou a um daqueles novos reformatórios criados no período pós-guerra, onde ninguém era espancado.

Sem nos anunciar na recepção, entregar a nossa bagagem, chamar o carregador ou fazer o que seria de se esperar em locais como aquele, Ben entrou na igreja, puxando-me pela mão.

Mais tarde, pude assimilar a bela simetria e a austera simplicidade do interior, cuja ausência de decoração era atípica, em se tratando de uma igreja católica, desprovida de informes massas de gesso à imagem da Virgem e de santos, sem capelas laterais assimétricas e horripilantes gotas de cera — os pólipos pendentes dos aparadores para vela.

Mas nada disso chamou minha atenção naquele primeiro momento, por causa da música.

Dizer que eu jamais tinha ouvido canto gregoriano não seria de todo verdadeiro. Fragmentos de canto gregoriano sobreviviam na liturgia católica, mas o coaxar atonal que escapava das gengivas inflamadas do nosso pároco jamais expressou um pingo sequer da beleza do canto.

Parecia estar distante, mas também no fundo da minha cabeça. Elevava-se, de maneira suave e serena, bem diferente do som robusto produzido por corais — o Réquiem de Mozart, a Nona Sinfonia de Beethoven — que meu pai tanto gostava de tocar nos nossos milagrosos *long-plays*. Pairava no ar, acariciava os raios de luz que penetravam as janelas alongadas da nave central, com pausas que eram tão límpidas e sugestivas quanto a própria melodia.

Se "melodia" fosse a palavra adequada. A tonalidade da música, ao meu ouvido de adolescente, parecia alheia, exótica, oriental e antiga, deveras, incrivelmente antiga, pré-cristã. As associações ensejadas eram ainda mais remotas: mediterrâneas, mas atinentes a um mar mais distante e primitivo, a uma era de mistérios, com deuses do vinho, bodes e oliveiras, antes do advento de uma divindade distante e impessoal.

Não quero dizer que parecesse pagã — palavra eclesiástica que sugere hedonismo. O canto nada tinha de hedonista. Jamais suscitaria os deliciosos enlevos de desespero, desejo ou nobreza de propósito característicos de Beethoven, Brahms e Schumann. Era uma música do espírito, que buscava a paz, não a liberação de emoções, e que expressava a paixão da alma, não do coração. Era o modo tão antigo de encadear notas que talvez constituísse o veio central da música, o seu Crescente Fértil. O som não teria ferido, pensei, os ouvidos de gregos, egípcios, mesopotâmios ou sumérios da Antiguidade — tampouco o excepcional aparelho auditivo de Buda ou Lao-tsé.

Diante de mim, em um nível ligeiramente superior, e a cerca de 30 metros de distância, havia duas filas de assentos reservados para o coro, de madeira entalhada, face a face, de lados opostos da nave. Nelas se encontravam aproximadamente sessenta homens, de todas as idades, cerca de trinta de cada lado. Vestiam preto, da cabeça aos pés; pendurado às costas de cada hábito, via-se o lendário capuz.

Era a Semana Santa, de modo que os hinos e as antífonas expressavam uma gravidade especial, sendo entrecortados por trechos mais simples, repetições encantatórias cantadas, alternadamente, de cada lado do coro. Ben sussurrava, explicando o que se passava, mas eu assimilava pouco, pois estava atônito, inundado pelas ondas de som, sozinho à beira de um novo oceano de experiência.

O ofício chegou ao fim — Vésperas, conforme mais tarde aprendi, combinadas com a Nona, ofício da nona hora, celebrado à tarde. Os monges deixaram a plataforma do coro, dois a dois, ajoelhavam-se juntos diante do altar e então se viravam, ao sair da igreja. Caminhavam em silêncio, cabeças e olhos voltados para baixo, os braços cruzados sob a parte frontal do hábito, completamente alheios ao público (constituído de diversas mulheres com aspecto de viúvas, e nós), os mais jovens com passos leves, os mais velhos arrastando os pés ou mancando. Os idosos, enquanto vinham em nossa direção, cobriam a cabeça com o capuz, sem qualquer propósito sinistro, apenas porque fazia muito frio no interior da igreja.

Ansioso, examinei aqueles rostos, à procura do disciplinador severo (mas, por favor, querida mãe de Deus, que fosse justo e misericordioso) que saberia lidar com a "questão". Não vi ninguém que se adequasse à expectativa. Muitas das fisionomias pareciam continentais — os ingleses, naquela época, chamavam a Europa de "continente", referindo-se às tribos de somenos importância situadas do outro lado do Canal da Mancha —, mas entre os rostos gauleses morenos e as cinzentas caras anglo-saxônicas não havia candidato promissor. Na verdade, todos pareciam extremamente gentis.

Fomos conduzidos aos nossos quartos por um frade decrépito que se arrastava, em agonia, ao subir as escadas da casa de hóspedes, o que me possibilitou perguntar a Ben, por meio de gestos, se esse seria o disciplinador. Não era. A casa de hóspedes era, precisamente, o prédio de três andares que eu julgara semelhante a um colégio só para meninas ou um reformatório. Os quartos eram modestos e simples; o meu ficava no terceiro andar, e tinha janelas diminutas, voltadas para o pátio interior e para o claustro. Portanto, não era possível escapar pelas calhas.

O esforço impedia o velho monge de se comunicar. Enquanto ele cambaleava escada abaixo, Ben correu para alcançá-lo, e disse-lhe algo, em voz baixa. Não, respondeu o bom frade, em voz alta, o responsável pelos hóspedes não estava disponível; acumulava a função de vice-prior — o que quer que isso significasse — e estaria bastante ocupado até a hora do jantar. Mas ele tentaria se encontrar com os hóspedes antes da ceia.

— E, sim — acrescentou ele, fitando-me com olhos desbotados e úmidos —, frei Warrilow já sabe que o senhor tem um Problema Especial.

Meu estômago se contraiu. Não era, pois, invenção por parte de Ben. Eu tinha mesmo feito algo detestável, cometido um desrespeito não apenas à moral católica, mas a padrões e leis ainda desconhecidos. Sem dúvida, todo o mosteiro sabia o que o menino louro com olhar de soslaio tinha feito com uma mulher indefesa. O terrível frei Warrilow estaria naquele momento arquitetando algum castigo ou suplício digno do meu pecado. Será que ele teria um escritório parecido com o do diretor da minha escola? Ou uma sala de estar abafada e medonha, como a que havia na casa do padre Bleary, aonde eu ia quando meus pecados estavam além do alcance paterno? Não — provavelmente, o local seria escuro e assustador, situado do outro lado do muro da casa de hóspedes, algum cômodo com uma passagem secreta atrás de uma tapeçaria, e degraus que conduzissem a uma escuridão críptica, iluminada por um grande círio. Ao fundo, invisível, eu escutaria a voz grave e implacável do frei Warrilow, exigindo uma explicação para os meus delitos e tomando satisfação em nome de uma divindade enfurecida.

Por que não dei meia-volta, ao chegar à beira da via de acesso ao mosteiro?

Ben meneou a cabeça, em sinal de alívio, ao saber que as autoridades tinham sido informadas. E desceu ao segundo andar, onde ficava o quarto de hóspedes.

A Regra de São Bento estipula que, a despeito de classe social e condição financeira, todos os hóspedes do mosteiro devem ser alojados com base na lógica de que representam Cristo e em respeito às palavras de Cristo: "Tive fome e me deste o que comer." Dentro do razoável (é preciso fazer reservas e não se pode permanecer por vários meses), a Regra ainda é válida, passados 1.500 anos. Não é de surpreender, portanto, que as casas de hóspedes da maioria dos mosteiros costumam abrigar tipos muito estranhos.

Há hóspedes com objetivos claros: no mais das vezes, padres em retiro espiritual ou jovens que estão pensando em ingressar na comunidade, e (o que é menos freqüente) pessoas como nós, em busca de algum conforto espiritual específico. Mas sempre há dois ou três seres de idade indeterminada, maltrapilhos e pálidos, que poderiam ser chamados de tietes de monge.

Esses homens, se é que são homens (e somente homens podem se hospedar em mosteiros), são equivalentes masculinos das beatas de igreja. Despertam para assistir aos primeiros ofícios (antes do alvorecer, na maior parte do ano); sabem todas as respostas e cantos, sabem quando ajoelhar, quando ficar de pé e curvar a cabeça e exclamar palavras santas. É comum ouvi-los atrás de nós, desafinados e gemendo as maravilhosas cadências do canto.

Mas é nos bastidores que eles se revelam.

Tietes de monge são "catolicoólatras", com uma sede insaciável de disse-me-disse clerical e intriga. Em questões de fé e doutrina são reticentes; mas sabem o que fulano, da diocese, pensa sobre tal assunto, ou se determinada política episcopal deverá contar com a bênção de determinado dignitário. Raramente têm opiniões próprias.

No entanto, sempre têm conhecimento detalhado das últimas ocorrências no mosteiro: de qualquer acidente menor nas cozinhas ou na horta; qualquer desavença entre o abade e o adegueiro, se a sidra a ser servida no domingo deveria ser comprada ou fabricada nas dependências do convento com maçãs colhidas no pomar (que estragam todos os anos, é claro); de cada imbróglio político ocorrido na casa de reunião (a sala do mosteiro onde, diariamente, é lido um capítulo da Regra, e onde os monges debatem os assuntos internos da comunidade); e, com o maior prazer, mantêm-se informados acerca de quem acaba de falecer, quem está perto de morrer ou quem, aparentemente, não conseguirá sobreviver ao inverno. Muitas dessas criaturas, semelhantes ao Gollum,[1] em dado momento, tentaram a vida monástica, mas capitularam, e portanto demonstram um interesse fervoroso, culposo, em novos postulantes (aqueles que se apresentam para ingressar no mosteiro).

Algumas dessas criaturas se encontravam na sala de visitas, um cômodo com paredes forradas de livros, jornais espalhados, quadros com motivos religiosos, cheiro de cigarro e biscoito velho, tudo desarrumado e transbordante de detritos mundanos, em contraste direto com as celas dos monges, simples e vazias. Ben ouvia, de bom grado, o mexerico. Nada poderia ter me interessado menos. Àquela altura, eu me encontrava em um estado catatônico de apreensão, os olhos vidrados.

Mas as criaturas estavam interessadas em mim. A presença de um adolescente na sala de visitas só poderia significar uma coisa: eu era um postulante em potencial. E jovem, também. Era grande a curiosidade. Faziam-me perguntas indiretas, tentando descobrir quem eu conhecia, insinuando os terrores que me aguardavam no claustro. Tudo isso aumentava minha apreensão, o que os incitava a afirmações cada vez mais obscuras, fato que, por sua vez, quase me levava a um colapso nervoso. Ben informou que eu tinha vindo para me entrevistar com o frei Warrilow. "Ah!", ronronou um deles, exibindo um sorriso maroto e algo sórdido: eu constataria que frei Joseph — os tietes de monge referem-se aos ídolos pelo primeiro nome — era um frade muito *diferente.*

---

[1] Personagem ficcional criado por J. R. R. Tolkien e também conhecido como Trahald, Slinker ou Stinker, de constituição esquelética e aspecto mirrado. [N. do T.]

Hora do jantar. Descemos todos, meus joelhos trêmulos, enquanto me preparava para confrontar o frei Josef Varilau, o Carniceiro de Quarr. Mas quem surgiu foi o velho monge, novamente. O *Gruppenführer* beneditino tinha sido detido por mais tempo do que o esperado — talvez estivesse aplicando um teste detector de mentira em algum postulante indisciplinado.

O jantar parecia uma visão embaçada. O refeitório era um recinto imenso, austero, com belas vigas de madeira. Os monges sentavam-se lado a lado, em bancos pesados, comendo em silêncio, tão inescrutáveis quanto no momento em que tinham saído da igreja. Os convidados sentavam-se a uma longa mesa, no centro do salão, de costas para os monges, de modo que, embora os monges pudessem vê-los, as regras de decoro impediam que os visitantes "inspecionassem" os religiosos. Eu podia sentir nas costas o olhar cortante do meu inquisidor, fitando-me do anonimato dos bancos dispostos ao longo das paredes, examinando-me, maquinando um meio de lidar com a questão.

Um deles se posicionara diante do atril, lendo um livro edificante — *A Vida dos Santos* — em voz alta. Se não me falha a memória, pois meu estado mental talvez tivesse afetado minha compreensão da seqüência do enredo, a santa cuja vida servia para nos edificar era mártir, e vivera nos primórdios da Igreja. Seus membros e órgãos tinham sido extirpados pelos torturadores — romanos, provavelmente —, mas ela conseguira continuar clamando o nome do Salvador, apesar de reduzida a pouco mais de um cubo de carne encharcado de sangue, encimado por uma cabeça. Afinal, deceparam-lhe a cabeça também, mas a cabeça continuou, alegremente, a professar a fé na recompensa da vida

76

após a morte. Não era uma história que estimulasse o apetite, mas, em todo caso, eu estava inapetente.

Seguiu-se, então, mais um ofício — o Completório —, o derradeiro do dia, mais um pouco daquele canto magnífico, de uma beleza indescritível, na penumbra da igreja. Contudo, até esse consolo parecia frio. Um recado categórico chegara por intermédio do velho monge impaciente: frei Joseph Warrilow me receberia após o Completório. Sem falta. Eu deveria aguardá-lo em minha cela.

Portanto, lá estávamos, Ben e eu, no meu cubículo com suas janelinhas. Lá fora estava escuro e frio, e chovia. Agora não dava para escapar. Por que Ben estava lá — como defensor ou acusador — eu não sabia ao certo. Não tive coragem de pedir-lhe que se retirasse. Afinal, ele estava dando as cartas. Meu senso moral me dizia que ele tinha todo o direito de estar ali. Meu senso moral, em grande parte, formado pelo próprio Ben.

De repente, ouvi sandálias chiando pelo corredor, e o roçar de um hábito. A porta se abriu. E ali surgiu um dos seres humanos mais estranhos que eu tinha visto na vida.

## CAPÍTULO QUATRO

Primeiro as sandálias. Eram enormes, e apareciam por baixo do hábito preto e frouxo, formando um ângulo de 60 graus. Continham os pés mais chatos que se pode imaginar. Meias pretas e grossas não conseguiam esconder calombos e calos crônicos.

E mais calombos: as mãos rosadas como lagostas, protuberando nos punhos rotos do hábito, o pescoço esquelético saindo do colarinho preto puído, um pomo-de-adão capaz de ganhar concurso.

Um nariz carnudo e triangular ostentava óculos sem aro, que, provavelmente, remontavam a uma época anterior à Primeira Guerra Mundial. E a grande glória: orelhas gigantescas, asas de cartilagem, em ângulo reto com o crânio um tanto pontudo e raspado por inteiro. Os lábios longos e carnudos estavam esticados, formando o mais tolo dos sorrisos.

Embora não existisse em apenas duas dimensões, frei Joseph Warrilow era a maior aproximação possível de uma figura de desenho animado.

— Ben, meu caro! — Dirigiu-se a Ben, com os braços abertos, esperando um grande abraço, mas Ben, que não era afeito a contato físico, transformou a saudação em um aperto de mão. Segurando-lhe a mão com firmeza, o bom monge o empurrou até a porta.

— Pode sair — ele disse, com um sorriso largo, diante de um Ben boquiaberto, que começava a protestar, no momento em que a porta se fechou. — Tony e eu queremos ficar sozinhos.

Virou-se para mim e deu-me o abraço que era para Ben. Em seguida, um beijo estalado no rosto, como se nos conhecêssemos há anos.

— Que mau tempo trouxeste contigo, meu caro. — Ajeitou o hábito em torno dos joelhos e desmoronou na única poltrona que havia. — Mas sempre chove na Semana Santa. Então, no Domingo de Páscoa, surge o sol!

Tinha um falar ligeiro, afobado, tipicamente inglês, com os *rs* quase sempre soando como *vs*.

Fui me ajoelhar ao lado da poltrona, conforme fazia quando me confessava com padre Bleary em seu covil.

— Não, não, não, não — disse frei Joseph Warrilow, 17 vezes. — Sente-se ao meu lado. — Alcançou uma banqueta de madeira que estava diante de uma mesa e puxou-a para si, batendo no assento.

Sentei-me. Sem olhar para mim, ele pegou na minha mão — tinha a mão grande, muito macia — e segurou a minha, apoiando-a no braço da poltrona. Seus lábios longos e móveis contraíam-se e afrouxavam várias vezes; piscou, aceleradamente, e então fechou os olhos. Decerto, era o modo como concentrava energias. A pressão da mão dele sobre a minha diminuiu um pouco, e comecei a sentir-lhe o calor. A intimidade deixou-me espantado, mas algo mais forte me atraía. Havia uma tranqüilidade no recinto, a mesma tranqüilidade que eu tinha percebido anteriormente, quando chegamos, mas desta vez sem me causar qualquer apreensão. Uma calma tomou conta de mim, uma sensação física que me percorria o corpo como bebida quente em noite fria. Pela primeira vez em uma semana, todos os meus medos se diluíram.

— Agora, meu caro — ele disse, os olhos ainda fechados. — Conte-me tudo.

E eu contei.

Contei-lhe como Lily e eu nos conhecemos, como tudo começou, onde começou, o que ela me dizia, o que eu dizia a ela, os beijos, os silêncios existenciais, como enganamos Ben, a sujeira do *trailer*, gaulês contra teutônico, a doutrinação religiosa, os paralelos com Graham Greene, tudo o que eu conseguia me lembrar.

Os lábios do frade continuavam a se movimentar, contraindo-se e se descontraindo; em dados momentos, tremiam os cílios, como se estivesse alvoroçado, mas os olhos continuavam fechados, enquanto ele ouvia sem fazer comentário ou pergunta, concentrando-se em cada detalhe do que eu tinha a dizer, como se estivesse meditando, à medida que eu falava, apenas murmurando — sim, sim, sim —, de vez em quando, todo o seu ser encalombado atento à minha história. Quando cheguei às partes cujo relato me dava vontade de rir, ou me parecia absurdo, ele esboçava um sorriso e meneava a cabeça, mas não ria. A única vez que franziu o cenho foi quando adotei um tom de mea-culpa, como se isso fosse uma intrusão que não pertencesse à narrativa.

Inevitavelmente, chegamos ao trecho que eu temia, o ponto delicado, o final infeliz, meus olhos adúlteros fixados nos seios da mulher de outro homem, minhas mãos adúlteras embaixo do vestido, meus dedos adúlteros aproximando-se da vagina da esposa de outro homem. Para minha completa surpresa, comparado a tudo o que eu já relatara, o trecho não parecia merecer qualquer reação diferente. Os lábios do frade continuavam trêmulos, os olhos, como sempre, fechados. Não se contraíam e descontraíam em ritmo mais acelerado do que antes. Nada do que eu dizia provocava o impacto e o horror que eu esperava.

E assim meu conto terminou.

Uma pausa, o rosto dele descontraiu-se.

— Pobre Lily — murmurou.

Enquanto ele permanecia calado, passou pela minha mente a idéia de que isso era uma deixa; ele tinha conseguido fazer com que eu me abrisse, e agora, *bangue* — castigo! A porta se abrindo subitamente, monges mais jovens e mais fortes pondo-me de pé... Mas quando o pensamento insensato passava para o limbo dos pensamentos insensatos, eu já sabia que acabara de conhecer um homem de quem jamais teria as respostas comuns que sempre esperava obter de padres. Algum combustível desconhecido impulsionava-lhe o motor. A bondade borbulhava daquela criatura risível, naquele traje surrado e preto, como água cristalina que verte da rocha. E fluía para dentro de mim através daquela mão seca e morna. Sentia-me prestes a assimilar um conjunto totalmente novo de reações possíveis diante do mundo.

Ele nada questionou do que eu dissera; não me pediu que repetisse ou esclarecesse nada, tampouco perguntou se eu tinha certeza de que determinado detalhe transcorrera assim ou assado, ou se eu não teria deixado de mencionar algo. Ele parecia partir da premissa de que eu falara a verdade — o que tentei fazer, até onde me era possível —, ou sabia, por instinto, que podia confiar no meu relato. Isso, por si só, era notável: jamais uma figura de autoridade tinha deixado de questionar, direta ou indiretamente, qualquer relato que eu fizesse. Vida de adolescente é governada pelo interrogatório.

Quando, afinal, se pronunciou, o falar era lento, afetado, e o rosto voltou a se contrair, como se tentasse decifrar o que alguém lhe dizia através de um fone de ouvido espiritual.

— Na verdade, você não fez nada de errado, caro Tony. O amor de Deus o trouxe aqui, diante de mim, antes que o mal pudesse ser feito. O único pecado que você cometeu foi o pecado do... e-e-goísmo.

A ênfase suave e hesitante conferida à palavra deixava bastante claro que ele considerava esse delito muito mais sério do que aquele que se encontrava registrado, oficialmente, na minha ficha.

O veredicto foi brando, conclusivo, a palavra final de, ora bolas, um pai. Um pai diferente do meu ou de qualquer pessoa que eu conhecesse, diferente dos homens a quem costumávamos chamar de padres, ou mesmo — segundo todos os relatos — do Deus que chamávamos de Pai. Eu confidenciara a esse padre algo que me deixara confuso, perturbado e assustado. E a questão tinha sido resolvida.

— Você não vai voltar a vê-la durante algum tempo, vai, meu caro? Ao menos, não sozinho. Não seria justo com ela.

Assenti, arrastado por ondas de alívio, e, em seguida, por um novo constrangimento, por jamais ter levado em conta a dor de uma mulher ávida, cativa, infeliz. Sim, egoísmo. Lily entrou em foco nítido; eu podia ver seu rosto angustiado, ansioso, uma pessoa de carne e osso, dotada de vida interior, que eu tinha tratado como se fosse apenas uma extensão do meu sistema nervoso, cenário para eu posar de jovem no palco da vida adulta. Pela primeira vez, senti em relação a Lily algo semelhante a amor, ou ao menos percebi que lhe devia ternura. Como ele tinha conseguido realizar tal feito?

Murmurou as palavras de absolvição e fez uma pequena cruz na minha testa, com o polegar comprido.

— Nada de penitência. Acho que você já fez bastante penitência, não fez? — Então, disparou-me um leve sorriso, meio de lado, conspiratório. E como ele sabia disso?

Levantou-se, todo desajeitado, e começou a ensaiar uma despedida, as palavras rolando de dentro dele, em meio àquele falar engraçado e ligeiro. Eu não queria que ele fosse embora. Nunca tinha me sentido tão seguro em toda a minha vida. Tinha vontade de contar-lhe tudo o que se passara comigo nos meus poucos anos. Queria perguntar-lhe um milhão de coisas. Não, 2 milhões. Ele esteve ao meu lado apenas cinco ou dez minutos, pelo amor de Deus (mais tarde, constatei que o encontro tinha durado quase 45 minutos).

— O senhor não pode ficar mais um pouco, frei?

Ele deu uma risada.

— Gostaria muito de ficar, meu caro; sou uma verdadeira coruja... se me deixassem, conversaria a noite inteira. Mas estes ossos velhos precisam se levantar junto com a alvorada, para a Vigília. Não vai você querer vir como os outros, esses bobões. É cedo demais para gente sensata. Volta-remos a nos ver, e temos muito que conversar. Deus o aben-çoe, meu caro.

De novo, o abraço, de novo, o roçar do hábito, de novo, as supersandálias chiando no piso de linóleo.

Então, paz. E silêncio.

# CAPÍTULO CINCO

O dia seguinte era Sexta-feira da Paixão, o dia mais santo do calendário católico, a celebração da morte de Cristo, dia de jejum, penitência e oração. Acordei bem tarde — devo ter dormido 13 ou 14 horas. Não havia ninguém na casa de hóspedes, na igreja, nem na guarita do porteiro. Imaginei que todos estivessem observando o dia santo, e fiquei em meu quarto, lendo. Ben apareceu na hora do almoço, mas evitou olhar-me nos olhos e saiu às pressas, terminada a refeição. O mesmo ocorreu durante o ofício da tarde e a ceia da noite. Atribuí o comportamento à devoção, e não a qualquer ressentimento, visto que todos os outros hóspedes, de modo especial os tietes de monge, demonstravam grande reverência.

Eu também, de certo modo. Sempre gostei da Semana Santa. A Paixão e a Crucificação constituem histórias grandiosas, cheias de ação, suspense, mocinhos, bandidos, indecisos (Pilatos, Pedro), traidores (Judas, a multidão de Jerusalém), violência imprópria para menores (açoite, tortura, o transporte da cruz) e a cena da morte, que conclui o relato, é espetacular — ainda mais arrebatadora porque o herói morre —, a encenação sendo tornada ainda mais autêntica por toques brilhantes da narrativa, a saber, Verônica oferecendo a Jesus a toalha para enxugar-lhe o rosto, os soldados disputando nos dados o manto, ao pé da cruz, e o mau ladrão, crucificado ao lado de Jesus e que despreza o Salvador do Universo (o que, a meu ver, exigiu grande coragem — bem mais do que a atitude obsequiosa do bom ladrão, que nada tinha a perder).

O certo era se sentir triste e penitente na Sexta-feira Santa, mas eu sempre me sentia alegre e entusiasmado, como se participasse de um épico bíblico, israelitas com seus trajes vaporosos, romanos de saiotes metalizados e gente gritando suas falas, em templos e barracas.

Naquela Sexta-feira Santa o foco da minha atenção era: quando voltaria a me encontrar com o frei Joseph Warrilow? Nos ofícios a que compareci, não consegui avistá-lo entre as fileiras de monges, e pensei que talvez isso decorresse do fato de eu ter ficado com uma imagem equivocada dele, na noite anterior, e agora não era capaz de reconhecê-lo.

Depois de um dia inteiro de pouca interação, finalmente, localizei o velho frade, perto da hora de dormir: será que ele não poderia perguntar ao meu novo amigo quando seria possível revê-lo? Em tom irritadiço, o velho frade respondeu que frei Joseph tinha muitas obrigações e outros hóspedes com que se preocupar, e precisava ensaiar a música a ser executada no Domingo de Páscoa — pelo que tudo indicava, frei Joseph era também o organista da comunidade, motivo pelo qual eu não o vira na igreja: estava escondido no sótão, onde ficava o órgão. Mas ele daria o meu recado ao frei Joseph, se de todo possível (o que traduzi como "desde que ele não esteja em um local cujo acesso se dê por meio de muitos degraus").

O dia seguinte era Sábado de Aleluia, dia tranqüilo, comparado com a ação intensa da Sexta-feira Santa, pois agora Jesus está morto (segundo a tradição católica, Ele se manteve bastante ocupado, descendo ao inferno, de onde fez ressuscitar homens e mulheres que tiveram a desventura de viver antes que a salvação se tornasse possível). Ainda assim, nada acontece na igreja, que se encontra vazia, despida das decorações costumeiras, encobertas com funéreos panos purpúreos.

Era o meio da manhã e eu estava entediado. Ben havia desaparecido, novamente. Eu não tinha vontade de meditar sobre o sentido da Páscoa, e os livros disponíveis na sala de hóspedes ou eram sumamente acadêmicos ou tão carolas que chegavam a provocar náusea. Eu estava habituado a atividades físicas, a caminhar ou andar de bicicleta, ou a explorar o campo, e o único local onde se podia ter alguma atividade era o pátio fechado, em frente ao mosteiro, fato que convinha aos demais hóspedes (cuja idéia de exercício aeróbico era retirar um cigarro do maço), mas que me deixava impaciente e irritado.

Eu fora informado de que nos encontrávamos a não mais do que algumas centenas de metros do mar, mas não sabia como chegar até lá. O tempo era instável, e ventava, o tipo de dia que eu tanto gostava; pelos pequeninos vidros da janela, espiei as nuvens que corriam céleres, as árvores que se sacudiam, e senti-me um tanto isolado. Aquele lugar era meio estranho. A música era boa, sem dúvida. Frei Joseph Warrilow era excepcional. Quanto ao mais, a vida monástica parecia a versão civilizada de um presídio.

De súbito, o chiar da sandália sobre o linóleo, o roçar do hábito, e lá estava ele, no vão da porta, as orelhas grandes como antes, os pés igualmente chatos — eu não tinha exagerado, de modo algum, a imagem que fizera dele. Tinha uma aparência tão engraçada que, sempre que ele surgia, provocava um sorriso no interlocutor. Não consegui evitar o riso.

— Caro Tony, desculpe-me o atraso. Eu gosto tanto do órgão; é difícil deixá-lo para trás. Que tal uma caminhada? O tempo está instável e com vento, meu clima predileto!

Enfiou o braço no meu, descemos as escadas, alcançamos o pátio e entramos por um dos portões onde se lia a placa: PARTICULAR.

Embora a entrada de Quarr sugerisse serenidade e simplicidade, era impossível adivinhar a extensão da beleza das cercanias. O portão assinalado PARTICULAR era a entrada para um Éden secreto.

Um largo caminho de terra corria ao lado da igreja e passava por um pequeno cemitério que continha fileiras de cruzes simples, de pedra; em seguida, a trilha cruzava carvalhos imponentes, fazia a curva em torno de um campo recentemente arado, amarronzado e fofo, diante de um céu turbulento e pardo, desaparecia em um bosque de castanheiros e mais carvalhos, chegando ao Solent, encapelado e revolto. À direita, em um prado vicejante, ao nível do mar, viam-se as ruínas de um mosteiro cisterciense, do início do século XII. No local onde monges de hábitos brancos tinham cuidado de carneiros ancestrais, um rebanho pastava a relva enraizada sobre os restos mortais dos pastores de outrora.

A paisagem me fez perder o fôlego: a curva do caminho, o contraste da terra inerte e os cúmulos velozes, as velhas pedras tombadas sobre a relva jovem, as folhas de carvalho tendo o mar como pano de fundo. Paisagem muito diversa da minha Hertfordshire plácida e verdejante; o cenário era impecável e clássico, cada elemento de beleza natural desfrutava de total harmonia, uma antecipação do perfeito, um gostinho do Paraíso. Tinha a dignidade de uma pintura magnífica, mas eu me sentia dentro da tela, pertencente àquele quadro. Eu já conhecia aquele local. Tinha lido a respeito do lugar em algum poema ou sonhado com tudo aquilo.

Parei, e ele parou também, ainda de braços dados; seus olhos piscavam como de costume, o nariz de roedor tremia de satisfação, em meio ao vento.

— Ah, sim, meu caro, sim, sim, sim. Sempre que faço esta curva, tenho a sensação exata de estar vendo tudo isso pela primeira vez!

Andamos pelo caminho largo até o bosque de castanheiros. Estavam florescendo, as flores cônicas espalhadas pelos galhos como velas de Natal. A exemplo da maioria dos colegiais ingleses, brinquei muito de *conkers* — *conker* era como chamávamos a castanha grande, lisa e cor de mogno produzida pelo castanheiro-da-índia. Fazíamos um buraco no meio de uma castanha e a amarrávamos a um barbante de cerca de 30 centímetros. Alternadamente, um menino segurava a ponta do barbante em que a sua castanha estava amarrada, enquanto o outro desferia um golpe, usando a sua *conker* como pequena clava. Se quebrasse a castanha do adversário, vencia o embate; se não, era a vez do outro atacar. O segredo do jogo era escolher a *conker* certa (castanhas grandes nem sempre eram cobiçadas, pois rachavam facilmente) e manejar a castanha de modo que ela se chocasse com a maior violência possível contra a castanha do outro menino. O objetivo máximo era possuir uma *conker* que acumulasse um número elevado de baixas. A regra mandava utilizar apenas castanhas colhidas na estação, ao natural, mas, para torná-las mais resistentes, jogadores inescrupulosos assavam-nas em forno brando, encharcavam-nas em vinagre ou — o golpe mais baixo — usavam castanhas colhidas no ano anterior.

Eu já não estava na idade de brincar, mas nenhum inglês que se preze pode passar embaixo de um castanheiro sem aferir seu respectivo potencial *conker*. Aquelas árvores tinham um aspecto promissor, pois eram jovens e robustas.

— Dentro de alguns meses, vai haver por aqui castanhas estupendas — eu disse.

— Vai mesmo — ele respondeu —, e formam *conkers* excelentes. — Ele vasculhou o solo enquanto caminhávamos. — Achei uma! — Ele pegou, no meio das folhas, uma castanha de tamanho médio.

A castanha deve ter ficado em algum local seco, pois, em vez de mole e pútrida, estava ressecada e dura como pedra.

— Que beleza! — Ele bateu na castanha com a junta do dedo. — Esta é uma campeã.

— Mas, frei, esta é do ano passado! Ela não pode ser usada.

O venerável monge disparou um sorriso carnudo e travesso.

— Quem disse que não posso? — E enfiou a *conker* no bolso.

A trilha levou-nos a um pequeno cabo. O mar se lançava e batia na praia, lá embaixo, e o vento levantava a espuma da arrebentação. Do outro lado do Solent, via-se o borrão de Portsmouth, local que abrigara uma importante instalação naval, na Segunda Guerra Mundial, e em todas as guerras anteriores, em séculos passados.

Permanecemos de braços dados, contemplando o continente, ao longe. Dava a impressão de estar a mais do que 3 quilômetros de distância, e, a cada minuto, parecia mais distante.

Ele piscou e fechou os olhos, com ar meditativo.

— O outro lado do mundo.

— Não sei se quero voltar, frei Warrilow.

Os olhos piscaram, os lábios se contraíram.

— Ah, mas você precisa voltar, meu caro.

Subitamente, rajadas de vento nos envolveram, estalando-lhe o hábito contra as pernas. Ele largou o meu braço e, meio desajeitado, tentou impedir que o hábito esvoaçasse. Naquele mesmo ano, Marilyn Monroe faria um gesto semelhante, em cima de uma grade de ventilação, no metrô de Nova York, mas ela não se comparava a ele, em termos de joelhos ingleses encalombados.

Finalmente, ele conseguiu conter a vestimenta indócil, gaguejando "Ah, meu Deus, ah, meu Deus...".

— Pois bem! — ele riu. — Agora que você já viu meus joelhos, não vai mais poder me chamar de frei Warrilow.

— Como devo chamá-lo, então?

— Todos me chamam de Joe.

Um tanto radical, pensei. Aquele monge fazia tudo diferente dos demais religiosos; falava comigo como se eu fosse um parceiro, não um pecador, e ainda não mencionara o castigo extremo ao qual os católicos adultos tanto recorriam: o inferno. Mas, era bom lembrar, ele era um religioso.

— Que tal, frei Joe?

— Frei Joe, está decidido! — Tornou a enfiar o braço no meu, e refizemos nossos passos, percorrendo o bosque açoitado pelo vento.

Não me recordo do que conversamos, naquela tempestuosa manhã de primavera, mas a experiência mudou minha vida, de um modo que eu jamais teria imaginado, quando dois dias antes tremi de medo à beira da estrada de acesso ao monastério. Havia muito a ser descoberto, enquanto caminhávamos por trilhas lamacentas, prados onde o gado engordava, campos semeados no inverno, embaixo de outros tantos carvalhos imensos, circunavegando, durante mais de uma hora, a grande fazenda que pertencia à abadia de Quarr, cuja superfície aproximada era de 8 mil metros quadrados.


Frei Joe era monge havia trinta anos, tendo se ordenado aos 17 — sendo, portanto, bem mais velho do que meu pai. Mas não me parecia que tivesse mais idade do que meu pai. Não era uma questão de aparência; ele tanto aparentava trinta quanto sessenta anos. Era mais uma questão de afinidade, ou compreensão do meu ritmo; ele seguia minha cadeia de pensamentos. Não precisava explicar-me sua linguagem, tampouco eu explicar-lhe a minha.

Deveras, ele parecia perceber a realidade como o faz um jovem, ao ver, ouvir, pensar coisas pela primeira vez. Os movimentos incessantes do seu rosto guiavam-lhe as reações, mas o que em outra pessoa talvez fosse um meio de manipular o diálogo, nele, era algo inconsciente. Ele dava a impressão de que qualquer estímulo — um pássaro no galho, um encontro inesperado, uma idéia que já tivesse ouvido cem vezes — nunca fora exatamente o mesmo, nem o seria no futuro. Aquela vez — e, por conseguinte, a pessoa com quem ele falava — era totalmente singular.

Era originário de Essex e tinha os antepassados irlandeses, cuja prole, geralmente, enseja a congregação católica inglesa; mas não poderia parecer mais inglês. Quando, mais tarde, estudei *Piers Plowman*, instintivamente, projetei o rosto ossudo e assimétrico do frei Joe nesse arquétipo inglês — um arauto precoce da Reforma.

Mas exibia uma desinibição nada inglesa, e uma queda pelos franceses que era ainda menos inglesa. A primeira parte da carreira se passara em outro mosteiro beneditino fundado por franceses, Farnborough, mas, devido a alguma política monástica interna, fora transferido para Quarr. Dava-se muito bem em microclimas franceses.

— Idioma tão expressivo, não acha, meu caro? Parece mel na boca. Ou vinagre, dependendo do que se diz. Você deve estar estudando francês na escola... suponho que fale bem.

Meu francês era atroz — eu odiava a gramática regimentar e a obsessão por gênero —, porém, estava mais do que disposto a dar uma segunda chance ao idioma, se frei Joe assim sugerisse.

— E os cozinheiros daqui... Ah, meu caro Tony! Jejuamos a semana inteira, mas espere só até amanhã! E, evidentemente — os óculos de anciã bem próximos do meu rosto, os olhos brilhando com um entusiasmo de epicurista —, vamos ter vinho!

— Se o senhor gosta de coisas francesas, deve ter um temperamento gaulês, tanto quanto Lily.

— Não acho que Lily tenha temperamento gaulês, meu caro. E não acho que ela pense que tem temperamento gaulês. Acho que o temperamento dela é bastante católico.

Surpreendente. A meu ver, as evidências apontavam o contrário; nos adultos, a auto-avaliação é sempre proferida *ex cathedra*.

— E o Ben? O senhor acha que o temperamento dele é teutônico?

— Pelo amor de Deus, não! Ben é tão britânico quanto empadão de carne com rim. O tal temperamento teutônico é apenas um meio de ele controlar as emoções, percebe? E as emoções da Lily, também, é claro.

Frei Joe tivera uma longa conversa com Ben, na noite anterior, e teria uma com Lily, na semana seguinte. E o melhor de tudo era que isso queria dizer que ele conheceria o bebê.

Eu suspeitava que, no triângulo, houvesse outros mea-culpas, além do meu; com efeito, seria uma satisfação ter minhas suspeitas confirmadas. Mas eu também estava me dando conta de que jamais teria certeza. Frei Joe jamais falava mal daqueles que o consultavam, por mais que lhes censurasse a conduta, quando estava a sós com um interlocutor. Fato que apenas aumentava a confiança depositada nele. Qualquer pessoa que culpa terceiros, enquanto fala conosco, é capaz de nos culpar, enquanto fala com terceiros.

Sendo monge, falava de Deus. Mas quase sempre em relação à palavra "amor". E, conquanto se referisse a Deus como "ele", não era um "ele" que eu reconhecesse, aquela autoridade distante e intimidadora, Mestre-escola do Universo, invocado a fim de manter a disciplina, a moralidade ou a obediência à doutrina.

Frei Joe não precisava da régua de metal, do "Obedeça, ou contarei tudo a seu pai". O "ele" divino a que se referia era dócil, generoso, infinitamente criativo, musical, artístico, um engenheiro-arquiteto genial, um "ele" cuja alegria era profunda e identificada com a nossa, que era capaz de uma tristeza igualmente profunda, mas que jamais nos desamparava, que nos cumulava de graças e oportunidades (embora nem sempre as reconhecêssemos), que nos submetia a provas, mas que não nos abandonava, se nelas fôssemos reprovados. Na realidade, muitas vezes, o tal "ele" se adequava melhor à noção de "ela" que eu tinha nos anos 50. Frei Joe falava dessa pessoa com afeto e gratidão, com respeito e com bastante intimidade. E a familiaridade não tinha, absolutamente, levado ao desdém. Medo sequer era mencionado. O Deus dele talvez tivesse trilhões de compromissos não expressos, mas tinha tempo de sobra para ser o melhor amigo de frei Joe.

E mais, conforme percebi depois, quando revi diversas vezes cada detalhe da nossa conversa: ao contrário dos carolas, ele não falava muito de Jesus. Mas, é bom lembrar, tampouco o fez o próprio Cristo.

Em breve, estávamos caminhando por um pomar, e a amplitude do mosteiro se fazia visível acima das árvores. Passamos pelas áreas de trabalho: marcenaria, oficina metálica, curtume, oficinas mecânicas, celeiros e armazéns, leiteria, padaria, cozinhas; locais que produziam todo tipo de sustento, locais em que, no mundo exterior, predomina a dívida, o tédio, a exploração e o descontentamento, mas que ali eram vistos como oração, um outro tipo de sustento, bastante diferente.

Chegamos ao outro grande portão que também exibia a placa: PARTICULAR. Frei Joe abriu-o e segurou a minha mão, durante longa pausa, com a sua manzorra cálida. Não poderia voltar a me ver, disse. As necessidades da liturgia pascal eram grandes, e nós iríamos embora no dia seguinte, Domingo de Páscoa, após o almoço. Deu-me um forte abraço e o beijo estalado na face, gesto que àquela altura eu já sabia se tratar de antigo costume beneditino, o beijo da paz.

A porta de saída do Éden se fechou, separando-me da figura esvoaçante vestida de preto.

CAPÍTULO SEIS

"*Lavabo inter innocentes manus meas...*" Padre Bleary virou-se para mim, o rosto inchado e salpicado de sangue coagulado, resultado de uma barba feita às pressas, em um banheiro mal iluminado, os cabelos ralos, da cor de pêlo de rato molhado, as mãos celtas, carnudas e envelhecidas, tremendo em conseqüência do uísque que, na noite anterior, durante algumas horas, manteve a distância a morte, o fracasso e o desespero.

Ele mal conseguia manter juntas as pontas dos polegares e dos indicadores, acima do cálice, enquanto eu as banhava na água derramada de um pequeno frasco de vidro. Como sempre, a cabeça pendia, ligeiramente, no esforço da tarefa. Em seguida, ele a ergueu, para prosseguir na leitura. Era chegada a hora — o Bafo da Morte:

"... *et circumdabo altare tuum, Domine.*"

Eram sempre aqueles ...*dabo* e *Domine* os responsáveis, as sílabas em "d" exalavam ondas fétidas de refeições pútridas, há muito tempo, em estado de fermentação em suas gengivas.

Eu dava graças, com uma oração grata e jubilosa; de boa vontade, respirava o hálito fedorento, oferecendo a Deus as minhas narinas altruístas, pelas almas infelizes que sofriam no Purgatório, o meu venerável sacrifício reduzindo vários séculos de tormento de algum pecador morto muito tempo atrás.

O *Lavabo* (literalmente, "lavarei") era o início do Segundo Ato da missa, a melhor parte, a que continha ação, o momento em que se iniciava a grande mágica. As velhas palavras em latim jamais deixavam de causar calafrios em meu estômago de 15 anos. Eu aceitava, sem questionar, que aquele monte trôpego de humanidade escrofulosa, trajando paramentos puídos, constituía o elo vital de uma corrente poderosa que partia nosso santuário sombrio e percorria vinte séculos de coragem, perversidade, conflito, santidade, belas-artes, arrogância, generosidade, selvageria, criatividade, sofrimento, êxtase, humildade, hipocrisia, estudo e auto-sacrifício, a um outro local público e sombrio, onde um outro jovem ofereceu aos amigos uma ceia de despedida, sabendo que, dentro de três dias, os governantes romanos o crucificariam. E, pelo poder investido naquele monte trôpego, não apenas aquela ceia de despedida era comemorada ali, quase vinte séculos depois, mas o próprio jovem, Jesus Nazareno, o Messias, Salvador da humanidade, Filho de Deus Pai, Segunda Pessoa da Trindade, em alguns minutos, estaria na hóstia que se encontrava entre aquelas unhas rachadas e sujas — a presença viva, palpitante de Deus.

Eu agora acreditava em tudo isso. Tudo começava a fazer sentido. Os teoremas teológicos cristalinos propostos por Ben tinham se encaixado perfeitamente, como as representações hexagonais de moléculas nos diagramas da química, agrupadas em torno da molécula central que era a crença na existência de Deus. A partir dessa molécula, e da existência concomitante do mal, linhas se conectavam com todas as demais moléculas da fé: a necessidade da salvação, a encarnação, a crucificação e a ressurreição, a sucessão apostólica, o labiríntico e gigantesco sistema tributário da Igreja, com vistas à salvação.

Mas jamais acreditei no diagrama de Ben. Era só no papel, abstrato, alienado do *continuum* de tempo e espaço em que falamos, caminhamos, estudamos, admiramos a paisagem, comemos, bebemos, urinamos, defecamos e, acima de tudo, pecamos. O diagrama era verdadeiro tão-somente em alguma dimensão paralela, a dimensão da religião. Jamais fora real.

Até aquele Domingo de Páscoa, a manhã seguinte à minha caminhada em companhia de frei Joe.

Tanto quanto o restante da Semana Santa, a Páscoa é uma história sensacional. Começa em tragédia: o herói alquebrado e sangrando, morto, contrariando todas as expectativas, a esperança dos seguidores sepultada com o corpo do líder, a pedra à entrada do sepulcro selando o desespero.

Mas o pano não desce sobre essa cena. No dia seguinte, ao alvorecer, descobre-se que a pedra fora removida. O túmulo está vazio, o corpo se foi! Um corpo desaparecido! Detalhe esplêndido. Um murmúrio de comédia. Agora um toque de farsa, Maria Madalena e os homens se alvoroçam, em busca de ajuda, ou do corpo, quando, de repente, não se sabe de onde, ele surge — vivo!

Evidentemente, trata-se de Jesus, que realizou o impossível, derrotando a morte.

E o grupo fica tão perplexo que pensa que se trata do jardineiro! O desfecho está além de um final hollywoodiano: toda a emoção contida, toda a exaltação de uma tragédia seguida da alegria borbulhante e do otimismo de uma comédia.

Será possível? Não apenas viver eternamente feliz, mas morrer... e ainda assim viver eternamente feliz? É a pretensão mais audaciosa do cristianismo, o elemento que imprime sua marca indelével, a marca que ultrapassa as pretensões de todas as outras grandes crenças religiosas. E, obviamente, na realidade, eu não acreditara na ressurreição; era algo que se situava na já mencionada dimensão paralela, um truque espetacular realizado pelo personagem de Jesus, em um relato empolgante, a exemplo dos personagens de Disney — Pinóquio ou Branca de Neve — que morrem ou são mortos, e o desespero se abate sobre o Reino Encantado, até que, de súbito, pela ação de algo, seus olhos tireóideos se abrem, lentamente, as fisionomias pálidas abrem um sorriso, o volume dos instrumentos de corda aumenta, as vozes se elevam, e a morte perde o domínio.

Eu jamais tinha considerado verdadeiras, factuais, as grandes histórias da minha religião. Tão factuais quanto os ovos em um ninho, na primavera, as saliências verdes brotando dos galhos inertes, coisas que eu podia ver e tocar, e reconhecer como realidade, sinais externos de graça interior. Tampouco tinha encontrado homem ou mulher verdadeiros, nesse sentido, naturais e simples como ovos e brotos, em cuja base pulsava a prova da existência do divino. Mas agora eu constatava tudo isso.

Sentado na igreja da abadia naquele Domingo de Páscoa, na manhã após a primeira vez que frei Joe e eu caminhamos juntos, o sol invadindo as janelas da capela-mor — também a esse respeito ele estava certo —, o *alleluia* triunfal da Páscoa irrompendo de cada frase do canto, a música pura, estranha, singular, cujas tonalidades jamais se conduzem segundo as expectativas do ouvido ocidental, deveras, mais um sacramento, latejante em sua divina promessa, de súbito, pela primeira vez na vida, percebi que a história da Páscoa não era apenas uma história. Os fatos tinham ocorrido nesta dimensão, a dimensão em que eu existia, no "aqui e agora" — ou no "lá e no passado".

Aquela manhã tinha sido celebrada apenas 1.923 vezes — 1956 menos 33, valor que correspondia à idade de Cristo. Pensando bem, não era um número exorbitante de vezes; em valores numéricos, correspondia, aproximadamente, às libras que meu pai ganhava em um ano próspero; um número compreensível e tangível, que podia ser contado de trás para a frente — fazendo-se paradas de reconhecimento, em momentos históricos, tais como a Revolução Francesa, a descoberta da América ou a queda de Roma —, até se estar de volta ao marco zero, tudo acontecendo em determinada manhã, em uma cidade chamada Jerusalém, que ainda existia do outro lado do Mediterrâneo. Há apenas 1.923 manhãs, uma mulher e dois homens, extasiados, corriam nas proximidades do sepulcro, procurando o corpo do amigo e se deparando com... o jardineiro.

Constatação que também colocava Cristo em foco. Ele não era apenas o herói de uma lenda grandiosa, tampouco o *quod erat demonstrandum* de uma sólida hipótese silogística (muito menos devia ser a figura de olhar de ovelha representada nas estátuas sentimentais), mas um homem de carne e osso, porventura tão estranho quanto frei Joe, mal-ajambrado e instável, transparecendo ternura e paz, calçando sandálias que sobravam nos pés, com um narigão, talvez orelhas grandes, alguém que pudesse ser confundido com o jardineiro, um sujeito de carne e osso, factual, que andava, comia, bebia, defecava, urinava, tanto quanto nós, de acordo com o milagre cotidiano e ordinário do corpo humano.

E se aquele homem extraordinário, de algum modo inusitado e único, estivesse em sintonia com o divino, fosse divino, conforme afirmava (asserção que, diante das evidências que eu encontrava na pessoa de frei Joe, não me parecia tão escandalosa quanto antes)? E se o relato da ressurreição fosse verdadeiro, factual, e não apenas um truque de narrativa para agradar às massas, mas um acontecimento único na vida do planeta, destinado a demonstrar que havia esperança após a morte, e que o ressuscitado era tudo aquilo que havia afirmado ser? Nesse caso, o mundo e o universo seriam locais totalmente diferentes. O verdadeiro bem seria tão alcançável, na vida, quanto o mal que é evidente por si mesmo.

Se uma parte era verdadeira, por que não o todo? As linhas do diagrama proposto por Ben, interligadas a todas as demais Grandes Doutrinas, transformaram-se, de dúbio preto e branco, em cores vivas. Na igreja do mosteiro, a sonoridade imponente do latim litúrgico atingiu o clímax, no contexto de uma daquelas Grandes Doutrinas, a Transubstanciação; em breve, a frágil hóstia feita de farinha e água tornar-se-ia a carne de Cristo, contendo em seus poucos gramas as dimensões infinitas de algo que estava além dos universos e dos enigmas dos horizontes, além e acima de toda a existência.

O que até então tinha me parecido conversa fiada, de repente, tornou-se mais do que uma proposição — tornou-se verdadeiro e real. Senti uma exaltação crescente, incontida, diante da consciência de que Deus existia e, portanto, eu também.

Minutos mais tarde, no momento em que recebi a hóstia, todos os pensamentos e emoções conflitantes e confusos que eu costumava ter, todas as objeções e restrições, e toda hesitação lógica e sensata foram postas de lado, cedendo espaço à certeza. Tudo se tornou perfeitamente natural, tudo passou a fazer sentido absoluto — aquilo era pão, assim como Cristo se valera do pão, era uma ceia, semelhante à Última Ceia; de que outro modo absorver Deus, senão pela própria boca, consumindo-o daquela maneira comum e mundana? O comum *era* o divino, onde o bom senso se deparava com o mistério, onde a lógica beijava a face do inexplicável, do imensurável, o espírito imemorial pulsando como veias sob o asfalto cinzento e rígido da vida hodierna.

Algo que sempre tinha me incomodado, e tantas vezes me causado pânico — que a hóstia grudasse no céu da boca e precisasse ser cutucada e descolada com a ponta da língua, o que seria um sacrilégio —, agora foi bem-vindo, até provocado, um meio de saborear a natureza da hóstia, antes que sua materialidade se dissolvesse. A hóstia agora quase me queimou a boca, com a presença ali contida; senti que um facho de luz me atravessava o crânio e me iluminava de dentro para fora.

Quando a missa terminou, não pude mais me conter, e saí da igreja correndo, empurrando os "catolicoólatras", que me olhavam assustados. Escancarei os portões onde se lia a placa PARTICULAR, e corri pela trilha, passando pelos grandes carvalhos, pelos castanheiros em flor, chegando ao mar luminoso e encapelado. Enquanto corria, eu dançava e gritava o que me viesse à cabeça — trechos de canções, brados de guerra, frases em latim —, fazia piruetas malucas e tentava subir nos troncos das árvores. Comecei a escorregar pelo barranco lamacento que ladeava o cabo acima do Solent, mas desisti de fazê-lo, e saltei os últimos 15 metros, aterrissando em um monte de seixos, nada sentindo. Corri pela praia como se estivesse fazendo uma volta olímpica, um campeão triunfante, com uma felicidade que jamais tinha sentido na vida. A verdade existia, e eu também. Eu era real, eu, Eu, não era uma idéia, ou uma possibilidade, ou um teorema incompleto, ou um feixe de neurônios rebelados.

O almoço foi excelente — frei Joe estava, novamente, certo —, e havia vinho, o primeiro vinho tinto que provei na vida, e do qual pude me servir à vontade. Não senti qualquer tipo de pesar, enquanto Ben e eu caminhávamos pela via de acesso à abadia de Quarr, de volta ao mundo. Que voz, ou que parte de mim, eu me indagava, tinha me advertido a não subir aquele caminho? Será que a voz sabia da mudança cataclísmica que me aguardava lá em cima? Que eu encontraria em Quarr não apenas um santuário, um Éden, mas, acima de tudo, um lar? Não havia o que lamentar — eu voltaria, e muito em breve.

Entre mim e Ben tudo tinha mudado também, conforme constatei enquanto prosseguíamos no interminável emaranhado de ônibus-balsa-trem-metrô-trem-ônibus, cruzando o sul da Inglaterra, na volta para casa. Ele permaneceu quieto e reticente, longe do estado declamatório de sempre. Eu tinha a impressão de que a visita não fora, absolutamente, aquilo que ele pretendia ou esperava. Em dados momentos, eu o surpreendia olhando para mim, em vez de olhar para o tal amigo no horizonte, como se tentasse decifrar por que eu estava tão radiante e animado, quando deveria estar sorumbático e penitente.

Nem mesmo sua carapaça teutônica, de ferro, deixaria de detectar que algo se passara comigo; eu me sentia como uma versão espiritual do papa-léguas, que passa correndo por Wile E. Bootle, enquanto este arma algum mecanismo complexo na estrada, a fim de me deter ou sabotar. Eu disse que frei Joe era extraordinário e puro. "Puro" não era, exatamente, a palavra que eu buscava, mas eu não conseguia pensar em outra melhor.

— Ele é maravilhoso — Ben concordou —, mas é intelectualmente fraco.

A rigor, eu só ouvi tais palavras mais tarde; a observação fazia tão pouco sentido para mim, que não a registrei. E mais, eu tomara emprestado ao acervo do salão de hóspedes um livro escrito pelo grande historiador beneditino, dom David Knowles, e estava inteiramente absorvido pela leitura. Ben murmurou qualquer coisa, em sinal de aprovação à minha escolha, mas eu já não me importava muito com o que ele pensava. Eu lia o livro em um fôlego só, absorvendo o conteúdo como se fosse uma esponja. Acho que Ben percebeu que tinha perdido o pupilo.

Quando nos despedimos, em frente à minha casa, ele me perguntou se eu iria à sessão de instrução religiosa, terça-feira à noite, como de hábito, mas eu disse:

— Não, frei Joseph acha que Lily e eu não devemos nos ver durante algum tempo.

Um ar estranho e confuso atravessou-lhe o semblante; seus cálculos deveriam ter previsto minha reação, mas deixaram de fazê-lo.

— Ora, eu a despacho de casa, na noite de terça-feira — ele disse, com uma estocada de jocosidade masculina.

Pude ver o rosto miúdo e pálido de Lily, no crepúsculo, enquanto ela empurrava o carrinho do bebê, em direção ao vilarejo, a fim de tomar alguma providência inventada, sabendo muito bem por que tinha sido despachada de casa.

— Não, acho que não — eu disse; a última página daquele volume foi virada, e a história acabou.


A incandescência de Quarr não enfraqueceu.

Eu sempre tinha sido uma criatura afeita a manias; eu sabia disso, e o fato muitas vezes me deprimia, embora isso não impedisse o advento de novas manias. Eu tinha até medido o tempo de vida das minhas manias: em média, duravam três semanas.

Eu tinha sido astrônomo, arqueólogo, químico, cervejeiro e fabricante de vinho, mecânico de carro de corrida, poeta minimalista (duas vezes), numismata, lepidopterologista, repórter, pianista clássico, pescador, especialista em munições, tenor, estrela olímpica de atletismo, lenhador e espeleologista.

Tais atividades eram mais do que simples passatempos; eram paixões ardentes e desenfreadas. Quando acometido de alguma nova mania, eu passava dias devorando a respectiva literatura, escrevia solicitando mais informações e, arrebatado, atirava-me ao novo papel, balbuciando os conhecimentos recentemente adquiridos, enquanto conduzia pesquisas de campo. Visto que essas pesquisas sempre envolviam equipamento e matérias-primas e eu carecia de recursos, grandes improvisações se faziam necessárias. Na época em que fui astrônomo, encontrei binóculos no sótão e os serrei ao meio, para aproveitar as lentes, as quais colei no interior de um velho segmento de calha. Eu jamais consegui obter uma visão muito clara de Saturno, mas Fred Hoyle e eu tivemos debates acalorados, todos vencidos por mim.

Na condição de cervejeiro, fermentei planta após planta do jardim, da urtiga ao líquen, e certa vez minha irmã chegou a adoecer, pois bebeu cerveja de cogumelo pensando que fosse chá gelado. Especialista em munição implicou furtar nitrato pertencente a um fazendeiro que morava mais abaixo na rua e açúcar da despensa (e resultou em um rombo no fundo da garagem). Ser espeleologista no solo plano e argiloso de Hertfordshire significava ter de cavar as cavernas a serem estudadas (com resultados desastrosos para um dos tratores do fazendeiro, que passou por cima de uma delas). A vida útil de três semanas, típica dessas empolgações, tinha muito a ver com os limites da minha criatividade, ou com o fato de eu perder vários dias tentando inventar uma versão funcional de alguma peça indispensável. Nenhum lepidopterologista pode funcionar sem uma rede para caçar borboletas — um velho sutiã da mãe não resolve.

Uma voz quase inaudível me dizia que Quarr era mais uma nova mania fadada à perda, segundo o prazo de validade, mas eu não queria que isso acontecesse e, à medida que as semanas se passaram, fiquei cada vez mais confiante de que aquela situação era diferente. À semelhança dos meus outros sonhos de adolescente, a nova identidade parecia feita sob medida, conforme eu podia constatar, posando diante do espelho das minhas inibições. Porém, ao contrário das demais, essa não era apenas uma escolha interior que, durante algum tempo, parecia me trazer conforto. Desta feita, havia um componente exterior — um novo modo de encarar o mundo à minha volta, algo que também me parecia reconfortante e sensato; deveras, algo que transformava o mundo a meu redor.

A força, pura e simplesmente, da experiência que tive em Quarr, a nova compreensão da realidade das coisas, iluminou aspectos inesperados da minha vida — aspectos que até então eu tinha preferido ignorar ou aturar. História, que no passado fora a minha disciplina favorita, e que àquela época se tornara a matéria de que eu menos gostava, voltou ao centro do palco. História tinha se tornado um tédio, detalhes de fácil esquecimento, um antro de datas, locais e pessoas mortas e enterradas, sem qualquer significado para mim, aqui e agora. Assim como o latim era uma língua morta, história era uma disciplina morta. Certa vez, perguntei à minha mãe por que pertencíamos a uma religião tão antiga — não havia religiões mais novas? (Ela nem concordou nem discordou, mas deu-me um panfleto lúgubre deixado por Testemunhas de Jeová.)

Agora que eu estava impelido pela necessidade de ir mais fundo e — com igual urgência — experimentar a realidade de tudo o que se me apresentasse, a história se transformou na minha nova fronteira, o passado se tornou o meu futuro, uma vasta terra incógnita, em que cada descoberta seria mais um pedaço de território virgem cuja posse eu poderia reivindicar, trazendo consigo o brilho do domínio e da propriedade, a emoção auspiciosa de explorações subseqüentes. Guerras, tratados e monarcas ainda me entediavam muito, mas a maneira como pessoas de carne e osso viveram, o que pensaram, o que fizeram com suas mãos e idéias, era algo que me obcecava e — quando eu imaginava o que teria sido — me animava de um modo ao mesmo tempo estranho e maravilhoso. A história era um meio de viver outras vidas, ludibriar os limites da carne e do sangue, empurrar a pedra que fechava o sepulcro e libertar os mortos ressuscitados.

Ninguém atestava tal condição melhor do que os beneditinos, meus novos heróis, meus homens de preto. E havia muito que saber — tratava-se de uma tradição tão profunda que não se podia ouvir a pedra bater no fundo do poço. Em quase todos os cantos da Inglaterra — ou da Europa, na realidade — é possível se deparar com o legado beneditino, seja na forma de um simples topônimo ou algo arraigado na cultura, como a garrafa de Nuits-Saint-Georges que meu pai abria no Natal, ou as faculdades sobre as quais eu começava a ser instado a pensar. Debaixo do meu nariz estava o exemplo mais óbvio — a minha própria escola, que fora um mosteiro beneditino, desde a fundação, em 793, até a dissolução dos monastérios, em 1539.

Até aquele momento, Saint Albans tinha sido, para mim, nada mais do que uma escola — é bem verdade, um complexo estupendo, datado do final do século XIX, compreendendo salão de entrada, corredores, laboratórios, salas de aula etc., e cujos locais de maior interesse eram o mural central (onde verificávamos nossas notas no final do ano letivo ou as listas dos selecionados para integrar alguma equipe esportiva do colégio) e diversos cantos e esconderijos, onde tragávamos cigarros sofregamente. A biblioteca, situada sobre um pórtico medieval, era construída de pedra, em estilo antigo, embora o mesmo possa ser dito de vários prédios governamentais daquela região da Inglaterra. Perto, havia uma grande igreja protestante — que não me despertava interesse, pois católicos eram excluídos de preces e cultos. Ruínas de estruturas de pedra eram visíveis nos gramados, e serviam de mesa de piquenique, quando lanchávamos ao ar livre.

Agora, tudo aquilo tinha se tornado vivo, um verdadeiro tesouro, uma cratera vulcânica, cheia de emoções inebriantes que eu jamais experimentara. No passado, o pórtico de pedra servira de entrada a uma extensa área pertencente à ordem monástica, com silos, leiterias, padarias, depósitos, tanques de peixe, ferrarias, oficinas; a atual torre protestante tinha sido uma abadia beneditina, onde, mil anos atrás, em uma tarde qualquer, eu poderia ter ouvido exatamente o mesmo canto de Vésperas que ouvi na primeira tarde que passei em Quarr.

A fundação da abadia de Saint Albans ocorreu em um período de grandes transformações, na era tolamente rotulada de "Idade das Trevas"— alcunha conferida durante a idade das trevas que caracterizou o reinado da rainha Vitória. Foi uma época em que homens e mulheres de bom senso decerto sentiram-se esperançosos, pois um grande rei reformista alcançara o objetivo da vida: uma Europa unificada, uma entidade que transcendia ambições tribais, nacionais e dinásticas, estendendo-se desde o mar do Norte até os Pireneus, desde a Itália ao oceano Atlântico; uma entidade consolidada e em paz, séculos antes que as idiotices brutais do patriotismo a rasgassem em tiras sangrentas. Refiro-me ao primeiro imperador do Sacro Império Romano, Carlos Magno, que, ao contrário da maioria dos governantes, não ficou conhecido por ser perito em extermínio de massas, mas por ser comedido e demonstrar profundo respeito pela instrução, notadamente, conforme praticada pelo homem a quem chamava de "Mestre", líder de um grandioso renascimento intelectual na corte do império, em Aachen, o beneditino inglês, Alcuíno de York.

Naquele outono, adquiri um agasalho, um daqueles casacos amorfos, de feltro pesado, com um grande capuz e mangas largas, que permitiam o uso de suéteres grossos, típicos de existencialistas. Eu tinha prazer de perambular pelos arredores da abadia, e pela própria abadia, após as aulas, encapuzado e com as mãos cruzadas dentro das mangas (tosca simulação do hábito monástico), imaginando a ocasião em que o próprio Alcuíno se deslocara, desde Aachen, a fim de verificar o andamento dos trabalhos, eu na função de guia do "Mestre", ou na condição de frade, exatamente, naquele dia do mês, naquela hora da noite, por exemplo, no ano de 1156, andando pelo claustro, sonhando com um belo peixe no jantar, pescado no viveiro situado ao pé da colina...

No início do inverno, em uma tarde em que a abadia se encontrava sem visitantes, fui até o coro e cantei algumas frases de canto gregoriano que tinha aprendido. As notas plangentes galgaram a escuridão fria dos arcos da capelamor e ecoaram pelas pedras da nave, separadas de mim, conquanto fossem a minha voz, incitando fantasmas milenares.

Infelizmente, meu agasalho era castanho-amarelado e, portanto, em vez de ostentar um aspecto monástico, provavelmente, eu haveria de parecer (a qualquer pessoa que se desse ao trabalho de me notar) um rapazola estranho, que gostava de ficar em locais estranhos, durante longos períodos. Porém, sob o capuz, eu era um homem que vestia preto, vivia séculos atrás, perdido no mar do tempo.

Pois minha nova identidade, a que já não era simples mania, a que tinha vingado, era de *monge*. Mais de um ano tinha se passado — tempo suficiente para o surgimento e o desaparecimento de vinte manias. E essa havia sobrevivido.

Eu era um Monge Adolescente.

Meus colegas não conseguiam decidir se eram fãs de Chuck Berry ou Dave Brubeck; meu herói musical era um papa que tinha vivido no século VI, chamado Gregório, o Grande. Para meus colegas, Peter, Paul and Mary era um grupo que cantava música popular. Para mim, eram os dois apóstolos principais e a mãe de Cristo. Outros rapazes apalpavam meninas dentro de carros; eu, que tivera um caso tórrido com uma mulher casada, tinha renunciado ao mundo e à carne. Os colegas contemplavam o cisma que estava surgindo entre *mod* e *rocker*,[1] e se perguntavam o que fazer acerca de uma questão crucial: os cabelos; eu ansiava por raspar o cocuruto.

Desde a primeira Páscoa que passei em Quarr, quase um ano antes do período a que agora me refiro, tive muitos contatos com frei Joe, fosse através de outras visitas ou de uma torrente de cartas. Todos os contatos expandiam e aprofundavam minha certeza de que o mundo era algo intelectual e espiritualmente coeso.

Eu costumava experimentar uma gama de emoções, durante a longa jornada até a ilha de Wight: uma certa empolgação na hora da partida; um distanciamento monástico enquanto me apertava com milhões de passageiros no metrô de Londres; o panorama de esperança, desde o limite sul da cidade, região horrenda, até os verdejantes subúrbios de Surrey e as suaves colinas de Sussex; a sensação de deixar o mundo para trás, ao atravessar de balsa o Solent; o entusiasmo renovado, no momento em que a balsa se aproximava do litoral e eu avistava a torre da abadia, em formato de chapéu de gnomo, projetando-se acima dos carvalhos.

E sempre o chiado de sandália sobre o linóleo, o roçar do hábito no corredor, a batida à porta, o rosto engraçado e

---

[1] Respectivamente, jovens britânicos que, nos anos 60, usavam determinado tipo de roupas e apreciavam música *soul*, e pessoas que praticam ou gostam de *rock*. [N. do T.]

ossudo surgindo à entrada, o catalisador, o modelo, o centro fixo da minha transformação...


Eis frei Joe, sentado no meio da campina, em julho, suando em bicas sob o hábito pesado, os óculos de anciã atentos diante de uma centáurea, o dedo ossudo acariciando as pétalas.

— Tudo o que precisamos saber está aqui, caro Tony. O amor de Deus por nós, pois nos cerca de tamanha beleza; o amor de Deus por sua criação, pela bela centáurea. Beleza que durante tantas eras existiu somente para Deus, muito antes da nossa chegada. Beleza por si mesma, *in idipsum*. Ordem e harmonia: veja o azul destas pétalas, meu caro, é o azul do céu no verão.

Ele ergueu a flor ao céu, e ele estava certo.

— Como poderia tamanha beleza existir sem Deus? É certo que não existiria nada, não é?

E pensei: tudo o que preciso saber está mesmo aqui — os olhos contentes, piscando atrás dos velhos óculos, o nariz gigantesco, tremelicante, com pêlos à mostra, os lábios carnudos esticados, extáticos diante do pequeno círculo de céu que ele tinha entre os dedos. Era isso que eu deveria me tornar, algo assim tão iluminado, tão simples, tão presente e vivo.


Eis frei Joe, traquinas, admitindo que, em dados momentos, os Salmos o irritavam:

— Temos de rezar os 150, toda semana, percebe? É claro que são maravilhosos e moldam nossa vida, mas o velho salmista, por Deus, às vezes, é um resmungão: "Ó Senhor, hoje estou tão deprimido; ninguém me ama e, além disso, tenho furúnculos. Ouvi a minha voz, ó Senhor, e *por favor* livrai-me destes furúnculos. (*Cantando*) A-a-a-a-mém."

Ou admitindo que tinha furtado da cozinha uma porção extra de sobremesa, após a ceia — célebre proibição da Regra de São Bento —, ou feito vista grossa para a brincadeira de algum noviço porque a tinha achado engraçada. Todas essas transgressões acompanhadas de: "N-n-não conte ao abade!".


Eis frei Joe, explicando o significado de *contemptus mundi* — literalmente, "desprezo pelo mundo" —, expressão que tanto me encantava, em seu sentido absoluto, grandioso, determinado.

— Mas será que *contemptus* significa "desprezo", meu caro? É evidente que não. Isso implicaria arrogância, superioridade, orgulho. Muito do que chamamos de mundano, na verdade, é apenas algo imperfeito, ou que está sendo contemplado através de lentes rachadas. Imperfeito, ou malcompreendido. Quem somos nós para julgar desprezível algo ou alguém cuja existência é sancionada por Deus. Tudo, por mais imperfeito que seja, tem um propósito.

"Não, caro Tony, *contemptus mundi* quer dizer '*distanciamento* do mundo', ver o mundo *sub specie aeternitatis*. Tolerá-lo ou celebrá-lo, mas nunca esquecendo, mesmo quando tudo parece perfeito e perene, que, conforme diz a Bíblia: 'tudo passa, como folhas soltas ao vento'."


Eis frei Joe, respondendo a alguma expressão do meu entusiasmo de devoto, em que eu afirmava a santidade da comunidade e o seu elevado propósito:

— Deus do céu, meu caro... não somos um bando de monges velhos e tolos que passam o dia todo murmurando preces. Temos um trabalho a fazer!

*114*

Eu ria, sem conseguir conter certo espanto. Até perceber que a reação era típica dele, um tanto ímpia, pragmática, resumindo-lhe a visão do ordinário, sempre imensamente generosa. Toda palavra que ele dizia era retirada de um poço profundo de generosidade. Ele mesmo tinha construído o poço, e o encheu até a borda, ao longo de décadas em que estudou os seres humanos; e malgrado os defeitos, as defesas ou as excentricidades dos indivíduos, por mais desagradáveis que estes fossem, pessoal ou moralmente, ele os amava sem restrições. A força amiga de frei Joe emanava de uma clara avaliação do mundo e da sua missão no mundo. E sua missão era o amor.

Missa matinal na cripta da abadia, o brilho dourado da alvorada infiltrando-se pelas janelas entreabertas. A cripta que no meu primeiro dia pareceu um pesadelo era, na realidade, um lugar de mistério sacral, uma catacumba, a caverna de Merlin cristianizada, uma caverna insondável pelo homem. Na penumbra dourada, viam-se outros frades, em outros altares, cada um iluminado por duas velas, murmurando sua missa. Ajoelhei-me atrás de frei Joe, enquanto ele rezava sua missa, resplandecente em uma casula branca e vermelha (a única vez em que o frade, de fato, parecia integrar o clero católico), transfigurado, os olhos fechados quase o tempo inteiro, cada palavra dita em latim — mesmo as que mudavam diariamente —, expressa de coração, saboreada nos lábios sorridentes, que se contraíam e descontraíam como quem sorve goles de vinho.

\* \* \*

Já na segunda ou terceira visita, comecei a conhecer outros monges. Minha primeira impressão, de uniformidade, e até mesmo anonimato, estava bastante equivocada. Os monges eram oriundos de todos os cantos do mapa: um ex-banqueiro vienense, cortês e conhecedor do mundo, fumante inveterado (que os católicos acreditavam ser um judeu convertido); um sujeito nanico, insopitável, de idade indefinida, com a tez cor de castanha, originário de Malta; italianos em visita ao mosteiro; um ou dois alemães; franceses a valer; um monge corpulento, alto e barrigudo, que falava com sotaque esnobe e parecia um ex-ministro de Estado responsável por algum programa de proteção a testemunhas, e que fazia viagens seguidas a Londres, a fim de realizar missões misteriosas envolvendo jesuítas e cardeais...

Na segunda Páscoa (meu "aniversário" de um ano de mosteiro), passei as duas semanas de recesso escolar em Quarr, e frei Joe deixou-me pairar às margens da vida monástica. Nada era mais central àquela vida, ele acreditava, do que os irmãos leigos.

Irmãos leigos eram um anacronismo já na década de 1950. Definido como aquele a quem os longos Ofícios da Igreja não eram adequados, cujos talentos se prestavam mais a questões práticas, irmão leigo não recebia ordens sacerdotais (daí serem chamados de "irmãos" e não "freis"). A maioria dos irmãos sobreviventes era de origem francesa; estavam bastante idosos, tendo ingressado no monastério na adolescência, no final do século XIX, e acompanhado a comunidade à Inglaterra, quando as ordens religiosas foram expulsas da França, no início do século XX. Todo monge fisicamente capacitado realizava trabalhos manuais, mas a maioria, constituída de sacerdotes, dividia o tempo entre tarefas domésticas e atividades intelectuais — eram pesquisadores, musicólogos, artesãos especializados etc. —, ao passo que os irmãos exerciam, primordialmente, atividades domésticas. Frei Joe, que já tinha sido Mestre dos Irmãos, tinha pelos idosos um carinho especial, e achava que eram santos (embora fizesse muita troça do sotaque normando e bretão dos companheiros); quando o instei a me designar *laborare*, ele me deixou *orare* também, e me encarregou ao irmão Louis, o lenhador.

Irmão Louis tinha 75 ou 85 anos (dizia que não se lembrava ao certo, e ninguém poderia confirmar-lhe a idade). Não tinha mais do que um metro e meio de altura, era inteiramente calvo, a cabeça no formato e na cor de uma imensa avelã, as mãos do tamanho de frigideiras, apenas mais resistentes. Acho que foi o ser humano mais meigo que já conheci: já não tinha dentes, e os lábios continham, permanentemente, um meio-sorriso seráfico. Não era o sorriso de um inocente ou de um tonto, embevecido com Deus; a serenidade do velho olhar lancinante expressava certa tristeza, como se tal olhar resultasse de uma jornada sofrida, ao fim da qual ele chegara em paz.

Era primavera; o grande carvalhal estava repleto de campainhas azuis, e o céu brilhava, a luz ofuscante, porque as folhas em tom cinza-esverdeado ainda estavam em formação. Irmão Louis entregou-me uma velha machadinha francesa e, sorrindo e fazendo mímica, mostrou-me como cortar arbustos indesejáveis, com um só golpe, desferido em diagonal, o mais perto possível do solo. Cortou um pequeno arbusto, parecido com urtiga, e passou-me o instrumento. Tentei cortar outro, de diâmetro similar, mas mal lhe feri o caule.

Irmão Louis tinha se afastado, ou porque uma única lição seria o bastante, ou porque era por demais caridoso para ficar observando meu patético desempenho como lenhador. Quase curvado ao meio, o pequenino frade cor de avelã prosseguia com firmeza entre os carvalhos, decepando, de um só golpe, arbustos duas vezes maiores do que aquele em que eu fizera minha demonstração. Quando a machada atravessava o tronco, fazia um ruído surdo, característico. Comecei a praticar em galhos pequenos, pouco maiores do que gravetos, e logo aprendi o ofício, passando a visar arbustos de tamanho razoável. Trabalhamos, os dois — com uma diferença de idades que ficava na casa dos sessenta ou setenta anos —, sem trocar uma palavra, percorrendo o bosque imponente durante duas horas; o ruído ritmado da machada dele e o ruído ocasional da minha eram nosso único meio de comunicação. Ao meio-dia os sinos da abadia soaram; ele se pôs ereto e inclinou a cabeça. Percebi que se tratava do Ângelus, antiqüíssimo hábito dos agricultores, rezado nas lavouras, ao meio-dia, em todas as fazendas de todos os países católicos, havia mais de mil anos. Inclinei a cabeça e fiz o mesmo, feliz, em paz, quase monge.

Quase. E quase aos 16 anos. Eu já não era visitante. Era suplicante. Queria entrar para o mosteiro. A audição de frei Joe tornava-se estranhamente falha, sempre que eu tocava no assunto.

— Completo 16 anos em julho, o senhor sabe.

Era o último dia da minha visita. Caminhávamos pelo bosque.

— Frei Joe?

— Estava admirando o produto do seu trabalho, meu caro. Que belo trabalho você fez!

— Irmão Louis cortava dez, enquanto eu cortava um. E os meus ficavam bambos.

— Sei que você está sendo modesto, meu caro. Agora, todas as vezes que eu caminhar pelo bosque, esse trabalho fará com que me lembre de você.

— E se eu ficasse?

— Já dá para ver as campainhas azuis.

— Frei Joe, acho que o senhor está evitando tocar no assunto.

— Estou, meu caro? Então preciso ficar mais atento.

— O senhor tinha apenas 16 anos, quando começou a pensar em entrar para Farnborough. O senhor mesmo me contou. Por que não eu?

— Eu não era tão esperto quanto você, meu caro. Era um bronco. Ainda sou. É o que todos dizem.

— Em julho, já terei prestado os exames de nível O, já poderei deixar a escola.

Exames de nível O (abreviação de Ordinários) eram obrigatórios, em todo o país, cobrindo uma variedade de disciplinas, e aplicados a jovens de 16 anos. Meu argumento era forte. Rapazes costumavam entrar para o seminário após prestarem tais exames.

— Sim, mas você ainda precisa se submeter aos exames de nível A [abreviação de Avançados, aplicados a jovens de 18 anos], e, obviamente, a universidade...

— Não pretendo prestar os exames de nível A, frei Joe! E por que haveria de pôr em risco minha alma imortal na universidade? E para a universidade ainda faltam três anos! Se eu entrasse para o mosteiro este ano, em três anos poderia fazer os votos finais, e me tornar membro efetivo da comunidade.

Frei Joe deteve-se e colheu uma campainha azul. Parecia reticente, o que me surpreendeu. Antes que a florzinha

119

se tornasse o único foco da atenção do frade — perigo iminente —, concessões se faziam necessárias.

— É claro que, se a comunidade achasse que eu deveria freqüentar a universidade, eu concordaria com qualquer coisa que me fosse solicitada. Afinal, eu teria feito voto de obediência. Mas seria melhor freqüentar a universidade *depois* que eu fizesse os votos.

Frei Joe nada disse, tampouco entrou em êxtase diante da campainha azul. Caminhamos em frente. Quando nos encontrávamos na colina, ouvimos o carrilhão da abadia soando as Vésperas. Ele voltou-se para mim e segurou-me as mãos.

— Caro Tony, seu entusiasmo é contagioso e tem grande valor. Não creio que o prior concorde com o seu ingresso agora, mas vou falar-lhe da sua vontade, e, a próxima vez que você vier, nós três poderemos discutir a questão.

— Frei Joe! Obrigado, obrigado! Deus o abençoe!

Abracei-o com força. Ele me abraçou também, e corremos para participar das Vésperas.

A meu ver, isso equivalia a uma aceitação, de braços abertos. Voltei para casa pisando nas nuvens. Eu haveria de passar nos exames de nível O. Então, poderia dispor dos dois longos meses das férias de verão para convencer a todos — meus pais, frei Joe, o prior, o abade, o papa, se necessário — de que o colégio Saint Albans e todos os seus benefícios eram conversa fiada, comparados à minha vocação monástica, ao meu futuro de santo.

Aquele tinha sido o melhor ano da minha vida, um ano de clareza, de certezas, um ano cheio de luz. A luz tinha se refratado em todos os segmentos do meu mundo, transformando-o, mas a estrutura da minha fé era tão sólida, que o processo parecia ser menos de transformação e mais de inevitabilidade. Havia muito tinham perecido minhas vagas ambições de me tornar cientista (incitadas, principalmente, pelo sonho de um salário mais seguro do que o de meu pai). Meus interesses ardentes agora eram história, literatura, filosofia, artes plásticas e, acima de tudo, teologia. O que antes eram conflitos agora pareciam meros exercícios intelectuais; o que antes era prazer agora parecia vazio e mesquinho. O que antes era obrigação agora se tornara prazer.

E por isso me vi ajudando a missa rezada por nosso pároco falido, em uma ensolarada manhã de junho, em 1957. A missa chegara quase ao fim, e eu estava comungando, a boca escancarada, a língua toda estendida — graças àquelas "mãos de uísque", a pontaria do padre não era das melhores.

Os exames de nível O tinham ficado para trás, uma verdadeira barbada. Faltavam apenas algumas semanas de aula, e então Quarr seria meu único objetivo. Eu sabia quem eu era e o que queria da vida, e não queria uma carreira limitada, uma curva em forma de sino-promessa-ambição-decepção-pensão. Meu caminho era uma vida livre da corrida pelo dinheiro e por bens ridículos, frustrantes, uma vida só de reflexão e contemplação, auto-ajuda e recompensas divinas. Eu tinha um mestre de altíssimo nível e estava pronto para ser iniciado, para me tornar um paladino do espírito, pleno de energia e disposição para o que desse e viesse.

Naquela mesma noite, naquela noite de fim de primavera, cálida e fragrante, poucas semanas antes do meu aniversário de 16 anos, meu universo ruiu.

## CAPÍTULO SETE

Eu dormia no mesmo quarto que meu irmão caçula. Ele ocupava o beliche de cima, eu, o de baixo. Ele foi dormir muito antes de mim, e eu não queria que meu irmão soubesse das minhas intimidades, isto é, que eu costumava recitar o Ofício das Completas antes de dormir. Até para um menino de oito anos — talvez, especialmente para um menino de oito anos —, o conhecimento de tal prática seria munição imbatível. Fiz minha prece em silêncio, à luz da lanterna.

A melhor parte das Completas é o hino final à Virgem, que muda ao longo do ano, mas que, em fins de maio, é uma pérola que remonta ao século XI chamada *Salve Regina* (*Salve-rainha*) — por coincidência, a prece favorita de frei Joe —, que eu sabia de cor. Se pudesse, teria recitado a oração em voz alta, mas, em vez disso, ajoelhei-me ao lado da cama e a recitei mentalmente, de olhos fechados, imaginando-me na penumbra do coro de Quarr, cercado por homens de paz em cuja companhia eu tanto queria viver.

Naquela noite, apaguei a lanterna, ajoelhei-me e entoei o cântico, como de hábito; em seguida, permaneci de joelhos durante algum tempo, imaginando o jovem noviço apagando as luzes da abadia, e meus futuros irmãos se dirigindo às suas respectivas celas. Agora a igreja estaria vazia, escuridão total, exceto pela luz vermelha do sacrário, a distância.

De repente, embora a noite estivesse quente, o quarto esfriou, e meu coração também, uma onda de um pavor frio, de que alguma força imensa, irresistível, acercava-se de mim, espreitava-me, prestes a dar o bote. Instintivamente, rezei, pedindo força e proteção, quando — de súbito — senti-me em queda livre, dentro de um elevador cujos cabos tinham se rompido, e que se precipitava na escuridão do fosso. Abri os olhos, mas ainda estava caindo — agora mais velozmente —, mergulhando em um precipício sem fundo, entre paredes escuras, e eu sabia, mesmo enquanto caía, que a fé estava sendo arrancada de mim pelo vento produzido pela própria queda, como se eu estivesse sendo arremessado das muralhas da minha certeza.

Fechei os olhos com força, tentando interromper a queda, rezando, em desespero — *Por favor, meu Deus, ajudai-me; parai esta queda; concedei-me um milagre* —, mas não houve ajuda ou milagre, e eu despencava cada vez mais, nas profundezas, observando minha própria queda como em um pesadelo, caindo através de mim mesmo, caindo da minha própria alma, que, em todo caso, jamais tinha existido, e chegava a distâncias incalculáveis, abaixo das rochas da fé e da verdade, em um espaço insondável, frio e morto, uma profundeza infinita e eterna, onde não havia Deus ou Cristo, fé ou esperança, certeza ou salvação, e jamais, jamais voltaria a haver.

Parei de cair. Reabri os olhos. Estava no meu quarto. Podia ouvir a respiração do meu irmão.

Não tinha sido um pesadelo. O pavor, a agonia da perda dentro de mim, a desolação era total, real, fria e opressiva. Eu transpirava e tremia. Meu rosto estava molhado.

Recorri a cada grama de esforço mental, na tentativa de despertar, caso aquilo fosse algum pesadelo dentro do pesadelo, onde a gente desperta sem despertar. Mas, não, eu estava acordado, e aquilo era uma realidade, a nova realidade do nada — e pior, a realidade de ter de continuar a existir.

Uma palavra terrível veio-me à mente, como um eco que percorre um vale sombrio: desespero. *Tu te desesperaste. Estás condenado. Pois o desespero é o pecado imperdoável.*

Implorei à escuridão que me devolvesse a fé. Mas a escuridão nada disse. Lá não havia ninguém para devolver-me a fé. Rogar a nada por fé em nada era um círculo vicioso. Eu tinha sido apanhado no centro do círculo, prisioneiro para sempre.

Estava totalmente só. Nunca havia sentido tamanha solidão, uma solidão existencial, sozinho na minha existência; a sensação era tão horripilante, que eu chegava a duvidar do meu próprio ser. O que me causou pânico ainda maior.

A lógica interveio: eu existia, pois era capaz de formular a pergunta — *Eu existo?* Mas a constatação fez com que eu voltasse a cair, pois me fez lembrar que a minha vida se estendia à minha frente e após a morte, no além, uma eternidade, cuja existência inescapável está circunscrita à ine-

124

xistência de Deus, encerrada na prisão do eu, sem direito à liberdade condicional.

Quem (ou o quê) tinha roubado minha liberdade eterna também me roubara os sonhos de me tornar frade. Os sonhos tinham se despedaçado na queda. Os cacos se espalhavam na vastidão do espaço, e já estavam longe demais para serem resgatados. E a perda foi súbita e violenta, como se eu visse minha amada ser morta diante de mim — viva e palpitante, em um segundo, morta e calada, no segundo seguinte. Quem teria cometido um ato assim tão cruel e insensível? Teria sido eu? Seria eu culpado da minha própria destruição?

Não sei por quanto tempo permaneci de joelhos, o corpinho do meu irmão abaulando o estrado de molas da cama acima de mim, enquanto eu oscilava entre pânico total e paralisia mental; mas, subitamente, senti nos olhos a luz do sol. Já era dia. Eu tinha adormecido ajoelhado. A cama de meu irmão estava vazia, e minha mãe gritava algo, ao pé da escada.

A dor e a sensação de perda voltaram, de imediato, golpeando-me como um martelo na cabeça. Igualmente impactante foi a constatação de que eu tinha despertado com uma hora de atraso, em relação ao horário de entrada na escola. Talvez no universo inexistisse Deus, esperança ou fé, mas era concreta a realidade de um ônibus verde e bulboso, expelindo fumaça nas vielas tranqüilas de Hertfordshire, e que chegaria ao vilarejo, a cerca de um quilômetro de distância, em exatamente 12 minutos. Lavei o rosto, vesti-me, peguei meu material e corri.

O lugar-comum de que uma atividade rotineira afasta do pensamento a tristeza é mentira. Sentei-me no ônibus, cercado de fumaça de cigarro e meninas rosadas e sorridentes, vestindo uniformes de cor cinza, e travei uma batalha interna mortal: de um lado, minha vontade e eu, encurralados em minha cabeça; do outro, tropas sitiantes, compostas por dúvidas gaiatas e gozadoras, fortemente armadas. As agonias existenciais da noite tinham ido embora; agora, proposições específicas eram disparadas contra mim, como morteiros: *Deus não existe. Portanto, Cristo não foi Deus. Cristo foi um tolo que se sacrificou por nada. Cristo foi um impostor.* Os morteiros contra Cristo eram incontáveis.

Durante a viagem de ônibus, que durou meia hora, a batalha prosseguiu, pois eu tentava expulsar da mente as dúvidas, grunhindo — "Não, não, não" —, sacudindo a cabeça, os punhos cerrados. A passageira sentada ao meu lado, matrona rechonchuda, usando um sóbrio casaco e um chapéu leve, este em estilo dos anos 40, preso de lado nos cabelos com permanente, decerto, percebia o adolescente trêmulo que viajava ao seu lado, mas quando descansei da batalha, um instante, a fim de ver onde o ônibus se encontrava, constatei que ela olhava para a frente, com um sorriso bem-educado nos lábios. Não é de bom-tom reparar em pessoas desequilibradas mentalmente, não é verdade? As pobres coitadas não têm culpa do seu estado.

Uma suntuosa manhã de primavera rolava diante da janela do ônibus, os campos parecendo um oceano branco e espumante, em virtude dos pilriteiros em flor, o ar repleto de pássaros animados, botões de flor se espalhando por toda parte, imponentes galeões de nuvens brancas singrando o céu azul.

Não há verde que se compare ao verde da Inglaterra na primavera, e nada se compara à explosão nuclear da flora inglesa, ao equilíbrio delicado entre o decoro do campo e o caos jubiloso do renascer. Na primavera, a Inglaterra deixa de lado a ironia úmida, a ambigüidade sombria e o rancor encharcado de chuva; a terra verde e aprazível irrompe com uma energia simples. Mas eu tinha um só pensamento, enquanto percorria a vida nova: não queria morrer. Naquele mundo, tornado hostil, imprevisível e mortal, minha morte parecia tão possível quanto a morte recente de tudo em que eu acreditava.

E morte implicaria condenação ao inferno.

Quando cheguei à escola, estava exausto. Não se tem a menor chance, quando se combate os exércitos da dúvida e do desespero, após não mais do que duas horas de sono, e de estômago vazio. Meus colegas de sala estavam com o espírito sumamente gaiato; com a perspectiva das férias de verão e os exames de nível O já prestados, cinco longos anos de trabalho tinham chegado ao fim. No período que restava do ano letivo a disciplina seria menos rígida e as tarefas de casa mais leves. Todos estavam felizes, tanto quanto eu estivera 24 horas antes. Agora, eu oscilava entre os sentimentos de desdém pela mundanidade e a futilidade dos meus companheiros, e de inveja por não mais poder participar dessa mesma mundanidade e futilidade.

Eu não conseguia desfazer minha própria imagem de adolescente atlético e saudável, sem história de doença grave, subitamente, soçobrando e gemendo. Lá estava eu, nos últimos suspiros, implorando aos protestantes que me trouxessem um padre, o qual, mesmo que a tempo chegasse, não poderia me absolver.

Lembrei-me de algo ocorrido no ano anterior, a que não tinha prestado muita atenção: um colega de sala tinha falecido de repente, durante uma partida de rúgbi. Ele correu o campo inteiro, converteu um tento e caiu morto. O menino tinha uma doença pulmonar rara, mas nunca demonstrara qualquer sintoma. Na ocasião, o colega falecido parecia mais uma curiosidade do que qualquer outra coisa, figura fatal em quase todo o corpo discente. Agora, a morte confirmava a intensa fragilidade da vida.

Voltando ao dia em questão, havia um torneio de natação com outra escola. Sendo substituto do capitão da equipe de natação, eu não tinha como evitar o torneio, o que me deixava bastante apreensivo. A piscina parecia ser o local perfeito para uma fatalidade cruel. A outra escola tinha uma equipe medíocre: meninos gorduchos e periformes, aparentemente, selecionados com base no fato de que, ao caírem na água, ao menos, não afundariam. Eu era considerado o favorito na minha prova, os 100 metros de nado de peito, mas, após estar na primeira posição, no meio da última etapa, fui atacado pela doutrina da Presença Real, fechei os olhos, esforçando-me para repelir o assédio, e me choquei contra a borda da piscina. Um menino duas vezes mais pesado do que eu, esfalfando-se, venceu a prova, com facilidade.

A viagem de volta, de ônibus, foi ainda pior do que a de ida. Os ataques tinham se tornado menos intensos, mas foram substituídos por uma depressão tão profunda, abrangente e inevitável que chegava a doer. Caminhei da escola até em casa, com um andar pesado, passando pelas sebes em flor e pela nossa capela, que sempre fora um local cálido, confiável em sua pequenez despretensiosa, um ponto fixo na minha rotina. Ontem, eu tinha entrado na capela, como de hábito, para ter uma conversinha com o Santo Sacramento. Mas... agora?

No meu ano de luz, a Presença Real fora uma das descobertas mais gloriosas — o ponto mais direto de contato com o divino. Não era apenas uma questão de fé na doutrina; diante do tabernáculo, mais do que em qualquer outro local, eu sentia a imanência de um ser que eu acreditava se tratar de Jesus. A presença não era de uma pessoa, na verdade; era algo impessoal, ou suprapessoal — além dos limites da personalidade humana —, mas que se fazia presente, de modo inequívoco, ocupando toda a igreja. Em dados momentos, quando me rendia à oração, a presença era tão vívida e real que eu quase precisava correr do tabernáculo, antes que ela me subjugasse.

Hoje a igrejinha parecia feia e frágil, um local onde o perigo espreitava. Que novo pesadelo me aguardava lá dentro?

Nada me aguardava. Nada pairava acima do templo, como uma nuvem escura. Nada aguardava no altar, como uma pilha de malas feitas, prontas para a partida. Nada me contemplava, em triunfo, desde as vigas do teto, do púlpito, dos bancos ou da área onde nos ajoelhávamos para comungar. A igreja era um vazio cinzento e frio.

O que aconteceria comigo? Para onde eu poderia me voltar? Meus pais em nada ajudariam. E muito menos o padre Bleary, que naquele momento estaria preparando sua primeira dose de uísque da noite. Ben e Lily não estavam em casa. Só uma pessoa seria capaz de me ajudar, e ele estava longe — a quatro ou cinco horas de viagem, ao menos, e já eram seis horas da tarde.

Mas tinha de ser feito. Meus pais ficariam exasperados, mas que escolha tinha eu? Voltei ao ponto de ônibus. Chegou o expresso Saint Albans. Bom sinal. No início da noite, havia muitos trens para Londres. O dinheiro que eu tinha era a conta da passagem. Tomei o caminho que me levaria à ajuda.


Mas a viagem foi outro pesadelo. As forças de ataque tinham desenvolvido uma nova geração de armas ainda mais mortais, com alça de mira mais apurada. E se frei Joe não fosse quem eu pensava que era, a pedra sobre a qual eu tinha construído minha igreja, e sim o personagem de desenho animado com que ele tanto se parecia, um palhaço beato que vestia hábito preto? Que aparência teria Quarr quando eu lá chegasse dessa feita? De um lar — ou de um asilo para outros palhaços beatos?

Era como se o tempo tivesse desacelerado; cada trecho da viagem — outrora repleto de sentimentos positivos que faziam o tempo correr — agora parecia interminável. Era como se meus inimigos controlassem o tempo, como se fossem capazes de desacelerá-lo inteiramente.

Um momento da viagem se destacou. Precisei trocar de trem em uma estação do metrô situada no West End, e o local estava tão cheio de pessoas que se dirigiam aos teatros que eu fui empurrado para a beira da plataforma. O trem chegou à estação, em alta velocidade. O trilho central, sobreposto a um vão, parecia ondular como uma grande serpente prateada.

Pouco tempo antes, minha mãe me contara que o pai de meu pai tinha cometido suicídio. Eu ficara horrorizado, pois isso queria dizer que meu avô estava no inferno, mas eu ficara também perplexo diante da idéia de que alguém pudesse se afastar tanto da esperança, ver-se em uma situação tão irremediável, que a única saída fosse acabar com a própria vida.

Mas agora eu compreendia. Eu me encontrava em um local semelhante ao que meu avô se achava — na cela de uma prisão, sem porta, um local de onde ninguém poderia me resgatar. Suicídio não era uma opção — pois seria a condenação final; no entanto, visto que eu já estava condenado (por ter cedido ao desespero), o que mais importava?

Ao menos aquele sofrimento mental e físico chegaria ao fim...

Eis um detalhe do suicídio de meu avô, relatado por minha mãe com tempero de vingança, um detalhe acrescentado por uma nora insensível: vovó sempre dizia que vovô tinha se matado atirando-se na frente de um carro do metrô, mas, na verdade, ele se enforcara no porão. Segundo os valores da classe média baixa que norteavam a vida de minha avó, morrer no metrô era, evidentemente, um fim mais nobre do que se enforcar.

Para mim, naquele momento, a noção passou a fazer sentido. Pular de uma cadeira, na expectativa de que a corda quebrasse o pescoço parecia pouco eficiente. No metrô, bastava tombar para a frente, para ser estraçalhado, impedindo qualquer reconhecimento, e ainda sendo eletrocutado por zilhões de volts.

Vai. Tomba para a frente. Abraça a serpente prateada! Será o fim disso tudo. Vamos! Uma fração de segundo! Decide-te!

Mas não me decidi. Isto é, não me decidi pelo suicídio. Simplesmente, hesitei, o trem passou diante de mim, desacelerando, e o momento foi absorvido pelo passado interpretável. Surgia uma nova frente, na qual as hordas se precipitavam, sacrificando os que optavam pela morte. Eu não pretendera cometer o ato, sendo salvo pelas circunstâncias? Se a intenção já era algo pecaminoso, eu agora era culpado não apenas de desespero, pecado imperdoável, mas também de suicídio, pecado irremível.

Espremi-me dentro do vagão lotado, sentindo calor, a pele fria e melada, em conseqüência do esbarrão com a morte e com a condenação. Aquilo era o inferno, e eu ainda não saíra de lá.

Eu nunca havia chegado a Quarr à noite. Já passava das onze, várias horas depois das Completas. A via de acesso estava totalmente às escuras, no momento em que caminhei em direção ao portão, e o complexo do mosteiro, igualmente, às escuras, ininteligível a um coração em busca de consolo. O local se encontrava tão quieto que parecia habitado apenas por fantasmas; nada se movia, exceto a lua, no topo das árvores, por trás de nuvens velozes. E lá estava eu, o viajante, batendo à porta iluminada pela lua.

Nada. Voltei a bater. E nada. Hesitei em tocar a campainha, pois não sabia onde ela tocaria, quem seria chamado, nem o volume do toque, mas a questão era que eu tinha atravessado quase a metade do sul da Inglaterra, e havia perdido a fé.

Quase imediatamente após eu ter tocado a campainha, uma janela se abriu acima de mim. Uma voz impaciente repetiu, três vezes: "Quem é?" Era o velho frade, aquele da minha primeira visita, que eu não tinha mais visto. Olhou para mim, enquanto eu erguia o olhar, fitando-o.

— Ora, Tony — ele disse, o que me causou grande surpresa —, é você.

E desapareceu. Ferrolhos arranharam, e ele ressurgiu, abrindo a grande porta da casa de hóspedes.

— Entra, entra. O que há, meu rapaz?

Eu não conseguia me explicar. Havia muito a falar, mais palavras do que eu estava preparado a proferir.

— Por favor, posso passar a noite aqui?

Ele me olhou de soslaio, através dos velhos óculos, perplexo e preocupado, já sem o menor sinal de impaciência.

— É claro que pode. Acho que o número 4 está arrumado. Se não se importa, eu...

— Posso ver frei Joseph?

Ele pretendia dizer não, ou me fazer lembrar que já era tarde da noite, mas nada falou. Deu um leve suspiro, diante da situação inusitada. Seria mesmo preciso subir as escadas.

— Vou ver o que pode ser feito.

Subi os degraus rangentes da casa de hóspedes, desci o corredor simplório até o número 4 e desabei sobre a cama. Eu ainda tremia e rangia os dentes, mas era apenas reflexo; os ataques tinham cessado. Ali, as hordas pareciam menos determinadas. O tempo passou — tempo demais, pensei, se era que ele viria. Eu não conseguia dormir. Encontrava-me em estado de choque, cansado e preocupado. Permaneceria desperto.

Uma porta se abriu, ao longe. Passos lentos subiam degraus distantes. Meu coração pesava. Era o velho monge, com certeza. Frei Joe não viria. Eu teria, então, de virar a noite. No espaço que nos separava, eu entrevia os exércitos tenebrosos se agitando. *Ah, meu Deus, não, aí vêm eles...*

— Tony, meu caro, acorde.

E lá estava o rosto comprido, contraindo-se e piscando como sempre, os óculos tortos, a fisionomia séria (pela primeira vez), e a gola sem colarinho de uma velha camisola embolada por baixo do roupão vestido às pressas. Agachou-se diante de mim e segurou minhas mãos, enquanto eu me sentava na cama, despertando.

— Você está transtornado, meu caro. O que há?

As lágrimas rolaram, reprimidas que estavam havia 24 horas. Tentei, ofegante, soluçando, explicar que tinha perdido a fé, que tinha me desesperado, que cometera o pecado imperdoável, e, em pouco tempo, não era a dor que me tornava incoerente, mas o alívio, o grande alívio de que o frade não era um personagem de desenho animado nem um palhaço beato que vestia hábito negro, mas uma grande rocha, um porto de águas calmas, uma asa protetora, meu frei Joe.

Ele apenas ouvia. Não tentou me acalmar, tampouco esfriar o ardor daquela novidade na vida insana daquele menino insano. Não tentou explicar o porquê dos meus sentimentos, ou por que algo que parecia ser catastrófico era, na verdade, normal, comum a pessoas na minha idade, simplesmente, resultado de hormônios que percorriam todo o meu corpo. Não tentou sustar o pânico que me dominava nem me repreender, "para o meu próprio bem". Não invocou poderes do além a interceder por mim nem me convidou a rezar com ele. Nada fez que pudesse expressar algo semelhante a: isso não é tão mau quanto você supõe.

Levou o meu estado a sério, tão a sério quanto eu. Na manhã seguinte, talvez esboçasse uma reação diversa que considerasse as conseqüências intelectuais das minhas palavras. Mas não naquela noite. Naquela noite havia apenas um rapaz desesperado a girar em um universo frio, solitário e sem sentido, um rapaz que atravessara os condados do sul em meio a um pesadelo, convencido de que, de certo modo, tudo o que estava acontecendo era sua culpa.

Ele disse apenas uma coisa, depois de eu ter chorado até cansar, enquanto eu apenas arfava e tremia, exausto e grato.

— Não existe pecado imperdoável, caro Tony. Deus a tudo perdoa.

Ele me fez tirar o casaco e os sapatos, e pediu que eu me deitasse. Sentou-se ao lado da cama, puxou o cobertor até o meu queixo e pôs a mão cálida sobre a minha fronte. A força amável que eu lembrava ter sentido em nosso primeiro encontro agora fluía em mim, preenchendo espaços frios e vazios. Não faço idéia de quanto tempo ele permaneceu ali sentado — dois minutos, duas horas? A paz caía como flocos de neve. Meu pavor retrocedeu até estar bem longe, em alto-mar. As hordas tenebrosas desapareceram. Adveio um doce esquecimento, e eu adormeci.

## CAPÍTULO OITO

—Não, meu caro, não creio que tenha sido a purgação da alma.

Estávamos sentados sobre um tronco, no "nosso" promontório, diante do mar. Era o meio da manhã seguinte. Em Saint Albans, meus colegas estariam atirando materiais escolares uns nos outros, pelas costas de *monsieur* Garnier, nosso afetado professor de francês. Alguns dias antes, eu tinha começado a ler a poesia de São João da Cruz. Era um tanto improvável, mas eu esperava que minha tribulação me lançasse à "liga dos campeões", na condição do mais jovem iniciado no *Hall* da Fama dos Místicos.

— A purgação da alma é algo que só ocorre após anos de disciplina e meditação. É o estágio final, a prova derradeira, antes de a alma alcançar a união perfeita com Deus.

— O senhor já passou pela purgação da alma?

— Até agora, meu caro, ainda não tive tal sorte.

Eu despertara de um sono profundo, calmo e reparador, horas depois do restante da comunidade, mas sentia o corpo inteiro dolorido, como se durante a noite eu tivesse me submetido a uma grande cirurgia de urgência. De início, eu não conseguia me recordar do motivo; então, aos poucos, fui me lembrando: a queda, as conseqüências, o médico milagroso que colou meus pedaços. Eu sobreviveria. Terrivelmente desfigurado, mas sobreviveria.

— Você se apaixonou por Deus, percebe? E agora acabou a fase romântica. Receio que isso aconteça com todos nós.

— Nunca mais terei aquela sensação de luz e certeza?

— Algum dia, você vai vivenciar luz e certeza mais intensas do que meras sensações e sentimentos.

— Sentimentos não são benéficos?

— Sentimentos são uma grande dádiva, mas são traiçoeiros, se só vivermos em função deles. Eles fazem com que nos voltemos muito para nós mesmos, percebe? O que *eu* quero. O que *eu* sinto. O que *eu* preciso. Um homem e uma mulher, em dado momento, vão além dessas sensações, não vão? É aí que começam a experimentar o verdadeiro amor. O amor pelo outro. A alegria pela existência do outro. As maneiras maravilhosas que a outra pessoa difere de nós, e nós diferimos dela. O que você disse a respeito da p-p-prisão do eu faz muito sentido. O amor nos liberta dessa p-p-prisão, percebe?

Frei Joe tinha chegado ao número 4, trazendo uma xícara de chá e uma pilha de torradas, no momento em que eu

137

lavava meu único par de meias. Na noite anterior, sentara-se ao meu lado, esperando que eu adormecesse, e, antes de voltar para a cama, telefonou aos meus pais. Já era meia-noite, e eles estavam um pouco preocupados. Pensavam que eu estivesse na casa dos Bootle.

Durante nossa caminhada habitual, ele disse que tinha um pequeno teste para mim. Pediu-me que verbalizasse todas as minhas lutas internas, item por item, literalmente, fazendo-me uma sabatina, dissecando todas as minhas respostas e refutando minha perda de fé. A agonia em relação ao pecado imperdoável, por exemplo, demonstrava que eu, evidentemente, ainda acreditava em Deus, caso contrário, por que me importaria com o fato de não ser perdoado? Antes, a agonia indicava que eu ainda acreditava na absolvição dos pecados. Se eu me preocupava com o pecado por intenção, ao ter pensado em suicídio, era porque ainda acreditava na condenação ao inferno e, portanto, na vida após a morte. E, visto que eu não tinha buscado respostas junto a algum ateu, mas tinha procurado um monastério católico, eu, provavelmente, ainda acreditava nos ensinamentos da Igreja. Isso, por si só, já era a metade do Credo dos Apóstolos.

Esse era outro frei Joe, mais peremptório, mais analítico e positivo, um pouco mais severo. Quiçá um docente. Mas nada semelhante a isso eu tinha encontrado em Ben.

— Sentimentos nos aprisionam ao eu, caro Tony. Fazer algo porque esse algo nos traz imensa satisfação... mesmo que seja uma obra de caridade... em última análise, é um ato egoísta. Devemos realizar a obra não para obter satisfação, mas para conhecer e amar o próximo. O mesmo ocorre com o seu romance. Talvez você não perceba o amor que você mesmo sente, mas Deus ainda é o seu amado, o seu outro.

— Não consigo deixar de pensar que não existe ninguém do outro lado.

— Deus está do outro lado, meu caro. Deus está aqui, agora, conosco.

Naquele momento, ao menos, a noção parecia inegável.

Comecei a perceber que talvez houvesse determinadas possibilidades de que eu jamais teria conhecimento, e meu mundo transbordava de sentimentos de possibilidades ilimitadas. Um outro nível de fé, um outro tipo de luz, uma certeza mais profunda.

— Outro dia, o prior me falava de um escritor francês, Jean-Paul Sartre. Existencialista. Tenho certeza de que uma cabeça como a sua já se deparou com Sartre. Uma frase dele muito me impressionou: *"L'enfer c'est les autres."* Acha que Sartre estava falando de brincadeira?

— Não acho que o humor seja o ponto forte dos existencialistas.

— Acho que é conversa fiada. Como pode o inferno ser os outros? Deus se manifesta no outro. Deus é o outro. Eis por que o eu deve se entregar ao outro. É o eu o que devemos deixar para trás. É melhor dizer o inferno sou eu. *L'enfer c'est moi.*

— *L'enfer c'est les Sartres.*

— *Oui, oui, oui.* Embora isso seja *un p-p-peu* injusto com os outros Sartres!

As gaivotas voavam por cima das ondas da rebentação, de olho no almoço. Uma rajada de vento borrifou-nos com água. Não nos movemos; seguiu-se uma breve pausa, típica após o riso. Eu não alentava qualquer sentimento. Mas estava tomado pela paz. Portanto, paz não era sentimento. Paz era algo menos centrado no eu, menos subjetivo. Como uma força da física, talvez, uma força que só pode fluir entre a própria pessoa e o outro, entre duas moléculas chamadas "Eu" — conforme parecia fluir agora, de frei Joe para mim e, até onde eu percebia, de mim para ele.

— Defina paz, frei Joe.

— Paz é amor, meu caro, e amor é paz. Paz é a certeza de nunca estar sozinho.

Eu não tinha pensado nas minhas dúvidas, nos meus problemas, na minha angústia, o dia inteiro. Isso não decorria apenas da demonstração lógica apresentada por frei Joe, de que os "danos" que eu tinha sofrido eram menores do que eu pensava. Tal fato era reconfortante, mas a tristeza e a sensação de perda ainda latejavam como ferida recente. Antes, o que me trazia confiança era a alteridade dramática do frade: talvez eu houvesse perdido a fé, mas ainda acreditava que ele era, ao menos para mim, naquele momento, Deus. Deus, o Outro. Não parecia Deus, conforme minha compreensão prévia do termo, mas o que mais poderia ser? O amor era uma possibilidade, mas isso tampouco se encaixava em qualquer das minhas definições. A menos que paz, amor e Deus fossem, de certo modo, a mesma coisa.

— Deus lhe deu uma grande dádiva naquela noite tenebrosa, meu caro Tony. Ele lhe propiciou uma visão do inferno. Não aquela coisa tola, com fogo e enxofre. O verdadeiro inferno. Estar só, por toda a eternidade. Só ter esperança em si mesmo; amar somente a si mesmo. *In saecula saeculorum*. Como você disse, uma p-p-prisão sem porta. Não creio que a visão ocorra novamente. Você não deve esquecê-la.

Frei Joe estava certo, como sempre. A visão nunca mais ocorreu. E eu nunca mais esqueci.

Ele me fez voltar para casa no dia seguinte. Subi ao segundo andar do ônibus, para ver melhor o pináculo em formato de chapéu de gnomo, que desaparecia entre os carvalhos, e lembrei-me do que ele dissera naqueles dias remotos, quando tudo parecia claro e simples: na minha próxima visita, trataríamos da possibilidade de eu entrar para o monastério de Quarr naquele verão. Essa tinha sido a tal visita. O assunto jamais foi mencionado.

Contudo, a experiência tinha sido um tanto educacional. Mais uma vez, eu chegara pensando que queria uma coisa, e ia embora tendo descoberto algo bastante diferente. Frei Joe tinha razão: eu não estava pronto para ingressar no noviciado; eu era por demais inocente, por demais inexperiente. Minha descida ao inferno tinha me forçado a considerar a dimensão mais profunda da fé que eu professava, da vida pela qual pretendia optar. Durante um ano, desfrutei minha fé, como se sobre a fé eu não tivesse a menor responsabilidade, assim como não sou responsável por um período de boas condições climáticas. Agora eu tinha de lutar por ela, fincar estacas mais profundas, provar o quanto a fé significava para mim.

Conquanto pensasse que tinha sido envolvido pelas trevas, encontrei tão-somente esclarecimento e força de propósito. O caminho à frente seria uma trilha ainda mais íngreme e pedregosa, que levava a locais sombrios e inóspitos, o mundo real, problemas difíceis, a vida como ela é. Haveria mais provações, mais dúvidas. Mas era normal ter dúvidas; as dúvidas deveriam até ser bem-vindas. Ao questionar onde nos encontramos, avançamos.

Agora eu sabia, sem sombra de dúvida, que pertencia àquele mosteiro, que naquela comunidade — não um coro de anjos de hábito preto, mas de homens de carne e osso, outros, aos quais e dos quais fluía aquela paz misteriosa que eu tinha experimentado — eu viveria até a morte.

CAPÍTULO NOVE

Ao chegar em casa, eu era um estranho à porta. Noite de sábado, e meu pai estava no jardim. Minha mãe parecia transtornada, tamanha era a raiva. A princípio, pensei que fosse porque eu tinha saído sem avisar, pelo que me desculpei, copiosamente; porém, à medida que ela esbravejava, dei-me conta de que "o episódio", conforme ela chamava, tinha-lhe mostrado que Quarr exercia grande ascendência sobre mim, e que, algum dia, eu haveria de entrar para o mosteiro, e ela me perderia.

— Mães católicas não devem se orgulhar de dar um filho à Igreja?

— Se você quisesse ser padre, seria diferente. Mas esses... esses... efeminados... que ficam cantando, fazendo cerâmica, cultivando mel e não sei mais o quê! Isso não é catolicismo!

— É claro que é. Os beneditinos são a ordem mais antiga...

— Fuga! É isso! É fuga da realidade!

— Não, é descobrir a *verdadeira* realidade, uma vida de oração e...

— Por que você não opta por fazer algo que seja útil? Depois de todos os sacrifícios que eu fiz! Espera só, até seu pai ouvir isso!

Como se tais palavras fossem uma deixa, meu pai entrou. Bastou um olhar para que ele soubesse o que estava acontecendo. Exibia um ar severo.

— Robert, você precisa pôr um ponto final a essa bobagem de virar monge.

Meu pai foi até o quartinho da lavanderia e abriu a porta.

— Entre aqui, por favor, Anthony.

Isso não podia estar acontecendo! O quartinho da lavanderia — onde secávamos a roupa lavada — era um cômodo minúsculo, que alojava o *boiler*. No passado, era ali que ele me castigava. Pela maioria das infrações, um tapa na região do crânio; por crimes capitais, uma sova, com algo feito de couro.

Fazia anos que eu não entrava no quartinho da lavanderia.

Ele me empurrou para dentro e fechou a porta. Eu estava bem mais crescido do que da última vez, e tropecei logo à entrada. Virei-me, no momento em que ele se voltava para mim, e ergui o braço, instintivamente, para evitar o golpe. Mas não houve golpe. Na verdade, ele recuou, como se eu é que fosse golpeá-lo.

Foi a primeira vez que o vi recuar. Eu era agora cerca de 3 centímetros mais alto do que ele, tinha os ombros largos e bom físico, em virtude do atletismo e da natação. Ele estava fora de forma, um tanto calvo, além de barrigudo. Enquanto tentava se recuperar, fingindo não ter percebido sua própria fraqueza, ele parecia encolher, literalmente, como se eu o olhasse através do lado errado de uma luneta, a cabeça pequenina, longínqua, lá embaixo.

Então, ele disse:

— Eu não trouxe você aqui pelo motivo de sempre. Foi para lhe dizer algo confidencial, algo que não quero que sua mãe ouça. Não me importa o que você vai fazer com a sua vida. Mas faça o que você quiser, não o que os outros quiserem. Eu fiz. Mas não a magoe. E você tem de concluir os estudos. Está claro?

Sua cabeça tinha voltado ao tamanho normal. Assenti, com um meneio. Desde aquele dia, nunca mais brigamos.

Mesmo antes desse incidente já me parecia viável um relacionamento com meu pai. No mês anterior, eu tinha comunicado a decisão de que não mais pretendia seguir a carreira científica, e que me destinaria às artes. Minha mãe ficara profundamente decepcionada: talvez ela me visse como uma espécie de caminho para a prosperidade. Acho que detestava ser casada com um artista, vivendo à custa de vitrais, sem geladeira, sem televisor, e sempre com carro velho, trocado a cada ano, e que deixava de funcionar dentro de poucas semanas após a compra. Meu pai adquiria esses carros com, ao menos, 65 mil quilômetros rodados — milhagem exorbitante, na Grã-Bretanha anterior à construção das auto-estradas — e, embora tivesse sido treinado como engenheiro na Real Força Aérea, não tinha talento para mecânica. Visto que, além do mais, ele se recusava a comprar produtos norte-americanos, tornamo-nos vítimas da insuperável mão-de-obra britânica. A região da Grande Londres estava poluída com as carcaças dos nossos Morrises, Austins e Vauxhalls.

Mamãe tinha certas compensações, por exemplo, a oportunidade de conhecer pessoas ilustres, quando da inauguração de novos vitrais. De modo geral, tais dignitários eram clérigos balofos ou nobres beberrões, de segunda categoria. Em uma solenidade na abadia de Westminster, ela chegou a apertar a mão do jovem e charmoso duque de Edimburgo, que, embora estivesse embriagado, não era gordo. Mas tais ocasiões não eram freqüentes — são necessários vários anos para se transformar esboços em um vitral fixado a uma janela no vão lateral de uma igreja — e, em todo caso, nenhum vitral resultou em geladeira.

Eu supunha que papai, embora, oficialmente, concordasse com ela em relação aos meus planos estapafúrdios e à perspectiva de uma vida de eterna penúria, no íntimo, vibrava com a minha escolha. E supunha também que meus sonhos monásticos, longe de ofender-lhe a sensibilidade agnóstica, aguçava-a. Afinal, ele não era um simples artista; era artesão de um ofício antiqüíssimo. Valorizava a prática de misturar suas tintas com base em pigmentos antigos, utilizados por seus predecessores, nos séculos XIII e XIV, o que conferia aos seus vitrais cores intensas e inspiradoras; os vitrais por ele confeccionados tinham um quê de autenticidade, em decorrência de técnicas tradicionais no emprego de chumbo, ácido e fogo, técnicas que ele insistia em utilizar. Embora tivesse idéias socialistas avançadas, para ele, "medieval" não era palavrão.

A crescente comunicação entre nós revelou o quanto ele era discreto e soturno; nossa alienação não era culpa

*146*

dele, mas de Hitler. A reação de meu pai ao cenário assustador criado pelos generais que apadrinhavam a Guerra Fria não era muito diferente da minha: a Idade da Fé talvez não fosse perfeita, mas aqueles séculos ignaros eram mais civilizados do que o século em que vivíamos. Não quero dizer que nossa relação fosse fácil; ele era fraco, tinha um gênio terrível e traía minha mãe. Mas algo permaneceu inabalável: eu tinha grande orgulho do que ele decidira fazer, profissionalmente.

Naquele verão, visitei a França, pela primeira vez, percorrendo de bicicleta a Normandia e a Bretanha, com um colega de sala, Michael Church. O sobrenome de Michael soava estranho, pois seu pai era vigário da Igreja Anglicana, e conhecido como reverendo Church.[1] Michael era um sujeito calmo e paciente, dotado de inclinação espiritual, compartilhava meu recente entusiasmo por literatura e sabia lidar com minha (eventual) religiosidade.

Também compartilhava minha paixão por igrejas, ao menos pelas grandes catedrais do norte da França; se não lhe agradava ter de parar a cada dois vilarejos, a fim de visitar a igrejinha local e de aparência comum, era educado demais para dizê-lo. Quanto a mim, jamais me cansava de visitá-las. Nunca tinha estado em um país católico, e a constatação do alcance transnacional e da profundidade cultural da Igreja conferia-me uma forte sensação de pertencimento — sensação que eu não costumava ter na Inglaterra.

Contei para meus pais a lorota de que ficaríamos na França durante três semanas ou mais. Na realidade, ficamos por lá cerca de dez dias, de maneira que dispus de quase uma semana em Quarr.

---

[1] Em inglês, "reverendo Igreja". [N. do T.]

A brincadeira de monge tinha acabado. Eu queria obter o máximo de treinamento possível na profissão da minha escolha, antes de entrar, efetivamente, para o mosteiro. Hospedei-me no terceiro andar da casa de hóspedes, segundo parecia, o andar preferido dos que pretendiam ingressar no monastério, e passei a trabalhar na fazendola ou nas instalações do mosteiro. Além disso, comecei a receber instrução religiosa específica, por parte do prior, um grande estudioso e historiador chamado dom Aelred Sillem.

Havia quem considerasse dom Aelred Sillem pessoa um pouco fria, mas ele me satisfazia certas necessidades cerebrais. Seu intelecto vasto e obstinado se predispunha a questões formais de filosofia e teologia que frei Joe costumava evitar. À medida que o conheci melhor, descobri que ele tinha um lado bastante místico, em marcante contraste com a santidade pragmática de frei Joe.

Descendia de ilustre família alemã, com origens em Hamburgo, e entrara para a ordem beneditina na abadia de Downside. Dom Aelred e diversos monges, inclusive o célebre historiador dom David Knowles, sentiam-se frustrados com o mundanismo de Downside (cuja escola particular tinha muitas ligações seculares), e começaram a trabalhar em prol de uma nova fundação que praticasse a contemplação e seguisse uma leitura mais rígida da Regra. O objetivo fracassou, e dom Aelred transferiu-se para Quarr.

Dom Aelred era um homem severo e ascético que acreditava nas virtudes da ordem e da disciplina, e era inteiramente diferente de frei Joe. Sendo os mais jovens membros proeminentes da comunidade e os futuros líderes do mosteiro, os dois freis se complementavam. Dom Aelred e frei Joe eram o cérebro e o coração de Quarr, um vivendo à base da lógica e do precedente, o outro, da emoção e da intuição.

A dupla era uma versão real da fantasia franco-prussiana de Ben e Lily: um tinha raízes teutônicas e o outro, embora não fosse francês, tinha passado quase dois terços da vida falando, pensando e respirando em francês.

Os dois representavam os extremos do espectro beneditino: de um lado, o ultravioleta da reverência e da ordem, do outro, o infravermelho do amor e da comunidade. Dom Aelred afirmava que o temor a Deus levava ao amor a Deus. Frei Joe nunca se cansava de me dizer: "Precisamos tirar da religião o temor, meu caro." Jamais passei uma hora sequer na companhia de dom Aelred sem ter a sensação de uma espécie de lavagem cerebral; era ao lado de frei Joe que eu me sentia seguro. Era absolutamente natural chamar dom Joseph Warrilow de "frei Joe"; era impensável chamar dom Aelred Sillem de "frei Ael".

Dom Aelred mandou-me para casa, naquele verão, com bibliografia digna de uma disciplina introdutória sobre misticismo — dentre outras fontes, Tomás de Kempis, dama Juliana de Norwich, o autor anônimo de *A Nuvem do Desconhecido*, Santa Teresa de Ávila e seu mentor franciscano, Bernardino de Laredo, autor de um manual de aperfeiçoamento místico intitulado *A Escalada de Monte Sião*, obra seguida por Santa Teresa. Sugeriu também que, quando dispusesse de tempo, eu deveria me aprofundar nas idéias dos Santos Padres do Deserto, os severos e obstinados pilares da Igreja antiga.

Achei Tomás de Kempis trivial, mas dama Juliana encantadora. Fiquei surpreso com os espanhóis, que eu pensava serem intensos e apaixonados, a exemplo de São João da Cruz; em vez disso, constatei que eram violentos e empedernidos, sendo o caminho que os levava à salvação pavimentado com dezenas de degraus e estágios, com exercícios espirituais que os conduziam de um estágio a outro, tudo repleto de imagens sombrias e grande detalhamento (o portão da Graça podia ser aberto com a chave da Oração Constante, valendo-se das dobradiças da Abnegação Inexorável). Às vezes, faziam circular certos boatos: *A Escalada de Monte Sião* estima que o caminho da perfeição — desde o primeiro passo até a união com a Divindade — consome trinta anos, se conseguirmos chegar ao destino, pois não há garantia de que, ao final do Ano Vinte e Nove, já avistando o cume, não haveremos de falhar e escorregar de volta até o acampamento de base.

Na minha fome de saber e experimentar, típica de um adolescente de 16 anos, eu abocanhava tudo aquilo. No fundo, nutria a esperança de que, em algum ponto daquela devoção ferrenha e, tantas vezes, inspirada, surgiria alguma história, algum relato, alguma prece, alguma percepção que, de certa maneira, haveria de deflagrar a renovação ardente e emocional do meu Éden perdido, anulando a devastação causada pela minha noite infernal.

Supondo que, provavelmente, houvesse em tudo isso algum aspecto aberrante, mencionei a questão a frei Joe.

— Bem, meu caro, o ponto nodal do caminho místico que leva a Deus é o fato de ser árduo. Por isso costuma ser chamado de *Via Crucis*. O processo requer anos de dedicação, afinco e disciplina, com poucas recompensas. Não existe atalho. É certo que não existe a revelação súbita que você tanto busca. Deixamos isso para os *holy rollers*.[2] O proble-

---

[2] Termo derrogatório empregado para descrever membros de seitas cristãs fundamentalistas, especialmente pentecostais, que se atiram ao chão e rolam, possuídos pelo "Espírito do Senhor". [N. do T.]

ma dos *holy rollers* é que, enquanto a coisa está acontecendo, tudo é maravilhoso, mas o que se vai fazer no dia seguinte... e dois dias depois?

Os autores prediletos de frei Joe eram aqueles que inspiravam, em vez de sistematizar. Ele gostava imensamente de dama Juliana, bem como de *A Nuvem do Desconhecido*. Quanto a Tomás de Kempis, cuja obra *Imitação de Cristo*, escrita no final do século XV, é um dos mais famosos textos religiosos da Igreja:

— Trata-se de um texto muito sensato. Argumentação sólida. Mas você não acha, meu caro, que o irmão Tomás deve ter sido uma pessoa das mais desinteressantes?

Essa tinha sido, precisamente, minha reação, mas eu jamais teria me atrevido a aventá-la, em conversa com dom Aelred.

— Ele teria me entediado ao extremo.

— Convém lembrar que ele passou a maior parte da vida na Holanda. Talvez este fato seja relevante.

Quanto aos contorcionistas místicos espanhóis:

— Não, não, meu caro! Jamais conseguiria me lembrar de todos os estágios e exercícios. É como estudar para obter registro de contador.

E quanto aos ilustres e implacáveis Santos Padres do Deserto:

— Fique longe deles! Velhos tontos!

Frei Joe era sensível à pessoa em si, à simplicidade e limpidez da prosa, e não ao grau de ordem plausível de ser imposto ao processo misterioso e vulcânico da salvação. Talvez por isso tivesse sugerido o alemão Meister Eckhart, figura incisiva, vigorosa e apaixonada que viveu no século XIII, pregador brilhante, considerado por estudiosos protestantes um dos precursores da Reforma. Dom Aelred tinha me proibido de ler Meister Eckhart, recomendando que só o lesse bem mais tarde, porque sua obra era "difícil".

Eu admirava Meister Eckhart, imensamente:

Quando Deus sorri para a alma e a alma sorri para Deus, são geradas as pessoas da Trindade. Quando o Pai sorri para o Filho e o Filho sorri para o Pai, tal sorriso enseja satisfação, e satisfação enseja alegria, tal alegria enseja amor, e tal amor é o Espírito Santo.

Com essa Trindade eu sou capaz de conviver.

Uma recomendação com a qual, surpreendentemente, ambos os mentores concordavam era a Carmelita Descalça, a freira Santa Teresa (Thérèse) de Lisieux, também conhecida como "Pequena Flor". As carmelitas eram uma ordem extremamente severa de freiras enclausuradas, fundada, em 1562, por Santa Teresa de Ávila — a quem frei Joe chamava de "Grande Flor".

Thérèse de Lisieux faleceu em 1897, com apenas 24 anos, após grande sofrimento físico e espiritual. Embora as crianças católicas aprendessem a respeitar os santos — especialmente os santos modernos, com suas mensagens propícias à nossa condição de jovens pecadores —, a Pequena Flor era alvo de uma certa troça, pois suas seguidoras, na maioria mulheres, costumavam ser velhotas excessivamente sentimentais. A imagem de Thérèse de Lisieux era a mais sentimental da igreja, olhos meigos e bondosos, voltados ao céu, rosas de gesso apoiadas sobre o seio casto. Eu sempre a desprezava, bem como a sua popularíssima autobiografia, *História de uma Alma*, pois a considerava um infame choramingo de freira, tipicamente vitoriano.

Havia muita beatice vitoriana em *História de uma Alma*, mas, para minha surpresa, encontrei na obra uma jovem de espírito forte. Para mim, a determinação de Thérèse quanto ao ingresso no convento era algo familiar e inspirador. Ainda mais familiar: a "cortina de trevas" a que ela foi submetida, e as muitas dúvidas que a perturbavam, constantemente.

Eu estava na primeira série do Sixth Form,[3] e tinha optado pela arte, e não pela ciência (conforme o Partido Trabalhista, provavelmente, teria preferido). Os exércitos de dúvidas que haviam me atacado, de modo tão súbito e selvagem, poucos meses antes, tinham recuado, mas permaneciam armados. Quanto mais eu lia e assimilava conceitos a respeito da minha fé, dos seus defensores e intérpretes, mais havia do que duvidar. A cada novo ataque, eu percebia que as forças tinham se tornado mais sofisticadas, a exemplo de bacilos que desenvolvem imunidade às defesas do corpo e reincidem dez vezes mais perigosos.

A literatura inglesa foi à época uma distração útil, em que mergulhei de cabeça: não apenas Spenser, Milton, Dryden e os romances do século XIX (que integravam o currículo), mas também Pound, Graves e Eliot (e, portanto, os metafísicos), Orwell e outros romancistas do século XX, tais como Forster, Conrad, Woolf e Waugh.

O único problema era que eu gostava demais de literatura. E o fato de gostar de literatura provocou um reflexo instantâneo: algum dia, em breve — se não amanhã —, eu precisaria experimentá-la. Mas — um "mas" monumental,

---

[3] As duas últimas séries do ensino médio, na Grã-Bretanha e na Irlanda do Norte. [N. do T.]

em se tratando de um "protomonge" —, a literatura que eu devorava, fosse Shakespeare, Conrad, Pound ou Orwell, versava, primordialmente, sobre O Mundo — e sobre o mal e o pecado do Mundo —, e parecia se tornar mais contundente e memorável, quanto mais maléfica e pecaminosa fosse a questão abordada. *Macbeth*, *O Coração das Trevas*, os poemas de amor escritos por Donne, violentos e abrasadores... a lista era infindável.

Evidentemente, isso não era problema para estudantes e/ou artistas aspirantes felizes por viver no mundo e se espojar no mal e no pecado, o que lhes conferia suculentas matérias-primas para a arte. Mas:

— Eis o meu problema, frei Joe: se a arte descreve as coisas do mundo como elas são, e não como deveriam ser... e quanto mais memorável o fizer, tanto melhor... isso não é, ora bolas, celebrar o mal e o pecado? Alguém como eu, que está prestes a renunciar ao mundo e às suas imperfeições, não estará pecando, ao apreciar a arte?

— Deus do céu, não, meu caro! Acho que não. Você poderia me dar um exemplo?

— Que tal *Macbeth*...

*Trás amanhã e trás amanhã de novo.*
*Vai, a pequenos passos, dia a dia,*
*Até a última sílaba do tempo*
*Inscrito. E todos esses nossos ontens*
*Têm alumiado aos tontos que nós somos*
*Nosso caminho para o pó da morte.*
*Breve candeia, apaga-te! Que a vida*
*É uma sombra ambulante: um pobre ator*
*Que gesticula em cena uma hora ou duas,*

*Depois não se ouve mais; um conto cheio*
*De bulha e fúria, dito por um louco,*
*Significando nada.*[4]

"Tais palavras são pronunciadas por um assassino que não vê salvação nem sentido na vida. Então, como é possível que eu, que sei que na vida existem salvação e sentido, tanto aprecie essa fala? Como podem assassinato e desespero inspirar poesia tão grandiosa?"

— Pouco sei sobre arte e literatura, meu caro. Mas tenho certeza de que a beleza da grande arte é intenção de Deus. E nada e ninguém neste mundo é tão mau a ponto de ser irredimível. A imperfeição não é um mal irremediável. Tampouco é algo bom, é verdade. Mas transformar imperfeição em beleza me parece muito bom.

— Certo... mas, agora, *o senhor* poderia *me* dar um exemplo?

— Bem, não sei como é possível que um artista que retrate o horror da crucificação e do sofrimento de nosso Senhor, tornando tudo r-r-real, terrível e maravilhoso, esteja pecando.

— E se o tal artista se aprouver de nadar em sangue? E se ele sentir prazer em pintar os cravos sendo pregados nas mãos de Cristo?

— Não sei, meu caro, pois não sou artista; mas me pergunto: estará o artista se aprazendo em ver Cristo sofrer, ou em retratar o sofrimento de Cristo artisticamente? Deve ser muito difícil identificar os sentimentos em pleno ato de

---

[4] *Macbeth*, tradução de Manuel Bandeira, segunda edição, São Paulo, Editora Brasiliense (1989), p. 111. [N. do T.]

criação. E se transformar imperfeição em beleza é bom, logo, a habilidade de criar beleza também o é.

— Muito bem. E o que o senhor me diz disso: de acordo com meu professor de arte, o motivo por que tantas Madonas... digamos, retratadas por pintores renascentistas ou por mestres holandeses... são tão belas é porque a modelo, na maioria das vezes, era amante do artista. Não é sacrilégio retratar a Bendita Virgem Mãe de Deus como alguém com quem se está cometendo adultério?

— Não vejo por que seria, meu caro. Não temos como saber se Nossa Senhora foi bela, fisicamente, é óbvio, mas sabemos que foi bela, espiritualmente. É difícil registrar esse aspecto em uma pintura, não é? Retratá-la com beleza física pode ser um modo simbólico de exibir-lhe a beleza espiritual.

— E se o artista não acreditar em Deus, ou na Virgem, ou mesmo na idéia de beleza espiritual?

— Pergunto-me se isso vem ao caso, se o resultado for belo. Deus é sempre o quadro, o poema, a canção.

— Então, será a arte, de certo modo, redentora?

— Talvez, sim, meu caro. Que idéia interessante.

— A beleza criada no processo que descreve o mundo como ele é, em vez de descrevê-lo como deveria ser, compensa o mal e o pecado que estão sendo descritos?

— É um modo um tanto duro de se definir a arte, não acha, meu caro? Artistas são criadores. A beleza por eles criada não existia até ser por eles reproduzida. De certa maneira, é uma prática divina, não é? Nesse sentido, a arte é uma imitação de Deus.

— Um momento... o senhor está dizendo que Deus, o Criador, vê os artistas como companheiros de criação?

— Não vejo por que não veria, meu caro. Embora não convenha repetir isso ao frei prior.

— Nem ao abade?

— N-n-nunca ao abade.

— Ainda não entendi. Se Deus já redimiu o mundo, por que a arte precisaria repetir o feito? Deus necessita de arte? Deus gosta de arte? A arte gosta de Deus? Onde encaixar Deus, no que diz respeito à versão que o artista apresenta do mundo? Será a arte uma reprovação de Deus? Uma fuga de Deus? Um substituto de Deus? Por que tantos artistas são ateus ou agnósticos?

Durante algum tempo, frei Joe nada disse. Um leve sorriso, que eu jamais vira, dançou-lhe nos lábios. Era um sorriso maroto e amável — incomum —, um tanto secreto, como se ele estivesse contemplando algo que não pudesse revelar.

— Tony, caro Tony! Não sou tão esperto a ponto de saber responder a essas perguntas. Mas acho que, algum dia, você vai encontrar as respostas sozinho.

— Eis o que, realmente, me preocupa. Será que quanto mais santos nos tornarmos, menos precisaremos da arte? E, por outro lado, quanto menos santos formos, melhores artistas seremos? Isso significa que, para escrever um grande romance, vou precisar conhecer gente da pior espécie. Se quiser escrever um bom soneto, preciso fazer sexo com alguém.

Mais uma vez, o sorriso misterioso.

— Que sorriso é esse, frei Joe? O senhor parece a Mona Lisa.

— Eu apenas gosto da sua companhia, caro Tony.


Excetuando Greene, outros escritores católicos não me trouxeram grandes esclarecimentos quanto a essas preocupações. Vejamos Evelyn Waugh. Eu li *Corpos Vis* e *O Ente Querido*, obras tão cruéis quanto hilariantes; não se constata ali muita caridade cristã, e quanto menos caridade, maior é a comicidade. *Idem* Alexander Pope: quanto mais cáustico, melhor. Eu venerava Eliot, mas meus poemas prediletos ("Prufrock" e "Terra Devastada") são comentários arrasadores e desprovidos de compaixão, visando à humanidade desesperada — que, presumivelmente, não se desesperaria se encontrasse Deus, fato que um bom cristão como Eliot deveria saber; por conseguinte, não deveria Eliot ter guiado a humanidade na direção de Deus, em vez de chamar os seres humanos de homens de palha que se esvaem em lamúrias? (Por outro lado, tentei ler *Assassinato na Catedral* — respeitável punhalada em um tema inteiramente religioso — e acabei cochilando.)

Em contrapartida, até onde eu podia perceber nas leituras recomendadas em Quarr, parecia-me que, quanto mais santo o autor, tanto pior o escrito. As exceções que comprovavam a regra, tais como Santo Agostinho e São João da Cruz, simplesmente, demonstravam a raridade de escritos sagrados dignos de serem considerados "arte". O jesuíta Gerard Manley Hopkins seria outra exceção: ao mesmo tempo que eu respondia ao seu enlevo, percebia algo a mais transitando além da pirotecnia verbal, algo que não era o êxtase dos resgatados — Hopkins foi outra alma torturada, à semelhança de Greene.

E algo ainda mais enigmático: quase todos os autores católicos que eu tinha lido e apreciado até então eram convertidos. Estranho que Greene tenha se tornado católico e, em seguida, desobedecido às "nossas" regras (ou criado personagens que o fizeram), chafurdando em angústias sumamente artísticas de todas as modalidades. A questão do convertido remontava ao cardeal Newman e a Hopkins — e incluía até o poeta norte-americano (também seguidor de São Bento) Thomas Merton. Por que estaria a pauta artística católica sendo definida por convertidos? Seria o meu preconceito contra o protestantismo, ou, na Inglaterra, a ansiedade em relação ao catolicismo não era aceitável, a menos que fosse camuflada como ex-protestante?

Não que eu tivesse algo contra os convertidos. Eu até me empenhava em converter algumas pessoas. Meu primeiro candidato foi Michael Church. Amável e avesso a discussões, Michael parecia "presa" fácil. Para minha surpresa, constatei que seguidores da Alta Igreja Anglicana acreditavam, praticamente, em tudo que nós católicos acreditávamos: na Trindade, na Encarnação, na Transubstanciação. O único problema, conforme eu não me cansava de salientar, era a incapacidade de os anglicanos realizarem "a grande mágica", pois não eram sacerdotes, na realidade. Por ocasião da Reforma, eles se divorciaram da Sucessão Apostólica, a seqüência de liderança, de bispo em bispo, através dos séculos, desde os Apóstolos, sucessão que garantia a legitimidade dos sacerdotes católicos.

Quando eu apresentava essa argumentação, Michael ficava um tanto ruborizado, e, insensível, eu não percebia que a reação dele decorria do fato de eu estar afirmando que seu pai não era um sacerdote legítimo. No mais das vezes, eu conseguia fazer com que ele admitisse que a Igreja Anglicana, na pessoa de Henrique VIII, tinha rompido a linha de Sucessão Apostólica, mas não havia meio de fazê-lo contornar os grandes obstáculos: a devoção a Maria, que ele insistia em chamar de mariolatria, e a infalibilidade do papa, o que, no íntimo, eu compreendia, pois o papa em questão era o mui falível Pio XII. E a morte de Pio XII, poucos meses mais tarde, não melhorou a situação. O novato, sujeito bem-humorado que assumiu o nome de João XXIII, parecia a falibilidade encarnada.

A conversão de protestantes ímpios era apenas uma faceta do fervor reformista que eu experimentava naquele ano. A expressão mais dramática de tal fervor se voltava ao Corpo Britânico de Reservistas.

O Corpo tinha o dever de marchar, ou passar por revista, ou seja lá qual for o jargão militar, uma vez por semana. Meninos, a partir da idade de 12 anos, deviam se apresentar trajando uniforme completo da Infantaria britânica, inclusive cinto largo e botas pretas, de calcanhar reforçado, que causavam bolhas nos pés. As biqueiras das botas tinham de ser polidas com saliva, para que os rapazes mais velhos — os oficiais não-comissionados — pudessem enxergar as caras espinhentas refletidas no couro. Os cintos tinham de ser polidos e branqueados, com uma pasta epônima repulsiva que se chamava Blanco. O polimento demorava horas; muitas vezes, eu ficava acordado até depois da meia-noite, esvaziando latas de graxa, na tentativa de descobrir as frações exatas de graxa e saliva, a fim de que os imbecis dos oficiais não-comissionados pudessem admirar seus topetes à Elvis mirando-se nas biqueiras das minhas botas. Havia algo de errado com minha saliva, e eu jamais conseguia obter o brilho exigido — o que implicava penalidades automáticas.

Nos dias de adestramento do Corpo de Reservistas, recebíamos rifles pesados, da época da Primeira Guerra Mundial, e éramos submetidos a exercícios militares. Para cima e para baixo, no *playground*, em pelotões, marchávamos, direita volver, esquerda volver, olhando de lado, parando, alinhando — sentido! ombro armas! apresentar armas! —, pelas ruas que cercavam a escola, até locais distantes da zona rural, suados no verão, gelados no inverno. Aprendíamos a ler mapas e identificar traços topográficos ("árvore frondosa" é expressão que trago comigo, por algum motivo) e, de vez em quando, ensinavam-nos a manejar a baioneta e outras artes delicadas que expressavam nossa insatisfação com o inimigo.

Tais práticas não eram utilizadas em combate desde o século XIX, e não teriam qualquer utilidade quando virássemos bucha de canhão no tiroteio entre ianques e russos. Mas considerar tal hipótese é conferir significado excessivo àquele adestramento. O único propósito de tudo aquilo era nos instilar hábitos de uma obediência covarde aos meninos mais idiotas da escola. Conforme ocorre em qualquer comunidade militar, os membros mais violentos e cabeçudos da tribo, aqueles que cumprem ordens sem questioná-las e as anunciam a plenos pulmões, aqueles cuja saliva produz brilho, são guindados, rapidamente, a postos de comando.

Tendo jurado obediência a outra esfera, eu não conseguia me engajar naquelas práticas. Um colegial sujo de tinta não podia fazer muito para deter os assassinos que trabalhavam no ar refrigerado do Pentágono, ou os gângsteres suados do Kremlin, mas eu podia, com toda a certeza, tentar deter a guerra no meu *playground*.

No entanto, antes que eu pudesse tomar qualquer medida, fazia-se necessária a aprovação da abadia de Quarr. Guerra era assunto contundente, implicando questões de fé e moral, e eu queria me certificar de que não estava infringindo doutrina alguma.

Meu confessor surpreendeu-me, ao apresentar os conhecidos argumentos pertinentes à guerra justa.

— Mas, frei Joe, o argumento em favor da guerra justa não se sustenta em plena era nuclear, não é? Armas nucleares visam à morte de milhões de civis, o que é explicitamente proibido em uma guerra justa.

— Eu ainda não tinha concluído, meu caro. Na prática, não creio que tenha havido uma guerra justa sequer. Pensemos na Cruzada Albigense. E mesmo na última guerra, os Aliados cometeram crimes terríveis contra inocentes. Hi-Hi-Hi-Hiroshima, por exemplo.

Eu acabara de devorar a obra-prima de William Golding, *O Senhor das Moscas*, e fora arrebatado pela metáfora brutal expressa no livro. A meu ver, os colegiais marginalizados e a respectiva revolução repugnante representavam, em microcosmo, a facilidade com que as coisas se deterioravam na grande tribo da nação; paralelamente, o Corpo de Reservistas, com sua dinâmica absurda, era um microcosmo das Forças Armadas britânicas, se não de todas as Forças Armadas.

— Frei Joe, não acho que a guerra seja algo neutro, que seja inevitável, como as alterações climáticas. A guerra é um pecado cometido por certo tipo de gente. Um certo tipo de gente sempre tenta encontrar um jeito de burlar o Quinto Mandamento, pois tais pessoas têm uma necessidade terrível de matar. Tais pessoas são chamadas de "soldados". Existem em qualquer tribo, nação, império ou superpotência e, onde quer que se encontrem, são sempre assassinos e parasitas. É uma gente que só se realiza ao esmagar o outro. Consideram-se heróis, mas, na verdade, são lunáticos diabólicos que arrogam a si o poder que pertence a Deus, o poder de pôr fim à vida.

— Talvez você tenha razão, caro Tony, quanto aos militares e seus motivos. Mas é bom lembrar que os militares também são filhos de Deus, amados por Deus, candidatos à salvação. Até praticantes de extermínio de massas, se de fato quiserem o perdão, podem ser perdoados.

— Eles não querem o perdão, frei Joe. Odeiam o perdão. O perdão impede a guerra. São uma irmandade que perpassa todas as crenças, todas as causas, todos os interesses, todas as políticas, todos os patriotismos. Ao contrário do que afirmam, seu maior inimigo não é o Exército de outra nação, pois é o Exército de outra nação que lhe propicia uma razão de ser. Os maiores inimigos dessa irmandade somos nós, pessoas de paz, por exemplo, o menino chamado Piggy, do livro *O Senhor das Moscas*, que rejeita a morte e abraça a vida, que não quer matar nem morrer. E que, por conseguinte, é morto pelos soldados da tribo.

Frei Joe tinha se calado, observando-me, com curiosidade, como se pela primeira vez notasse determinado traço do meu caráter. Tal reação foi, para mim, um estímulo. Passei à parte mais ou menos ensaiada da minha exposição — à parte que, segundo eu esperava, haveria de encerrar o assunto:

— Se conseguíssemos nos livrar dos militares... dos deles e dos nossos... daríamos um grande passo para livrar o mundo da guerra, para sempre. Isso vale também para todas as atividades paramilitares... como o nosso Corpo de Reservistas. De certa maneira, o Corpo de Reservistas é metáfora semelhante a *O Senhor das Moscas*, demonstrando, em microcosmo, como funciona o pensamento militar: tenta nos reduzir a máquinas irracionais, para que possamos fazer algo que não temos o direito de fazer, a despeito de quaisquer circunstâncias: tirar a vida de alguém. Se eu me negar a participar do Corpo de Reservistas, estou me negando a ceder à necessidade que têm os soldados de matar, em guerras futuras. O Corpo de Reservistas é apenas outro meio de dar continuidade à guerra.

Essa observação final muito me agradou. Mas não parecia surtir grande efeito em frei Joe. Ele cerrou as pálpebras trêmulas e franziu os lábios, parecendo receber uma mensagem. Seguiu-se uma longa pausa.

— Tony, meu caro, você parece estar zangado. Muito zangado. Qual um militar com ódio que se refere ao inimigo. A guerra envolve pecados terríveis e, de modo geral, decorre do ódio. Mas não se pode vencer um pecado com outro, vencer o ódio com mais ódio. Isso apenas fortalece o ódio. Só o amor vence o ódio.

Frei Joe tomou a minha mão na dele. Senti o calor costumeiro e, à medida que me descontraía, percebi o quanto tinha ficado exaltado, o quanto tinha sido frio, duro e insensível, no intuito de defender meu argumento. O quanto tinha sido, a despeito de mim mesmo, desonesto.

— Claro está, você deve sair do Corpo de Reservistas, se é assim que se sente. Mas não o faça por ódio. Faça-o por humildade e misericórdia. Lembre-se: a tristeza de Deus diante dos atos infames que cometemos uns contra os outros é imensurável, mas igualmente imensurável é a sua misericórdia. Isso pode parecer terrível para pessoas que muito perderam e sofreram nas garras do ódio e da violência. Mas a verdadeira coragem é não odiar o inimigo, tampouco combatê-lo e matá-lo. Amá-lo... amá-lo em meio ao ódio... eis a verdadeira bravura. Isso deveria ser motivo de m-m-medalhas.


Supostamente, o comando do Corpo de Reservistas era exercido por diversos "mestres" que, para brincar de soldado, eram agraciados com patente de oficial — desde tenente até coronel. Na realidade, o destacamento era comandado pelo punho de ferro do major Kilpatrick, um falastrão sardento, com bigode militar cor de ferrugem, tão balofo que parecia sempre prestes a arrebentar todos os botões (insanamente polidos) da túnica. Pertencera à Guarda Escocesa, ou algo similar, e tinha um sotaque escocês dos mais carregados. Quando lhe comuniquei que estava deixando o Corpo de Reservistas, visto que, por questões de consciência, recusava-me a tomar parte em guerras, fiz de tudo para amá-lo...

— Que olhar imbecil nesta cara imbecil é este, Hendra? Parece que você está sentindo náusea!

Pensei em dar vazão ao meu discurso de que soldados causam guerras, mas decidi que isso não seria sábio.

— Você não pode alegar questões de consciência. Você é católico!

— Sim, senhor, desculpe-me, senhor, mas isso não quer dizer que eu acredite na guerra, senhor.

— Quem está falando de guerra, menino ridículo! Você não faz a menor idéia do que seja a guerra! O Corpo de Reservistas tem a ver com disciplina! Com formação de caráter!

— Sim, senhor, desculpe-me, senhor, mas não acho que portar armas e obedecer a idiotas forma caráter... senhor.

— *Quem você está chamando de idiota, Hendra!*

Mandei o amor pelos ares e desfiei, um a um, a lista de imbecis que integravam o Corpo de Reservistas com patente de oficial não-comissionado. Mas o dano já havia sido causado. Ele me mandou para o diretor, um militar linha-dura chamado Marsh.

Marsh adotou a mesma argumentação: católicos (na verdade, ele usou o termo "papistas") não podiam se recusar a combater alegando questões de consciência. Evidentemente, as autoridades acreditavam que a Igreja Católica ou (a) não dispunha de consciência suficiente para fazer objeção à guerra, ou (b) não faria objeção à guerra, para tal valendo-se de qualquer pretexto.

Mas eu me mantive irredutível e, para minha surpresa, o conselho civil-militar da escola cedeu. Contudo, impediram meu gesto seguinte: tentar convencer outros a se recusarem a colaborar. Converter pessoas a uma nova fé era difícil; dissuadi-las de acreditar no militarismo é muito mais difícil, é objetivo inatingível, um sacrilégio.

Em todo caso, eu logo me vi em confronto com um inimigo bem mais presente e persuasivo: a emergente sociedade de consumo, de modo particular, a questão extremamente confusa dos prazeres e pertences dos adolescentes. Na visão da maioria dos meus colegas de escola, beber e fumar, possuir motoneta e comprar roupas que estavam na moda não implicavam valores morais positivos ou negativos. Tais atividades eram igualmente desejáveis. Mas o mesmo não ocorria com aspirantes a monge.

Os anos 50 chegavam ao fim, fazendo grande alarde. A Grã-Bretanha estava quebrada, mas já despontavam indicações de um novo sistema que faria com que achássemos que precisávamos de bens materiais dos quais, na verdade, não precisávamos, a despeito de termos ou não condições financeiras para adquiri-los. Tudo parecia muito empolgante. E o que era ainda mais empolgante, a economia voltada para adolescentes começava a decolar, por meio de roupas, cosméticos, filmes, música. Os produtos destinados a tal segmento, de modo geral, eram importados dos Estados Unidos, ou, se produzidos na Grã-Bretanha, eram concebidos e vendidos segundo modelos norte-americanos. Pela primeira vez, abriu-se um abismo entre as gerações, permitindo aos novos especialistas em *marketing*, formados no estilo norte-americano, pôr em prática, com clareza, a primeira tentativa de manipulação de consumidores, em âmbito nacional.

Meus amigos e conhecidos demonstravam extremo entusiasmo — ou estavam sendo induzidos a fazê-lo — por *rock and roll,* por dançar, beber, carros, motocicletas, esportes, filmes, televisão, roupas e estilos de cabelo, especialmente quando tais produtos eram destinados ou projetados para a juventude.

Eu gostava de muitas coisas — música, arte, filmes, boa comida e boa bebida (sempre que conseguia delas usufruir). No entanto, em se tratando de bens de consumo, tais como roupas, carros, estilos de cabelo etc., o monge adolescente costumava se fazer presente em mim. Mas era difícil repelir a força e a novidade de um mercado que enfiava esses itens em nossas consciências, e eu oscilava, marcantemente, entre a vontade de "apenas experimentar" essas tentações e a rejeição, puritana e implacável, de tudo o que o final da década de 1950 tinha a oferecer.

Mais significativo era o fato de eu me ver fascinado com o *processo* pelo qual artigos eram vendidos, com a publicidade e o *marketing* — especialmente na televisão —, atividades que pareciam ao mesmo tempo moralmente perniciosas e brilhantes, em termos de criatividade. Pedi a orientação de frei Joe acerca de bens materiais.

Iniciamos pela Regra de São Bento e pelos votos que, um dia, eu haveria de fazer:

— Capítulo 33, meu caro, se não me falha a memória: "Ninguém deve presumir a posse de qualquer bem, seja lá o que for, nem mesmo de um livro, uma lousa ou uma caneta. Tudo deve pertencer à comunidade."

— Muito bem, frei Joe. Agora mesmo, estou pronto para renunciar a todos os meus bens materiais. Uma jaqueta, herdada de meu pai, que está gordo demais para nela caber. Uma bicicleta, com o cromo descascado e a campainha quebrada. Um isqueiro da marca Flaminaire, cujo objetivo é impressionar outros adolescentes, nos concertos realizados no Albert Hall. Mas, devo dizer, isso se parece muito com comunismo.

— São Bento não quer o seu isqueiro, meu caro. E ele não é comunista. Eu, ao menos, não acho que seja. Mas, agora que você fez tal sugestão, reconheço que ele parece ser meio comunista, não é? São Bento diz que possuir bens, algo que o mundo acha perfeitamente natural, na realidade, considera um direito, tem conseqüências espirituais importantes. B-b-bens materiais são uma extensão do eu, percebe? Tornam-se os muros daquela p-p-prisão do eu, da qual você falava. Quanto mais bens, mais difícil escapar dessa p-p-prisão. Em nossa comunidade, a propriedade é proibida porque interfere com o afeto e a confiança dos que a integram. Se cada um dispusesse de propriedade privada, a comunidade não passaria de um conjunto de p-p-prisões individuais, não é?

A meu ver, esse argumento era mais convincente do que a abordagem puritana: vaidade das vaidades, tudo é vaidade. A análise feita pelo frade da natureza da propriedade privada era muito mais sagaz. O verdadeiro alvo do especialista em *marketing*, afinal, é o eu. O eu é o início e o fim da venda. "Este produto vai fazer o seu eu avançar no mundo." "Quanto mais você possuir excelentes produtos como este, mais poderoso será o seu eu." E, obviamente, mais barreiras você terá estabelecido ao contato aberto e direto com o outro. Comprar até ficar exausto e amar verdadeiramente talvez sejam práticas excludentes.

Frei Joe enfatizou que sua análise não propunha que fosse errado possuir bens, tampouco condenava a satisfação

derivada da posse de bens. O que remetia ao velho princípio: *contemptus mundi* não significava desprezo pelo mundo, mas distanciamento do mundo.

— Tudo depende de como os b-b-bens são encarados,
meu caro, e as satisfações por eles geradas; é preciso ser capaz
de abrir mão dos bens, sem qualquer arrependimento.

A obrigatoriedade do distanciamento levou-me à compreensão mais aprofundada dos prazeres propiciados pelos
bens materiais. Parecia claro que por mais variados que fossem os prazeres gerados pelos bens, tais prazeres tinham em
comum o fato de serem transitórios e limitados. Buscá-los
em série era garantir arrependimento e frustração. Florir,
murchar e morrer faziam parte da natureza do prazer. O
prazer era escravo do tempo. Eu não precisava ser um li-
bertino velho e sábio, para saber isso. O prazer podia ser sublime, e determinado prazer poderia até configurar um contato momentâneo com o divino, mas a curva era sempre
descendente.

O gráfico da minha vida se apresentava bastante distinto — uma curva ascendente, sem limite na parte superior:
autodisciplina, conduzindo à redução do eu e, por conseguinte, à abnegação. Meu objetivo final era o zero; quanto
maior a abnegação, maior o ganho.

Eu caminhava na direção oposta dos meus contemporâneos, com multidões gritando ao meu redor, enquanto me
esforçava para voltar a algo mais simples e mais antigo e,
segundo minha convicção, mais verdadeiro. Esse algo incluía a pobreza e a vida em comunidade, talvez até uma forma pré-feudal de socialismo. Eu era cético em relação ao
valor dos prazeres oferecidos pela sociedade tecnológica.
Acreditava que a satisfação comercial dos meus apetites fosse um empecilho a uma vida plena e feliz. Não tinha o me-

nor interesse em me perpetuar por meio de bens materiais. Felizmente, haveria de me tornar frade. Na condição de unidade da iminente utopia de consumo, eu era absolutamente inútil.

## CAPÍTULO DEZ

Então havia o sexo. Ou melhor, não havia. Mas o sexo era um templo do prazer no qual minha ausência talvez não fosse notada; e a maioria dos meus colegas de escola tampouco fazia sexo. Éramos parte da geração pré-pílula, e só podíamos obter camisinhas se comprovássemos a idade mínima de 21 anos. Ou se fôssemos filhos de donos de farmácia. (Por outro lado, conseguíamos comprar um maço de cigarros assim que completávamos 16 anos, e podíamos também beber até perder os sentidos. A Nova Era elisabetana sabia estabelecer suas prioridades.)

Em se tratando de sexo, eu, provavelmente, tinha ido tão longe quanto qualquer outro conhecido meu, e a minha experiência ocorrera três anos antes. Um de meus amigos, escrofuloso e pretenso "existencialista francês", dizia que tinha "amante"; mas o interesse desse amigo nos trechos picantes de *1984* em nada fazia lembrar Camus, e eu tinha minhas dúvidas quanto à tal "amante".

Sexo é um elefante na sala de visitas de qualquer monge adolescente. No entanto, a bem da verdade, não era assim tão difícil renunciar à Luxúria. A física freudiana da repressão se apresentava bastante equivocada. Depois que adotei o hábito da abstinência, o sexo passou a surgir na selva vicejante do meu cérebro com freqüência bem menor do que nos meus dias pré-monásticos, quando cheguei a ter, em um só dia, sessenta ou setenta orgasmos auto-induzidos. De vez em quando, eu tinha a reação típica decorrente de sonhos eróticos (conhecida no jargão da Igreja por um eufemismo terrível: "emissão noturna"), mas frei Joe jamais me repreendeu por isso.

Havia, no entanto, a sublimação, que sempre me atirava em um espinheiro de culpa e escrúpulos. Na segunda série do ensino médio, durante o outono, começamos a estudar Michelangelo; pela primeira vez, prestei atenção à escultura. Fiquei hipnotizado pela beleza das estátuas; tinham a mesma inevitabilidade da música de Beethoven ou das tragédias de Shakespeare; eram a afirmação definitiva acerca de determinada figura, em determinado lugar, jamais superadas; tinham sido ordenadas muito antes da existência de Michelangelo, esperando que ele nascesse, para esculpi-las exatamente como o fez.

Uma daquelas estátuas, das menos conhecidas, causou-me grande impacto: a *Madona de Bruges*. Essa Madona é muito jovem, pouco mais de uma adolescente, com o olhar baixo, e um anjo anuncia-lhe o destino.

Embora dispusesse de apenas algumas fotografias, apaixonei-me, perdidamente, pela *Madona de Bruges*. Não me cansava daquele rosto delicado, daquele perfil perfeito, daquela modéstia cativante, de olhar baixo. Sonhava sempre com ela. Não conseguia tirá-la da mente. Tudo isso era platônico. Jamais tive com ela qualquer fantasia sexual, tampouco ficava a imaginar o que esconderia o traje pesado da Madona; porém, meu amor a investia de tantas qualidades supremas que era como se ela estivesse viva. Partia-me o coração o fato de que jamais a encontraria, jamais conversaria com ela, jamais veria aquele lindo rosto se mexer, aqueles lábios macios se entreabrirem, aqueles olhos se erguerem e se voltarem para mim... Mesmo que eu fosse a Bruges, mesmo que passasse o resto da vida venerando-a, meu amor ficaria para sempre imobilizado em uma pedra.

Infelizmente, as fotografias em questão pertenciam a um livro de arte que ficava guardado no ateliê, e as aulas de arte ocorriam apenas uma vez por semana. Isso aconteceu muito antes do advento da fotocópia, de maneira que eu tinha de dar umas escapulidas até o ateliê, valendo-me de todo tipo de pretexto, a fim de espiar minha amada.

O professor de arte, sujeito pançudo, calvo, pseudofalstaffiano chamado Tanner, cujo aspecto físico e cujas roupas emprestavam-lhe um ar de ex-retratista de robustos proletários do realismo social, mas que agora preferia ficar no *pub*, choramingando queixas dos *tories*,[1] começou a suspeitar das minhas visitas.

Envergonhado da minha própria obsessão, inventei uma história: precisava incluir Michelangelo em um ensaio que estava escrevendo acerca da Renascença. Mas a capa estampava o *Davi*, e o livro parecia abrir sempre na seção destinada a *Davi*, que, naturalmente, incluía belos *close-ups* dos seus

---

[1] *Tory:* membro ou simpatizante do Partido Conservador britânico. [N. do T.]

músculos peitorais e abdominais, das coxas e das nádegas. Tanner convenceu-se de que o objeto da minha admiração era Davi e, a partir de então, passou a me evitar na sala de aula, lançando-me um olhar de desprezo, exclusivo dos realistas sociais de sangue vermelho.

Pouco tempo depois, fiz jus à suspeita. Quase. Pela primeira e última vez na vida, apaixonei-me por um rapazola. Ele estava duas séries abaixo da minha, de modo que eu já lhe conhecia a carinha amarga havia anos, sem ter por ele o menor interesse. Era um menino baixo, reservado e taciturno, que nunca sorria. De repente, pareceu-me ter se tornado, em algum momento em que eu não estava olhando, extraordinariamente belo. (Anos mais tarde deparei-me com uma fotografia dele tirada na escola àquela época, e constatei que era de fato extraordinariamente belo.)

Mais uma vez, a obsessão nada apresentava de explicitamente sexual. Eu não tinha nenhuma fantasia. Sequer com ele sonhava. Não tinha desejo de tocá-lo, ou abraçá-lo, ou vê-lo despido. Ao contrário: em dado momento, ele entrou para a equipe de atletismo da escola (equipe à qual eu pertencia), ocasião em que pude encher os olhos com suas pernas magricelas e sua corrida em estilo frenético, com passos curtos, semelhantes aos de uma galinha perseguida. Por um triz, não foi o fim de tudo, ali mesmo.

Mas, conforme ocorrera com a Madona, eu não conseguia desviar o olhar daquele rosto. Aquele nariz perfeito, as narinas esculpidas, os olhos castanhos amendoados e os cílios negros, os cabelos cacheados caindo sobre a testa, o queixo arredondado encimando o pescoço elegante, os lábios cheios e graves, naquela boca séria e esculpida...

Eu era então monitor; portanto, seria muito fácil impor-lhe minha companhia, a despeito da vontade dele.

Mas a função de monitor não me agradava — eu tinha suspeitas de que o conselho da escola estava apenas tentando me aliciar, a fim de acabar com a sabotagem. Eu detestava exercer autoridade, tanto quanto tinha detestado ser por ela subjugado. Então, limitei-me a admirar de longe a beleza do menino.

Quanto a essas experiências alarmantes, meus exames de consciência nada revelavam que me parecesse um grande pecado. Estar apaixonado pela Madona tinha um resquício de blasfêmia — embora não se tratasse da Virgem verdadeira, factual. Quanto ao objeto do meu desejo puro, eu não sabia mesmo o que pensar. Não tinha recebido aulas de educação sexual, tinha sido criado para aceitar lendárias relações platônicas, tanto no período imperial clássico quanto no britânico; homofilia sequer passava pelo meu radar. Eu me perguntava se as duas obsessões não decorriam de alguma versão rarefeita de idolatria, mas isso, para mim, era a maior aproximação possível de algo considerado absolutamente proibido. Mesmo assim, tais sentimentos deviam encerrar grandes imperfeições, não poderiam ser normais, não no caso de um aspirante a monge e futuro santo.

A carga de trabalho na escola estava ficando pesada, e durante muito tempo não pude consultar o Comando Central.

— ... Mas ao menos não havia nada de sexual naquilo tudo.

— É evidente que tinha natureza sexual, meu caro. O que há de errado nisso?

— E a castidade?

— Castidade não envolve cirurgia, não é? Ainda somos seres sexuais. O sexo é uma dádiva maravilhosa, um meio físico de expressar a força mais poderosa de toda a existência... o amor. O sexo é uma idéia brilhante de Deus, eu acho. Quase qual um sacramento.

— O sexo é um *sacramento*?

— N-n-não conte ao abade!

— Fazer sexo não é pecado?

— Sim, sim, sim. *Pode* ser pecado. Mas o sexo é menos pecaminoso do que costumamos supor seja o caso. É tudo uma questão de contexto. Se a pessoa faz sexo com o propósito de magoar ou explorar o outro, ou para obter prazer só para si, para si, para si, sem proporcionar prazer igual ou maior ao amado ou à amada... então, o sexo se torna pecaminoso. Nós monges fazemos votos de celibato, diante de Deus e da comunidade. Se fizermos sexo estaremos traindo Deus e nossos irmãos. Não é tanto o sexo, e sim quebrar o voto que é o pecado, tanto quanto é pecado quebrar um dos votos do matrimônio... a mágoa causada ao parceiro. Os pecados de natureza sexual tornaram-se os piores de todos, não é? Sendo o sexo algo tão potente, as pessoas têm medo! Também é preciso livrar o sexo do medo!

Em 1958, quando o Vaticano II ainda era apenas um brilho nos olhos do papa João, em uma época em que as regras, as leis, os mistérios e as sanções da Igreja em torno do sexo ainda eram rígidas e reflexivas, tais opiniões eram notáveis.

Eu ficava perplexo diante do fato de aquele monge, que jamais se deitara com homem ou mulher, que se confinara a uma clausura desde o final da puberdade, ser capaz de saber e sentir tanto a respeito de um assunto que ele tinha jurado desconhecer. Ao menos no sentido que o mundo moderno confere à palavra "saber", ou seja, obter provas laboratoriais, experiência empírica acerca do assunto em questão. Frei Joe não tinha nada disso; no entanto, tudo sabia. Nada o chocava ou surpreendia; ele sempre percebia, imediatamente, o cerne de uma crise de ordem sexual, e sempre sugeria soluções práticas. Era um mistério. Frei Joe virava pelo avesso o velho preceito — "pratica o que ensinas". Ele ensinava — brilhantemente — algo que jamais poderia praticar.

Naquela mesma tarde, voltamos ao assunto, por uma via bastante indireta. Eu tinha lido os ensaios críticos de Eliot, através dos quais descobri Dante, e estava aprendendo, sozinho, rudimentos do idioma italiano, a fim de assimilar aquela terça-rima gloriosa.

Na ocasião, eu mostrava a frei Joe um trecho do *Inferno*. Caminhávamos sobre folhas outonais, no bosque de carvalhos. Ele adorava o som da língua italiana, embora seu conhecimento do idioma fosse pequeno àquela época; ele repetia comigo os poucos versos que eu sabia de cor.

Cheguei a Paolo e Francesca, amantes malditos, surpreendidos e mortos em flagrante, precisamente, ao trecho em que Francesca se dirige a Dante, enquanto Paolo chora, ao fundo:

*Amor ch'a nullo amato amar perdona*
*mi prese del costui piacer si forte*
*che come vedi ancor non m'abbandona*

E os versos favoritos de Eliot:

*... Nessun maggior dolore*
*che ricordarsi del tempo felice*
*ne la miseria...*

Olhos fechados, lábios franzidos em decorrência do hábito de saborear as palavras, frei Joe repetia os vocábulos, em italiano perfeito.

— Falado como um toscano do século XIV, frei Joe!

— Agora, deixe-me ver se consigo traduzir: *Nessun...* "não há dor maior que..." *ricordarsi...* "lembrar-se"?

— Sim...

— "Lembrar-se de um tempo feliz... na tristeza"?

— Muito bem, frei Joe!

— Obrigado, meu caro... é o latim, percebe? Assustador. Angustiante. Quase como se ele houvesse, de fato, visitado o inferno.

— Eles mereciam o inferno por terem feito sexo?

— Em se tratando do século XIII? Provavelmente, sim.

— E agora?

— Provavelmente, não.

— Isso não é injusto?

— Sim, mas Dante é benevolente com eles, na verdade. Ainda têm um ao outro, não é? *Piacer si forte che come vedi ancor non m'abbandona.* "Alegria tão forte que ele ainda não me abandona." Ainda existe o elo, o amor que os une, percebe? Algo divino. Mesmo no inferno. Interessante.

— Amor humano será divino?

— Ah! Acho que sim! Sempre achei que o amor autêntico entre dois seres humanos é inspirado pelo Espírito Santo. Ou melhor, *é* o Espírito Santo. E-e-embora duvide que o abade concordasse comigo. Amor humano pode ser tão santo quanto amor espiritual. O número de casais canonizados é mesmo insuficiente.

— O senhor deveria falar com o novo papa.

— Falarei, meu caro. Falarei. Vou telefonar para ele, quando voltarmos ao mosteiro. Agora, caro Tony, antes que eu me esqueça. Não lhe determinei a penitência hoje de manhã.

Eu tinha me confessado, naquela manhã, relatando minhas recentes obsessões sexuais, e, com efeito, ele nada dissera sobre penitência, ainda que as penitências por ele definidas fossem geralmente brandas. Achei que estivesse imaculado o bastante para escapar ileso.

— Sua penitência é uma noitada com uma bela garota.

— *O quê?* Estou me candidatando a monge!

— Pois encare isso como parte da sua iniciação. Não seja como nós, fósseis que aqui vivemos; não desista de algo que jamais provou.

— Isso é porque me apaixonei por uma estátua?

— Vá dançar, por exemplo.

— Apenas dançar?

— E beije-a, na hora de se despedir.

— Tenho mesmo de fazer isso?

— Obediência, meu caro. É a Primeira Regra de São Bento.

Eu não conhecia nenhuma bela garota. Não conhecia nenhuma garota feiosa. Não conhecia garota alguma, ponto final. Minha mãe vinha armando diversos ardis que visavam arruinar minha vocação monástica como contratar babás namoradeiras para cuidar dos pequenos, quando ela e meu pai saíam. As conversas com elas não fluíam com naturalidade. Não era preciso ter um QI de três dígitos para indagar por que meus pais precisavam de babás, com um latagão de 17 anos dentro de casa. Seriam as babás para mim?

Várias primas moravam perto de mim, das quais uma tinha a minha idade e era, inegavelmente, bonita. Festinhas envolvendo essas meninas eram freqüentes; eu era sempre convidado, e sempre recusava. Quando o próximo convite chegou, seguindo as instruções monásticas, aceitei.

Minha mãe extrapolou. Chegou a gastar dinheiro para me tornar mais atraente. Pediu a meu pai que me levasse de carro. Ela estava tremendamente entusiasmada. No meu caso, casamento morganático não era problema. Enquanto se arrumavam em seu quarto, escutei-a sussurrar a papai:

— Já é o primeiro passo!

Durante a festa, a irmã dela, que era mãe da tal prima, sussurrou-lhe:

— Já é o primeiro passo!

As demais irmãs de minha mãe sussurravam, conversando ao telefone, no dia seguinte:

— Já é o primeiro passo!

Minha bela prima estava tão pouco interessada em se amarrar quanto eu — na verdade, eu só demonstrei algum interesse por ela em obediência às ordens do monastério. Sendo uma boa jovem católica, ela achou aquilo hilariante.

— É a primeira vez que sou a penitência de alguém!

Fez-me inúmeras perguntas sobre o monastério, e tomamos alguns drinques. Ensinou-me a dançar *rock and roll*, primeiramente, ao som de Bill Haley, e depois ao som de uma canção com o seguinte estribilho:

*It's late we gotta get on home*
*It's late we gotta get on home*
*It's late we gotta get on home*[2]

Nossa "balada" tinha sido perfeita, concordamos. E fim de conversa. Penitência cumprida.


No outono de 1958, iniciei a segunda série do ensino médio, meu último ano na escola. Ao fim daquele ano letivo, eu estaria prestes a completar 18 anos.

---

[2] "É tarde, precisamos ir para casa." [N. do T.]

A pressão acadêmica era considerável. O ano culminava nos exames de nível A, provas sobre matérias escolhidas, cujo resultado determinaria a possibilidade de o aluno cursar o ensino superior, e qual universidade freqüentar. A maioria dos alunos se submetia também a exames de nível S (*scholarship*), provas mais complexas, cujo resultado poderia garantir bolsa de estudos em uma universidade de primeira linha. A preparação para esses exames era extenuante. Acima de tudo isso — para um punhado de estudantes —, havia as provas de admissão a Oxford e Cambridge, o topo da pirâmide.

Eu tinha prometido a meu pai que concluiria os estudos. E haveria de fazê-lo — o que, na minha interpretação, implicava os devidos exames, no meu caso, de níveis A e S. Então, encaminharia a candidatura à admissão a Quarr e, estava eu convicto, levando em conta minha dedicação, perseverança e meu avanço espiritual (tão lento quanto constante), seria aceito por frei Joe.

Se, em algum momento futuro, a comunidade decidisse que eu deveria fazer o curso superior, tal só aconteceria — segundo o meu entendimento dos procedimentos beneditinos — depois que eu fizesse os votos finais, ao menos, três anos mais tarde.

No ensino médio, tive um professor de inglês cuja severidade chegava a ser feroz: Mr. Heather. Mr. Heather disse-me que eu era um de seus melhores alunos, mas, tanto na sala de aula quanto na correção de trabalhos, era duro e inclemente comigo. "É para o seu próprio bem", ele dizia, com os bigodes, tipo escova, espetados acima dos lábios finos e cinzentos.

Outros rapazes, propositadamente, pronunciavam o nome de Mr. Heather em tom de galhofa, pois, à época,

Heather era um nome feminino bastante popular — embora jamais o fizessem diante do professor. Todo empertigado, vestia-se com decoro, e era implacável quanto à disciplina. Quando expunha simpatias e antipatias literárias, demonstrava uma paixão contida, porém intensa; em tudo o que dizia constatava-se certa melancolia, como se nada além da noção de dever o mantivesse na trilha desastrosa por ele mesmo escolhida em alguma encruzilhada no passado.

Inesperadamente, Mr. Heather sugeriu que eu fizesse as provas de admissão a Oxford e Cambridge, naquele ano. Resisti à idéia, pois não estava, absolutamente, interessado em prestar os exames "apenas por experiência". Contudo, por não poder lhe contar o verdadeiro motivo — que eu não tinha a menor intenção de freqüentar Oxford ou Cambridge, ou qualquer outra universidade —, e porque ele era uma figura das mais intimidadoras, concordei, supondo que minhas chances de conseguir uma vaga fossem nulas.

Em um belo e frio dia de novembro, seguindo pela rodovia A-1, meu pai levou-me até Cambridge, na charanga que possuíamos à época. Ele não se sentia à vontade em Cambridge, que, a seu ver, não era apenas um local de privilégios típicos de aristocratas e de escolas de elite, mas um baluarte dos árbitros da cultura, indivíduos da classe alta cujo redobrado esnobismo tanto o incomodava.

Para minha surpresa, achei a parte antiga de Cambridge amistosa e familiar: muitas das faculdades ou foram construídas para ser edifícios monásticos ou segundo algum modelo monástico. Hospedei-me no Queens College, em um quarto — na realidade, uma cela — situado acima de um pátio fechado, e senti-me à vontade, sentado sob os arcos, trajando meu agasalho encapuzado e recitando os Ofícios do dia.

A maior parte dos exames era constituída de perguntas subjetivas. As questões pareceram-me vagas e fáceis de serem conduzidas na direção daquilo que eu queria escrever. Durante dois dias, produzi, com facilidade, centenas de palavras em resposta a cada pergunta, sentindo-me bem distanciado dos gênios panbritânicos que transpiravam, temerosos, à minha volta. Cada um deles se preocupava, excessivamente, com o resultado das provas, passaporte para um possível futuro glorioso. Eu pouco me importava.

Mr. Heather tinha me aconselhado a não demonstrar religiosidade nos ensaios, pois, se o fizesse, os professores descontariam pontos. Mas eu não ia para Cambridge mesmo; portanto, atirei a cautela pelos ares. Forcei uma das respostas na direção do *Inferno* de Dante, e escrevi uma diatribe acerca dos motivos que levavam interpretações laicas da *Divina Comédia* — por exemplo, a de Benedetto Croce, que descartava a crença "medieval" de Dante, em favor da poesia — a ler de maneira totalmente equivocada a verve narrativa do poema. O *Inferno*, argumentei, era impelido por uma mensagem clara e decididamente medieval: o compromisso moral firmado entre os protagonistas e o "mundo material" tinha sido *punido*. Era impossível separar a crença absoluta de Dante no pecado e no inferno — e, por conseguinte, o entendimento do poeta em relação ao apuro dos que ali se encontravam — da paixão expressa em sua poesia, ou da compaixão demonstrada em relação aos condenados. Escrevi vinte páginas, em caligrafia escaldante.

Voltei à escola e continuei a me preparar para o verdadeiro objetivo do ano: os exames de nível A. As provas de admissão a Oxford e Cambridge tinham ficado para trás, Mr. Heather estava satisfeito, e teve início o recesso do Natal. Infinitamente aliviado, consegui um emprego temporário nos correios, para atuar durante o intenso movimento por ocasião das festas de fim de ano.

Nossa casa não ficava na rota de entregas que eu cobria; portanto, não vi a carta. Mas vi a silhueta de meu pai, recortada contra a luz da porta dos fundos da casa, enquanto eu caminhava pela trilha úmida, a poucas noites do Natal. Ele estava ali havia horas, disse minha mãe, naquele frio, esperando que eu descesse a rua, para ser o primeiro a me dar a notícia.

O envelope era pequeno e quadrado; no interior havia uma folha de papel velino que estampava, em relevo gótico — *St. John's College Cambridge*. Datilografada em uma velha máquina de escrever, em linhas irregulares e esmaecidas, constava a informação de que eu fora agraciado com um estipêndio, junto a St. John's College, no valor de 90 libras por ano. O estipêndio era um auxílio inferior — não tão ilustre quanto uma bolsa de estudos —, mas era muito mais do que uma simples vaga.

Se não me falha a memória, foi a primeira vez que meu pai me deu um forte abraço. Ele herdara o receio da espontaneidade e do contato físico, típico da sua geração; nunca tinha feito nada semelhante, nem mesmo quando eu era criança. Eu não estava habituado ao contato do seu corpo gorducho, a sentir o cheiro rançoso da loção após barba em seu rosto, mas como poderia deixar de retribuir-lhe o gesto? Ele tremia de felicidade, fora de si, incapaz de falar. Abracei-o, e pareceu-me que ele reagia ao nosso contato como algo sem qualquer precedente. Afastou-me, a distância dos braços, e disse:

— Que maravilha, Anthony! Que maravilha! Que presente de Natal!

Para ele, tratava-se do ponto culminante de diversas questões: a escolha de se tornar artista, em vez de Algo Útil, a convicção quanto à justeza do socialismo, uma pausa no declínio da carreira, agora que todos os memoriais tinham sido pintados e os prejuízos da guerra reparados. Ele estava tomado pela alegria simples e estonteante que um pai sente diante do sucesso de um filho. Nada mais disse, mas tais pensamentos emanavam de cada molécula do seu corpo. Foi, provavelmente, um dos poucos momentos de verdadeira felicidade que ele teve na vida.

E, para mim, foi um desastre total.

O que faria eu agora? Não aceitaria, de jeito nenhum, o tal estipêndio. Mas não poderia dizer isso a meu pai. Se o fizesse, seria o mesmo que lhe partir o coração. Todavia, pregar uma mentirinha não seria novidade. Novidade foi a constatação que surgiu ao longo dos dias subseqüentes, de que talvez não fosse aconselhável contar a frei Joe o que estava se passando. Provavelmente, tudo acabaria bem. Provavelmente, ele apenas me diria que avaliasse com cuidado a questão. Provavelmente, ele aceitaria o fato de que, quando eu ingressasse em Quarr, no verão seguinte, estaria com 18 anos, e minhas escolhas seriam minha responsabilidade legal.

Mas será? Àquela altura, eu já me acostumara a ser derrubado pelas respostas do frade. Havia a possibilidade de que meu pai espiritual também se opusesse — especialmente se conhecesse o significado que a admissão a Cambridge tinha para meu pai biológico. Eu não podia arriscar. A idéia de não entrar para o mosteiro, depois de tanto tempo, três intermináveis anos de adolescência, depois de tanta dúvida e solidão, tantas noites tenebrosas em que ansiei por estar em Quarr, a fim de submergir, suavemente, na paz comunitária! Não! Eu não podia arriscar. Não podia correr nem o menor dos riscos.

Na escola, o cenário tinha se alterado. Eu me encontrava, então, no último ano do ensino médio, era bibliotecário, capitão da equipe de natação e veterano da equipe de atletismo, além de usufruir outras distinções menores, por exemplo, participar de peças teatrais. E mais, de acordo com as estatísticas, academicamente, eu era um dos melhores alunos da turma. E era singular em um aspecto: os outros cérebros da escola tinham poucos lauréis esportivos, e os atletas tinham poucos lauréis acadêmicos.

O antigo Líder da Escola fora admitido a uma universidade, e deixaria nossa instituição antes do fim do ano letivo. Dentro de algumas semanas, já não haveria líder. Eu era um possível candidato. Dizia-me desinteressado e, na realidade, não tinha o menor interesse; a simples hipótese de ser líder-idiota era por demais mundana.

Mr. Heather tinha outras idéias. Eu era agora seu melhor pupilo, o campeão; ele tornar-se-ia meu orientador acadêmico, abanando-me para o próximo assalto escolar. Mr. Heather pressionou o diretor Marsh para que este me nomeasse Líder da Escola.

Marsh não se decidiu prontamente. Programou entrevistas com diversos candidatos.

Fui o primeiro — de acordo com Mr. Heather, as outras entrevistas eram mera formalidade, a fim de evitar constrangimento. Entrei na sala de Marsh, espaçosa e requintada. Era um sujeito socado e robusto que tinha servido na Marinha durante a guerra, e era também excepcional estudioso dos clássicos. Brusco e direto, no estilo da Marinha, e tão brilhante que chegava a intimidar. Combinação torpe.

Assim transcorreu a entrevista:

— Entre, Hendra, entre. Não precisa sentar. Serei breve. Bem sei, e estou certo que você sabe, que você é o melhor candidato para ser o próximo Líder da Escola. É bastante versátil, característica que sempre buscamos para nosso líder. E não deixei de notar que sua recusa em participar do Corpo de Reservistas não levou a outras atitudes desagradáveis. Sinal de maturidade, Hendra. No entanto, eu nem sonharia em apontá-lo Líder da Escola. Por quê? Você é papista. Não podemos, absolutamente, ter um papista na função de líder de uma escola cristã. Você não assistiria aos cultos na abadia, o que seria péssimo exemplo para os outros rapazes e, sem dúvida, uma ofensa para muitos pais. E, evidentemente, os ex-líderes ficariam *indignados*. Então, ponto final. Tenho certeza que você vai compreender.

— Perfeitamente, senhor.

— Isso mesmo, Hendra, meu rapaz. E boa sorte!

— Obrigado, senhor.


Tratava-se de uma conclusão condizente com os meus primeiros 18 anos, que agora chegavam ao destino previsto. Eu precisava cumprir os meses escolares que faltavam para o término do ano letivo; passei-os realizando novas incursões às ruínas romanas daquelas redondezas, nadando, matando aulas que não me interessavam, organizando o catálogo da biblioteca segundo o sistema decimal de Dewey. Prestei os exames de nível S em meio a uma névoa de benevolência — pareceram-me uma versão simplificada dos exames de Cambridge; até repeti o discurso bombástico acerca de Dante. Minhas notas foram excelentes. Mr. Heather ficou satisfeito.

Meu pai também estava satisfeito. Tinha preenchido incontáveis formulários oficiais, em três vias — prática que, normalmente, ele esconjurava —, no intuito de obter auxílio do Estado, com vistas ao meu ingresso em Cambridge. O auxílio fora aprovado e concedido. Na expectativa de deferimento, uma conta no Westminster Bank, na filial de Cambridge, estava sendo aberta em meu nome. Meu pai não precisaria pagar mais do que algumas libras, a título de taxas escolares; aliviava minha consciência o fato de que tal pagamento só seria efetuado após o término do primeiro ano. Visto que não haveria um primeiro ano, ele não teria de pagar nada.

O ano letivo chegou ao fim, sem alarde ou lamúria, e com pouco arrependimento. Fiz 18 anos sem fanfarra. Gozei duas tranqüilas semanas de férias, em companhia da família. Pouco tempo depois, anunciei a intenção de ir para o litoral, onde ficaria com amigos.

Sessenta amigos. Pelo resto da vida.

Após tanta ansiedade, o momento não foi de grande impacto. Frei Joe não me fez perguntas constrangedoras a respeito do curso superior, e não me senti obrigado a contar-lhe o que se passava. Afinal, Cristo disse que pai, mãe, irmão e irmã deveriam ser deixados para trás, para que pudéssemos segui-lo, e isso se aplica também às esperanças e ambições que a família reserva para nós. Talvez eu magoasse alguém, mas havia um objetivo maior.

Dom Aelred, entretanto, quis saber as notas que eu tinha obtido nos exames de nível S, e ficou satisfeito ao constatar que os conceitos eram bons. Aquelas notas não me qualificavam para ingressar em Oxford ou Cambridge? Eu estava bem preparado para as perguntas delicadas que ele me faria. Havia em Oxford uma fundação beneditina chamada São Bennett, especificamente voltada para monges qualificados para ingresso na universidade. Rapazes provenientes de Downside e Ampleforth (escolas católicas particulares) que demonstrassem vocação religiosa eram encaminhados a São Bennett, mas somente depois de fazer os votos de monge. Apresentei o argumento de que deveria proceder do mesmo modo. Pareceu-me que dom Aelred concordava com minha proposta, e ele nada mais disse sobre a questão.

Mais tarde, por intermédio de frei Joe, dom Aelred sugeriu que eu passasse por um período de reflexão, antes de entrar para o noviciado; o período não teria data final; talvez durasse poucas semanas, talvez um mês ou dois. Nesse ínterim, eu poderia estudar, participar dos Ofícios divinos e trabalhar na fazenda ou nas instalações do mosteiro, atividades às quais eu já havia me habituado, durante a fase de preparação para me tornar membro da comunidade.

Era verão, e muito me agradava trabalhar ao ar livre. Eu era apaixonado pela história dos beneditinos, mas nunca tivera meios ou tempo para estudá-la. Agora dispunha de ambos. Ainda não tinha uma cela, tampouco o hábito preto, no entanto, nos demais aspectos, eu já estava praticamente admitido.

As dúvidas que, durante tanto tempo, tinham me perseguido qual uma doença reincidente diminuíram, como se tivessem perdido não apenas a batalha, mas a guerra. A alegria do meu ano de luz, ocorrido havia pouco tempo, meu período de Éden, não voltou: agora eu me dei conta de que o meu namorico com aquele lugar era irreal, uma névoa gloriosa surgida acima de um prado, mas que evapora ao meio-dia. Agora, um novo tipo de alegria tomava conta de mim — não apenas decorrente da paz de Quarr, mas da satisfação diante do início da jornada.

No romance *Fim de Caso*, Graham Greene diz que a felicidade é uma espécie de oblívio em que perdemos a identidade, o que parecia ter ocorrido comigo. Meu *status* não tinha se alterado muito, mas eu não me importava. Em Quarr, as coisas aconteciam em uma escala de tempo inteiramente distinta daquela observada no mundo exterior. Ao contrário das ocasiões anteriores, desta vez, o tempo que eu passaria em Quarr não chegaria ao fim.

Anteriormente, minhas visitas eram contabilizadas em dias ou, por sorte, em semanas. Agora eu podia começar a contar o tempo em anos. Ou melhor, não havia necessidade de contar nada. Monges não pensavam em termos de anos, mas de permanência vitalícia; pensavam em séculos, não gerações; em ciclos, não em eras. Prevalecia o *continuum* beneditino, *sub specie a eternitatis*, alfa em ômega, em nosso princípio está nosso fim.

Os primeiros Ofícios do dia — Laudes e Vigílias, geralmente recitadas enquanto a luz da aurora atravessava a nave da igreja — jamais deixavam de demonstrar tal noção. Em todas as madrugadas, uma entidade muito mais forte do que a soma das suas partes voltava a se reunir, sempre com o propósito de trabalhar na missão diária da irmandade. Cerca de sessenta homens, a mão-de-obra da oração, deixavam a morada, com destino ao local de trabalho, e realizavam as tarefas matinais, talentosos, experientes, avançando com o trabalho, pondo em marcha aquele motor extraordinário, o canto, dando a partida, acelerando, recarregando o dínamo com discreta determinação.

Quaisquer que fossem os pesadelos e espíritos noturnos dos quais eu acabara de escapar, minha solidão já não era só minha. À semelhança de todos os demais, eu estava só, mas não era um solitário.

A certeza que eu ainda lamentava ter perdido não era uma certeza verdadeira. A certeza verdadeira residia na rotina, no hábito, na Regra, no canto, na obediência aos superiores do presente e aos costumes do passado, no sentido das palavras, dos pensamentos e das orações, nos milhares de manhãs em que esse mesmo ritual era repetido e será repetido muito tempo depois que todos aqueles homens — inclusive eu — tivessem sido devorados e revirados pelos vermes, voltando a constituir a própria argila que nutre nossas células.

A força amiga que, proveniente de frei Joe, fluía em mim não decorria dele sozinho; decorria de todos aqueles homens; chegava até ele após fluir através dos demais, e assim chegava a mim, tão simples e divina quanto água. O tão pacífico, tão querido frei Joe estava tão só quanto eu, mas, exatamente como eu, não estava solitário. A verdadeira força do frade era o fato de ser monge, pertencente a uma tradição extraordinária. A força amiga que unia os monges, e que unia cada membro da comunidade ao próximo, um dia, haveria de fazer com que eu também a eles me unisse.

Eu podia confiar naquele rio negro que serpenteava, tranqüilamente, pelas trevas; o que quer que acontecesse, o rio fluiria pela minha vida, assim como tinha fluído por tantas outras, um rio de profundidade insondável, no qual era possível submergir, embora jamais se afogar, um rio que sempre vertia por milhões de cursos de água diminutos, desaguando sempre no mesmo oceano inexplorado. Eu estava só, mas não era um solitário.

## CAPÍTULO ONZE

Bem, aquilo não poderia durar.

Eu já deveria saber. Mas a felicidade não é apenas desatenta. A felicidade é também idiota.

A manhã estava clara, ventosa. Eu me preparava para ir ao bosque, trabalhar com irmão Louis — minha tarefa predileta. Então, frei Joe bateu à minha porta.

Assim que vi seu rosto comprido, percebi que a brincadeira havia terminado. Eu raramente tinha visto aquele rosto sem um sorriso. Sentou-se sem dizer uma palavra. Jamais procedera assim. Juntou as pontas dos dedos, formando um campanário de igreja. Era frei Joe, ou Mr. Joe, gerente do departamento de pessoal?

— Tony, meu caro, existe a-a-algo que você não está nos d-d-dizendo?

Minha mente se adiantou, à procura de defesas, saídas, possibilidades de acordo. Qualquer coisa. Mas percebi que me encontrava em um aperto. Fiquei calado. Frei Joe parecia triste — decepcionado, suponho, por eu não ter me explicado.

— Seu pai telefonou ontem à noite. Queria saber quando você vai voltar para casa, a fim de se preparar para ir para Cambridge.

— Esta é minha casa. Não quero ir para Cambridge.

— Ah, mas você deve ir, meu caro.

— Cristo disse que devemos deixar pai e mãe para trás, para segui-lo.

— Ele também dedicou muitos anos à aquisição de sabedoria e conhecimento.

— Por favor, não me mande embora! Por favor, meu caro frei Joe!

— Você foi contemplado com um estipêndio.

— Foi um engano! Eu não quis ganhar o estipêndio! Ele pode ser passado para outra pessoa!

— Essa decisão não lhe cabe, meu caro. É uma dádiva de Deus.

Já não havia o que dizer, nenhum recurso a pedir, nenhum apelo a fazer, nenhuma indulgência. A severidade contida do frei era inabalável. O que me atingiu foi a candura com que a sentença foi emitida. A porta maciça do meu futuro se fechou, com um clique quase inaudível.

— Sinto muito, caro Tony. Você precisa ir embora hoje.

A exemplo de Pedro, pobre, fraco e enganador, fui até o jardim e chorei amargamente.

\* \* \*

Meu quarto, no St. John's College, era bem semelhante àquele em que me hospedara no Queens College, embora o pátio fosse bem mais amplo e menos monástico e o quarto, em si, apertado e um tanto pobre. Fora construído no século XVI, após o fechamento dos mosteiros, e, a rigor, era protestante, mas era suficientemente antigo e bem provido de vigas de madeira, o que configurava o cenário ideal para o curso que eu tinha escolhido. A presença de Cambridge na minha vida e na minha cela seria a mais restrita possível. Eu estava ali para adquirir sabedoria e conhecimento, e nada mais. Além de estudar, eu continuaria a viver em contemplação, o máximo que me fosse possível, recitando os Ofícios, diariamente, assistindo à missa todas as manhãs, evitando os clubes e as tentações da grande universidade — excetuando-se, talvez, uma caneca de cerveja, de vez em quando, no velho bar — The Buttery —, situado próximo à cozinha da faculdade. Faria minhas refeições no Hall, que, felizmente, assemelhava-se a um imenso refeitório. Em suma, eu faria de St. John's um monastério.

Além do meu banimento, frei Joe não me impusera qualquer castigo, tampouco me fizera qualquer censura. E, a longo prazo, minha falsidade não seria punida. No dia seguinte, ele me escreveu, especificando as condições apresentadas por Quarr: eu precisava completar os três anos relativos à graduação em inglês. Se, depois disso, ainda desejasse ingressar no mosteiro, não haveria outros obstáculos. Quarr — e ele — iriam me receber de braços abertos.

Quando, nas semanas que antecederam minha ida para Cambridge, refleti acerca da situação, esta me pareceu menos desanimadora, menos catastrófica do que a princípio. Eu já tinha esperado muito mais do que três anos. O que, então, seriam mais três — na verdade, pouco mais de dois anos e meio? Estaria estudando com os melhores intelectuais do país: C. S. Lewis, F. R. Leavis, A. J. P. Taylor, E. M. Forster, C. P. Snow. Estaria aperfeiçoando a mente — para o benefício de Quarr — nos campos de estudo que mais apreciava. Era cabível certa felicidade. A felicidade faria o tempo passar rapidamente.

Na realidade, o primeiro ano transcorreu de acordo com o que eu planejara. Ao contrário de Oxford, Cambridge não tinha presença monástica, mas havia a capelania católica, Fisher House. Fisher House era administrada — e, até certo ponto, financiada — pelo antigo capelão católico da Universidade de Cambridge, monsenhor Alfred Gilbey.

Gilbey era a personificação de um fenômeno social. Em uma Grã-Bretanha onde o bem-estar dos cidadãos era responsabilidade do governo, em uma universidade cada vez mais progressiva, meritocrata e acessível à classe média, no começo dos anos 60, a poucos anos do Vaticano II, Gilbey era uma figura fantástica, implausível.

Em aparência, ele era o pesadelo de qualquer protestante inglês — o arquétipo do sacerdote papista. Pertencia a uma família riquíssima, com um pé na Espanha (fizeram fortuna com vinho e bebidas alcoólicas), e sua mãe era espanhola. A ascendência era visível em seu perfil, nitidamente ibérico, o marcante nariz em estilo El Greco, olhos escuros, grandes e fundos, e uma boca que escritores românticos do início do século XIX teriam definido como sensual e cruel. Ele não era, absolutamente, sensual nem cruel, mas é certo que vivia no início do século XIX. Alto, magro e extremamente elegante, fazia questão de usar o traje religioso tradicional, confeccionado sob medida. Pela manhã, trajava uma batina até os calcanhares, capa com forro de seda no tom roxo usado pelo episcopado, chapéu preto redondo e sapatos de couro preto, com fivelas de prata. (Certa vez, ele me deu um par desses sapatos, que guardei com cuidado, entre outros motivos, porque as fivelas valiam centenas de dólares. Embora fossem do meu número, eram tão finos que eu não conseguia enfiar neles meus cascos celtas. Sentia-me como uma das filhas da madrasta, experimentando o sapatinho da Cinderela.)

Como um todo, o visual era absurdamente anacrônico, algo que as revoluções de 1848 deveriam ter varrido para sempre da face da Europa: sinistro, ultramontano, conspiratório, para além de reacionário. Somava tudo o que os britânicos entendem ser o sentido da palavra "jesuíta", embora monsenhor não gostasse muito dos jesuítas, e o sentimento fosse recíproco. Não seria surpresa encontrar um Torquemada em sua árvore genealógica. Quando percorria as ruas de Cambridge, com os paramentos escuros batendo nos sapatos em estilo do século XIX, sempre dava a impressão de estar levando a cabo alguma missão secreta, de longo alcance, talvez sob ordens de Metternich ou do duque de Alba, envolvendo dupla espionagem e ouro do Vaticano.

Não era óbvio até que ponto monsenhor levava a sério tudo aquilo, mas ele desempenhava o papel com rigor. Era também sumamente agradável e espirituoso, um diplomata nato, com excelentes contatos em Oxford, Cambridge, na Igreja Anglicana e no submundo católico, e contava com vasta rede de amigos e parentes muito bem colocados, de Paris a Istambul.

Quando comecei a assistir à missa todas as manhãs, ele me tomou sob sua proteção, e nos tornamos bons amigos. Fez o possível para "ajustar" minha vocação e me direcionar para as comunidades das escolas de elite, em Downside ou Ampleforth. Se eu queria ser um beneditino, ele murmurava, com amabilidade, melhor ser "ativo" do que contemplativo, não? Tradução: Downside e Ampleforth, com seus contatos sociais de primeira ordem, agradavam-lhe muito mais do que um bando de franceses na ilha de Wight, com seus cantos lamentosos, por trás de muralhas.

Mas não insistiu, pois era menos chegado a intrigas do que muita gente supunha. A não ser quando agia em interesse próprio, pois, em tais ocasiões, era implacável. Os progressistas da Igreja escandalizavam-se com tudo o que dizia respeito ao monsenhor, e sempre tentavam removê-lo da capelania de Cambridge, extremamente visível e influente, mas ele os derrotava, a cada novo embate. Em teoria, eu concordava com os progressistas, mas, na prática, monsenhor era irresistível, uma figura que só encontramos uma vez na vida. Era também gentil, generoso, perspicaz e — desde que a pessoa se dispusesse a aceitar-lhe o ponto de vista, que, *grosso modo*, datava do período anterior ao Iluminismo — bastante engraçado.

Na Fisher House, travei conhecimento com um católico que seria meu amigo para o resto da vida: Piers Paul Read, futuro romancista e filho do eminente crítico literário Herbert Read. Piers tinha sido educado em Ampleforth, e pertencia tanto ao mundo quanto eu à clausura. Era dotado de uma inteligência perversa, disfarçada atrás de um charme pueril que lhe permitia dizer todo tipo de barbaridade. Além disso, era alto, elegante e naturalmente espirituoso; em outros tempos, teria passado por um monsenhor em treinamento. Era um ímã para mulheres, mas não tinha qualquer envolvimento sentimental, até onde eu era capaz de perceber; em vez disso, parecia estar sempre envolvido na vida amorosa de ao menos duas ou três amigas, relações que ele manipulava e documentava jocosamente. Eu jamais tinha conhecido alguém tão divertido, mas, de início, ele me escandalizara e me deixara um tanto nervoso. Eu não sabia ao certo como havíamos nos tornado amigos: talvez minha mania de ser monge o estimulasse, prato cheio para suas brincadeiras.

Ele tinha por hábito me provocar, assumindo posicionamentos doutrinários heterodoxos ou ultraprogressistas, e tratava minhas respostas ortodoxas com uma incredulidade folgazã: *Mas, evidentemente, nós católicos já não aceitamos a idéia da infalibilidade papal?* Suspeitava que, na verdade, ele não tinha opiniões desse tipo, mas eu não sabia quais eram, exatamente, as suas idéias. Na melhor das hipóteses, ele estaria brincando com a nova teologia, na pior, considerava a fé um jogo de salão, mas eu não tinha certeza de nada, sendo ele bastante ágil, brilhantemente ambíguo. Caso o desafiasse — *Você está brincando! Está dizendo isso para me provocar!* —, ele mudava de atitude, tranqüilamente, e se tornava o fiel ofendido. *Está questionando a minha fé, Tony? Como ousa?* E sorria o sorriso pueril. Era inútil. Mas muito divertido. Nessas ocasiões, eu recitava as Completas depois da meia-noite.

Não havia prato mais cheio do que meu voto de celibato — nossa área de disputa escolástica mais freqüente, a mais direta de todas as provocações, que sempre o levava a se dispor a me apresentar a alguma amiga. Ele retratava a possibilidade como uma bela serpente com a maçã na boca. Mas não havia a menor hipótese. Não para um beneditino como eu.

Obviamente, se eu tentasse morder a maçã, Piers faria com que ela desaparecesse dentro da manga do paletó. O objetivo era me tentar ou até mesmo assistir à minha queda. Seria esse o objetivo? *Como você pode dizer isso? Por que eu haveria de manipular um amigo? Trata-se de uma tentativa inteiramente altruísta de ajudá-lo, ampliar seus horizontes. Que pecado pode haver em sair com uma garota? A menos que você seja maniqueísta. Você é maniqueísta, Tony?*

E, mais uma vez, estava eu recitando as Completas quando os sinos de Quarr já dobravam pelas Laudes e Matinas.

O tempo voou; era extremamente fácil me enterrar em atividades acadêmicas. A linha entre a vida acadêmica e a vida monástica sempre foi tênue, e o ritmo diário de leitura, escrita e pesquisa convinha muito bem ao padrão de Quarr que, secretamente, eu seguia.

Os exames finais do primeiro ano letivo transcorriam céleres; depois das provas, havia a perspectiva das férias de verão. Frei Joe não me incentivou a passá-las no mosteiro. Eu tinha fatos positivos a relatar acerca do meu primeiro ano em Cambridge: nenhuma perda de vocação, muito estudo; frei Joe achava que eu deveria aproveitar ao máximo o tempo em que ainda estaria em contato com o mundo, e sugeriu que eu fizesse um curso de verão em algum lugar.

Um amigo falou-me de um programa do Conselho Britânico que oferecia auxílio para cursos de verão; candidatei-me, fui aprovado e agora faria minha primeira visita à Úmbria, à Università per Stranieri, em Perúgia, que oferecia curso de arte e literatura italiana, com duração de um mês, incluindo *la Divina Commedia*.

A caminho, passaria por Oberammergau, na Baviera, onde uma montagem da Paixão, mundialmente famosa, era encenada no início de cada década (corria o ano de 1960). Depois de Perúgia, eu iria à Espanha (outra primeira visita), a fim de percorrer mosteiros beneditinos e cistercienses por lá.

Peguei carona até Oberammergau e assisti à representação da Paixão, ao lado de outros 20 mil católicos. Foi intenso — como assistir a um silencioso evento esportivo. De lá, peguei carona até a Áustria, onde me encontrei com um amigo católico de um escritor norte-americano que ficara conhecendo em Fisher House. Ele era um famoso diretor de cinema; vivia em uma casa luxuosa, sempre cheia de jovens atores. Hospedei-me ali um ou dois dias. O cavalheiro, então, indicou-me um amigo católico, proeminente executivo da British Petroleum, baseado em Milão; fui de carona até Milão, e fiquei dois dias em seu magnífico palácio barroco, em companhia de outros jovens. O anfitrião foi extremamente cortês, e sugeriu que eu visitasse um terceiro católico, pertencente ao mesmo círculo, um célebre *designer*, caso eu fosse até Roma. Mas não aceitei o terceiro convite, pois já era hora de me dirigir a Perúgia.

Só muito tempo depois, dei-me conta de que meus anfitriões eram *gays*, e que, provavelmente, era esperado que eu prestasse certos serviços, em contrapartida à sua hospitalidade pomposa. Sendo monge, eu era por demais ingênuo, e não sabia o que estava acontecendo; sendo britânicos, eles eram educados demais e não fizeram propostas.

Assim que desci do Fiat Seicento que me levara de carona desde de Florença, apaixonei-me pela Úmbria. Aquelas colinas, com oliveiras e ciprestes esparsos, que serviam de fundo para Giotto e della Francesca não eram imagens idealizadas de uma Itália irreal, habitada por santos e Medicis. Eram paisagens originais, retratadas havia meio milênio, e ainda inalteradas. Mais um tento marcado pelo grande princípio da imutabilidade.

Hospedei-me no apartamento de uma viúva de rosto meigo, chamada *signora* Carra, cujo marido falecera — estupidamente, ela dizia — já no final da guerra. O filho, obeso, mimado e arrogante, ainda morava com ela, embora aos

35 anos e com um ótimo emprego no governo municipal. O "aluguel" que ele pagava era tratá-la como lixo. Eu suspeitava que *carra* significasse "ouriço-cacheiro"; durante o jantar, na primeira noite, tentei quebrar o gelo, dizendo que, no passado, meu apelido era "Ouriço". Acho que ofendi a honra da família; o filho se enfureceu, cuspiu nos meus pés e saiu porta afora.

E assim a *signora* Carra e eu nos tornamos amigos. Seu conhecimento de língua inglesa era nulo, mas, em um mês, ela me ensinou mais italiano do que consegui aprender desde então. Meu quarto era voltado para as colinas que circundavam a cidade e, à noite, ela entrava, timidamente (*"Scusi Tonino?"*), a fim de contemplar o *tramonto*, o que, para mim, soava como "entre os montes"; era a palavra mais bela e poética para "pôr-do-sol" que eu tinha escutado na vida.

O curso foi uma piada. Havia alunos de todos os países, da Nova Zelândia à Palestina, mas, ao contrário de mim, todos sabiam (a) que Università per Stranieri era uma festa constante e (b) como fazer festa. O professor responsável pela disciplina básica falava italiano com um forte sotaque regional (siciliano, creio eu), incompreensível. Altíssimo, esquelético e com os cabelos encarapinhados, era verdadeiro sósia do tio maluco, em *Amarcord*, de Fellini, o sujeito que fica em cima de uma árvore, berrando: *"Voglio una donna!"* A sala de aula esteve repleta, nos primeiros dias do curso, e vazia o restante do mês.

Agosto na Espanha foi uma surpresa desagradável. Minha expectativa era encontrar hospedagem em vários estabelecimentos religiosos, mas o clero e os frades mostravam-se hostis e desconfiados, ao atenderem às portas, batendo-as na minha cara, assim que eu apresentava minha solicitação. É certo que não reconheciam Cristo em mim. A regra beneditina da hospitalidade parecia suspensa, presumivelmente, por algum caudilho. A situação pesou no meu orçamento: casas de hóspedes precisaram ser substituídas por valas e praias. Isso implicava evitar a Guardia Civil, um bando de assassinos tão afoitos no gatilho quanto os religiosos eram pagãos. Mas os comparsas de Franco não conseguiam estragar a Andaluzia, que competia com a Úmbria, de igual para igual.

Ao regressar a Cambridge, descobri que tinha sido aprovado com distinção e louvor nos exames finais do primeiro ano, conceito que me garantiu a obtenção do prêmio Whitman, ao qual concorriam todos os alunos da universidade. Para mim, o prêmio era um sinal: hora de retornar ao regime monástico, depois da minha perambulação pelos jardins europeus de delícias mundanas.

Escolhi disciplinas excelentes para meu segundo ano: os poetas provençais, teatro moderno. Talvez tenha sido esta última que me moveu, certa noite, sem mais nem menos, a ir assistir a uma revista teatral intitulada *Beyond the Fringe*.[1]

Na minha ignorância em relação à vida social de Cambridge, eu não sabia que a produção estava dando o que falar. Tampouco sabia da existência de uma instituição em Cambridge chamada Footlights,[2] que, anualmente, encenava uma revista cômica, nem que havia um festival de teatro, em Edimburgo, todo verão, nem que o festival tinha uma *Fringe* — espetáculos que ficavam fora do circuito do festival, e que eram *semi-underground, e.g., Footlights Revue*, de Cambridge, e uma produção similar, originária de Ox-

---

[1] Além da Mostra Oficial (em festival de teatro). [N. do T.]

[2] Ribalta: tradicional clube de teatro da Universidade de Cambridge, fundado na segunda metade do século XIX. [N. do T.]

ford —; tampouco sabia que *Beyond the Fringe* tinha estreado em Edimburgo.

Portanto, não fazia idéia do que iria assistir, ao entrar no Arts Theater, em Cambridge, naquela noite. No palco, estavam dois sujeitos de Cambridge, ambos altos e desajeitados, Peter Cook e Jonathan Miller, e dois sujeitos de Oxford, que não eram altos nem desajeitados, Alan Bennett e Dudley Moore.

O que vi foram cerca de duas horas de "esquetes", termo genérico que engloba várias formas diferentes: quadros dramáticos, com dois ou mais personagens, com princípio e fim; monólogos; paródias; pastiche musical; cenas mais longas ou seqüências de vários tipos de materiais, envolvendo o elenco inteiro. Uma dessas cenas era uma minipeça, absurda, que resumia todas as peças históricas de Shakespeare, inundada de referências incompreensíveis, típicas do maior escritor da língua inglesa. Havia um quadro bastante cínico da Batalha da Inglaterra, estrelado por um piloto da Real Força Aérea que derrubava os mitos britânicos da decência, do sangue-frio e da camaradagem em tempo de guerra. Havia um monólogo de Peter Cook, personificando Harold Macmillan, primeiro-ministro *tory*, expondo ao ridículo o líder confuso da nossa confusa nação. Dudley Moore utilizava o piano de cauda como arma cintilante, a fim de estripar Beethoven, Schubert e Benjamin Britten. Uma audiência pública sobre defesa civil realizada em um vilarejo dramatizava a incoerência estúpida da paranóia nuclear melhor do que uma centena de panfletos de campanhas em prol do desarmamento atômico. Um condenado, a caminho da forca, era "consolado" por um diretor do presídio, um sujeito amável, que lhe recomendava cuidados com a saúde. Talvez o ponto alto fosse um sermão anglicano, gloriosamente vago, proferido por Alan Bennett:

Viver é como abrir uma lata de sardinha. Todos procuramos o abridor. Tem gente que acha que o encontrou, não é? Abrem a tampa da lata de sardinha da vida, expõem as sardinhas, as riquezas da vida que ali se encerram, retiram-nas da lata e se deliciam. Mas tem sempre um pouquinho no canto, que a gente não consegue retirar. Pergunto: tem um pouquinho, no canto da sua vida? Eu sei que na minha tem.

O que fiz foi rir. E rir, e rir, e rir. E, enquanto ria, percebi que algo se aglutinava e algo se desmanchava.

O que se aglutinava, ali, em um mesmo local, sobre um palco, eram muitos, muitos fios de pensamento cultural e intelectual, alguns relacionados entre si, outros não, fios que cresciam e se arrastavam pela paisagem havia anos, cachos de ceticismo e irreverência, que sempre tinham algo a ver com a constatação ocorrida no pós-guerra, de quão homicidas e ridículas, em 1960, eram as idéias de nação e nacionalismo, toda aquela conversa fiada carola e hipócrita que sustentava em cada um de nós o eu falso atinente à noção de identidade nacional, a maquiagem palhaça do britanismo.

Os quatro atores que compunham o elenco de *Beyond the Fringe*, espetáculo que estava prestes a se tornar um sucesso fenomenal, no West End e na Broadway, sempre minimizavam a importância da celebrização crítica da obra-prima por eles criada, insistindo que a peça não era uma sátira, e que, mesmo que fosse, seria mínima sua significância social. Todavia, para os ouvintes e espectadores, a significância social do espetáculo era inescapável. Ninguém tinha reunido em um único lugar os valores sagrados da ilha entronada — o Parlamento, a Igreja Anglicana, o Dia da

Vitória, a BBC, Shakespeare, a Família Real, os Tribunais — e questionado sua verdadeira importância, levando em consideração os males perpetrados em nome da ilha, nos últimos dois séculos. E ninguém o fizera de modo tão glorioso, tão fascinante, tão memorável.

E o que se desmanchava era minha vocação. Não me dei conta à época, porque nada negativo ocorreu, não houve uma conversão cataclísmica, nenhum clarão no caminho de alguma cidade. Ao contrário, a experiência condizia com o meu modo habitual de sentir e perceber, semelhante ao sentido de contemplação e comunhão que tomou conta de mim, na luz do amanhecer, em Quarr — exceto que agora tudo ocorria às avessas. Não era, na verdade, muito diferente de um culto religioso. Estávamos sentados em formação similar à de uma igreja — embora os bancos fossem um pouco mais confortáveis —, assistindo a uma espécie de rito, em que quatro jovens sacerdotes, vestidos de preto, conquanto se expressassem na língua vernácula e não demonstrassem uma migalha sequer de reverência, abordavam questões sagradas de maneira enérgica.

Houve algumas saídas amuadas, alguns assentos sacudidos em sinal de protesto e bengalas e bolsas que expressaram indignação corredor acima. Mas a maioria dos presentes reagiu com entusiasmo, com um sentimento de liberação, celebração. O teatro estava cheio de uma alegria inusitada, de rostos atônitos, transfigurados, rindo de coisas que, provavelmente, jamais os tinham feito rir, ou de que jamais puderam rir, talvez coisas que jamais tinham sido alvo de riso, ao menos, não nos últimos cem anos (ou mais).

Eu adorei. Não apenas o que estava sendo dito, mas as ondas de regozijo insensato, aquela energia incontida, explodindo através de quinhentas pessoas, conectando-as umas às outras, no instante em que a verdade lampejava, e quando voltava a lampejar, conectando-as novamente. O riso era mágico, misterioso, puro, uma força irresistível. De onde surgiria? Como era possível invocá-lo? Como *fazer* aquilo?

Naquele momento, naquele lugar, senti vontade de aprender o que Cook, Miller, Bennett e Moore pareciam fazer sem o menor esforço; quis ter uma platéia unida em todo aquele deleite, unida naquela experiência etérea. Não me pareceu ser uma tentação, um prazer mundano dependurado à minha frente; na realidade, o riso se apresentou como algo próximo ao sagrado, algo dotado de impressionante força transformadora.

Entrei no teatro na condição de monge. Saí na condição de satirista.

Salvar o mundo pela oração? Não, acho que não.

Vou salvá-lo pelo riso.

# PARTE DOIS

CAPÍTULO DOZE

Do outro lado da grande janela, a névoa noturna era cinzenta, cor de estanho, tão morosa quanto o oceano oleoso e ondulante. O sol poente brilhava no mar, tingindo de laranja-avermelhado, no tom de carne que começa a estragar, as ondas que se chocavam.

Anos antes, no meu primeiro dia (louco, estonteante) em Los Angeles, fiquei pasmo ao constatar quão depressivo era o pôr-do-sol no Pacífico. Eu tinha descido Pico, a fim de ver o sol poente, e, quando cheguei a Santa Mônica, o cenário me pôs para baixo. A garota que estava comigo disse que eu devia estar viajando de ácido, porque o pôr-do-sol californiano era a coisa mais fantástica e bacana do mundo. Mas não era droga. Eu não usava drogas nos anos 60. Drogas me assustavam. Não, eu estava careta e sóbrio — e lá estava o visual: um contundente espetáculo de luz e fogo, em tons de ouro/roxo-clerical/rosa-choque, espalhado pelo oceano, e o único pensamento que me ocorria era *é o fim. Só se pode chegar até aqui. Depois disso, volta-se ao começo.*

A partir de então, todas as noites em Los Angeles foram idênticas, por mais "para cima" que eu tivesse me sentido o dia inteiro, por melhor que as reuniões houvessem transcorrido, por mais supostamente magnífico que fosse o *tramonto* sem montes. Eu sempre acabava arrasado, profundamente deprimido.

*De profundis* Los Angeles, *clamavo ad te Domine.*

A casa era suntuosa. Pertencia a Robbie Robertson ou Levon Helm, ou sei lá a quem. A algum integrante do The Band.[1] Mas não havia o que fazer, aonde ir, a quem telefonar. Eu não queria ligar a TV, pois Reagan estaria no ar, e eu não pretendia começar a esbravejar comigo mesmo contra Reagan — Reagan, o pôr-do-sol do Pacífico, cor de carne podre, o fim, o ponto extremo, para além disso não há mais nada...

*Lá vai você, outra vez. A mesma baboseira inútil, por você esbravejava, sozinho, 100 mil vezes, nos dois anos desde que ele subiu ao trono, amado e admirado por todos, em virtude do talento fantástico de ator e da brilhante estratégia eleitoreira.*

Era o vazio da noite em Malibu. Não havia o que fazer, exceto curtir alguma obsessão. Sem dúvida, naquele exato momento — a poucos quilômetros acima, na Pacific Coast Highway —, Joan Didion estava obcecada por algo também.[2]

---

[1] Conjunto que executava música *rock-country* e que foi considerado por muitos a melhor banda de *rock* norte-americana de todos os tempos. [N. do T.]

[2] (1934- ) Célebre intelectual e autora de esquerda norte-americana, cuja obra explora o vazio e o desespero da vida norte-americana contemporânea; residia em Los Angeles. [N. do T.]

Mas era impossível retirar a cara de Reagan da minha tela interna. Aquele sorriso falso, os traços engessados: "A cara parece um escroto", Ritchie Pryor disse, certa vez. Às vezes, por mais que eu resistisse, a tal cara, com seu sorrisinho sonso, penetrava em meus sonhos — entrava em plena narrativa —, com todos os recursos exóticos de que os sonhos dispõem. Lá estava ela, surgindo dos destroços do avião, emergindo da paisagem infestada de cobras, murmurando sempre a mesma mensagem: *Ora, não sou tão mau assim, sou?* E era esse o problema crucial de Reagan. Ele era tão mau assim, era pior, mas a cara disfarçava tudo.

Eu estava em Los Angeles para matar dois coelhos com uma só cajadada: (1) divulgar minha publicação mais recente, a paródia de um manual de defesa civil, intitulada "Meet Mr. Bomb!" [Conheça o Sr. Bomba!], e (2) começar a filmar outra paródia, bastante diferente, uma comédia de baixo custo.

Supostamente publicado pela Agência de Preparação Inútil, "Meet Mr. Bomb!" era um panfleto alegre que detalhava todos os procedimentos inúteis que poderiam ser adotados para (não) sobreviver, antes, durante e depois da guerra vitoriosa que estava sendo proposta pelo nosso bravio e experiente chefe do Estado-maior. O panfleto tinha sido escrito por humoristas, tais como Bruce McCall e Kurt Andersen; na condição de editor, eu me sentia bastante orgulhoso. No íntimo, dediquei a publicação ao elenco de *Beyond the Fringe*, em homenagem ao esquete original por eles criado sobre o tema "defesa civil".

A tacada era boa: outras paródias por mim editadas e escritas pela mesma equipe de autores — por exemplo, *Not The New York Times* e *Off The Wall Street Journal*[3] —

---

[3] Respectivamente, "Não é o *The New York Times*" e "O *Wall Street Journal* Maluco", com trocadilho intraduzível, envolvendo a expressão "*off-the-wall*". [N. do T.]

tinham vendido quase um milhão de exemplares. A revista *Newsweek* reagiu com entusiasmo, quando recebeu um volume de "Meet Mr. Bomb!", liberado antes do lançamento oficial. Alguns colegas e eu fomos cogitados para aparecer na capa. A editora achava que estávamos sendo conservadores, ao visarmos a uma tiragem de 200 mil exemplares.

Nossos distribuidores (de bancas de jornais) em Los Angeles eram os maiores do sul da Califórnia, e o sul da Califórnia era um bom mercado para paródia. Naturalmente, na minha ingenuidade antiquada (em plenos anos 70), eu supunha que qualquer pessoa que fizesse de bancas de jornais seu negócio principal haveria de ser tolerante, realista, defensora do princípio de que é possível ganhar dinheiro com a opinião de quem quer que seja. Não poderia ser diferente, pois jornaleiros exibem *The Nation, Hustler* e *Commentary*,[4] lado a lado, certo?

Errado. Nossa distribuidora — ou melhor, o patrão — não tinha o menor interesse em tolerância, realismo ou mesmo em liberdade de imprensa. O sujeito era um entusiasta fanático de Reagan e tinha antipatizado com "Meet Mr. Bomb!", definindo o panfleto, na avaliação mais contida, como "traição". De acordo com a editora, o fã de Ronnie rasgara os 100 mil exemplares a ele despachados e se recusava a pagar um centavo sequer dos 100 mil dólares que deveria ter pago pelo privilégio. O projeto estava, efetivamente, falido. As entrevistas em estações de rádio e de televisão locais que eu tinha agendado para aquela semana foram canceladas.

---

[4] Títulos de revistas, sendo, a primeira e a terceira, publicações políticas consideradas sérias, e a segunda, revista de pornografia. [N. do T.]

Visto através da mistura de fumaça e neblina, o sol estava baixo, vermelho e diminuto. Como uma lâmpada de emergência acesa do lado de fora de um hospital ao qual pedimos à ambulância que nos leve ("Me aplica morfina e vamos direto ao hospital de Long Beach"). Era o fim. O ponto extremo. Para além dali, não havia nada. Eis a questão: depois disso, tudo começaria novamente?

Muito pior do que o próprio fracasso de Mr. Bomb foi o significado do fato: estávamos em uma região desconhecida, árida, comandada por Babbitts.[5] Nosso pífio empreendimento editorial não vingaria naquele cenário. Eu estava interessado em um único tipo de projeto — ou talvez só fosse qualificado para realizar um único tipo de projeto. Palco, página ou tela, pouco me importava o meio de chegar ao público, o projeto tinha de versar sobre algo significativo, um comentário jocoso acerca de alguma questão vital, um pontapé no traseiro de alguma detestável estrutura de poder. Acima de tudo: algo que fizesse os oprimidos rirem daquilo que não podiam rir. Certa vez, nos bastidores, Lenny Bruce[6] disse-me que as melhores gargalhadas resultam de questões que não podem ser alvo de riso.

Ao longo da última década, eu tinha atacado algumas vacas sagradas: Woodstock e o Movement[7] (quando ambos

---

[5] Nome do protagonista do romance epônimo, escrito por Sinclair Lewis e publicado em 1922. George Babbitt é um próspero agente imobiliário, mas falha na condição de pai, marido e amante. [N. do T.]

[6] (1925-66): célebre cômico norte-americano, inovador e polêmico, satirista brutal de questões delicadas da vida norte-americana, por exemplo, sexo, religião e relações raciais. [N. do T.]

[7] Termo genérico atribuído ao movimento contra a Guerra do Vietnã, à esquerda estudantil e ao movimento feminista. [N. do T.]

ainda eram ruminantes sagrados), ícones da história norte-americana, os assassinatos dos Kennedy, o Vietnã, o câncer, carradas de churrasco de político, as religiões dos outros (menos atacadas do que eu gostaria que fossem) e a minha própria religião (muito atacada).

Mas não ataquei os beneditinos. Ainda não. Na pastagem da minha alma restava uma vaca sagrada contra a qual eu jamais levantara um dedo. Seu nome era Joe.

Meu abatedouro foi a *National Lampoon*, aonde cheguei no verão de 1971, embora já escrevesse para a revista desde os seus primeiros números, no início de 1970. À época, o periódico estava com carência de pessoal, de modo que desempenhei uma série de tarefas editoriais. Naquele outono, em uma límpida manhã varrida pelo vento, típica de Manhattan, quando a luz faz tudo brilhar com a promessa de algo inteiramente novo no percurso dos acontecimentos humanos, Henry Beard, um dos fundadores da revista, convidou-me para ser o primeiro editor-executivo da *Lampoon*.

Foi um período glorioso. A única vez, em seis anos de andanças pelos Estados Unidos, trabalhando como comediante — em meio a um nevoeiro de inusitado consumismo, uma mitologia mal compreendida, uma nostalgia insincera pela minha pátria britânica e uma profunda decepção (não estávamos em Camelot, nem na Nova Fronteira, nem na Grande Sociedade[8]) —, que um sentimento forte e descomplicado tomou

---

[8] Respectivamente, termo atribuído pela imprensa à Casa Branca de John Fitzgerald Kennedy, expressão inventada por JFK para a sociedade norte-americana que ele idealizava e queria criar e, *idem*, em relação a Lyndon Baines Johnson. [N. do T.]

conta de mim. Este é o lugar. Passei os sete anos seguintes da minha vida imaginando as coisas mais escabrosas possíveis a respeito dos líderes, da história, dos costumes e das crenças locais, mas foi naquele momento que me apaixonei, perdidamente, pelos Estados Unidos.

Ainda não conseguira realizar aquilo a que me propusera, naquela noite, em Cambridge, mais de dez anos atrás — na noite em que ouvi o riso sagrado. Fora muito mais fácil manter um bom padrão de vida arrancando gargalhadas dos integrantes daquilo que Abbie Hoffman[9] chamava de "Nação Porca", cair na agradável cilada do conformismo: no trabalho, escrever textos para agradar aos que controlam os meios de produção televisiva; em casa, escrever textos mais honestos, possivelmente, reformistas — e guardá-los na gaveta.

Essa mania de guardar textos na gaveta tinha de parar. Eu devia tal atitude a frei Joe. Eu tinha abandonado uma vocação em favor de outra e, então, com efeito, abandonara também a segunda vocação. Frei Joe, do outro lado do Atlântico, já não estava tão presente em meus pensamentos quanto antes, mas ele havia formado minha idéia de vocação e dos deveres a ela atinentes. A revista *Lampoon* oferecia-me a oportunidade de compensar por uma década de torpor a chance de me dedicar a uma nova comunidade, dessa feita inspirada pelo Espírito Não-santo. A oportunidade de fazer novos votos: de desobediência, estabilidade de propósito satírico, aceitação da vida cômoda — e, devido aos salários perversos da *Lampoon,* votos de pobreza.

---

[9] (1936-89): líder da contracultura nos EUA, durante os anos 60, e fundador do movimento pacifista radical conhecido como *hippie.* [N. do T.]

Nada que eu tinha realizado até então, em termos de comédia, circulava na revista. Para mim, tudo bem. Havia uma flagrante falta de respeito pelo Movement, cuja máxima atrevida era: "Quem não faz parte da solução, faz parte do problema" — que sempre me parecera problemática. Habituado aos líderes certinhos de São Francisco e aos esquerdistas lúgubres de Los Angeles, para os quais os Dez de Hollywood[10] ainda era assunto delicado, eu achava aquele desrespeito cômico e liberalizante. Não havia limites — ao contrário do que sempre ocorrera na TV ou em debates políticos — além dos quais algo, "simplesmente, não tem graça, Tony". O humor da revista era eficaz porque dizia respeito a questões que ficavam além dos limites, em todos os sentidos. O velho padrão de medida usado por Lenny Bruce. Era radical, sim, mas o radicalismo da Casa Branca — e dos Panteras Brancas — exigia um humor radical. Extremismo em defesa do que é cômico não é condenável.

Naqueles anos gloriosos, a revista expressou e alimentou o internacionalismo típico dos anos 70, que levou à loucura a direita patriótica. Vários outros britânicos trabalharam na *Lampoon*, em épocas diferentes, por exemplo, Alan Coren, editor da *Punch*. Diversos comediantes franceses integravam a grande família da *Lampoon*. Um sul-africano, Danny Abelson, foi feito editor. Um dos jornalistas mais ilustres da Índia escreveu uma paródia do jornal *The Times of India*, que, sem dúvida, reduziu quatro ou cinco leitores a um riso impotente. Acima de tudo, a revista contava com vários canadenses brilhantes. *Primus inter pares* foi Sean Kelly,

---

[10] Grupo de dez produtores, diretores e roteiristas de Hollywood, detidos por se recusarem a responder às perguntas formuladas pelo Comitê de Investigação de Atividades Antiamericanas, em 1947. [N. do T.]

professor universitário, ex-seminarista da Companhia de Jesus, baixo e magro, dotado de um cérebro vigoroso e uma queda celta por rimas, desde letras de canções de *rock* até T. S. Eliot.

Sean e eu, individualmente e em dupla, criamos diversas sátiras sobre temas católicos. Em parceria com outro canadense, Michel Choquette, Sean escreveu a mais famosa de todas: uma comédia estrelando o super-herói protestante, Son O' God, também conhecido como Jesus, o Messias. Sua missão aqui embaixo: combater a Meretriz de Roma e seu amante, o Anticristo diabólico do Vaticano, cujo lema é "Poder para o Papado!".[11]

A faceta católica, ou ex-católica, da revista *Lampoon* era anômala. Havia muito tempo, a comédia e a literatura de humor eram dominadas por gigantes de origem judaica, tais como S. J. Perelman, Lenny Bruce, Mort Sahl, Woody Allen, Mel Brooks... a lista é infindável. Embora a *Lampoon* contasse com expressivo talento judaico, a área de "humor católico" era inovadora. Refletindo as transformações por que passava a Igreja, a referida área obteve grande resposta junto ao público.

Um dos primeiros textos que fiz para a revista *Lampoon* foi uma versão infantilizada dos Evangelhos, levando ao extremo lógico o ataque feminista à Igreja — uma Messias (isto é, *Ms*.iah, ou Sra. Jah), Jéssica Crista: "Na Última Ceia, Jéssica tomou o pão, partiu-o e o deu aos Apóstolos, dizendo: 'Comei, pois este é o meu corpo.' 'Oba! Oba!', disseram os Apóstolos."

---

[11] Perde-se, na tradução, o trocadilho brilhante expresso pelo original: "*Power to the Papal!*", em que "*papal*" (papal, papado) tem pronúncia similar a "*people*" (povo). [N. do T.]

Blasfemar era uma experiência nova. Em certa medida, produzia estranho conforto. Fazia anos que eu não praticava minha religião, mas o catolicismo ainda era um veio profundo da minha identidade. Eu me sentia à vontade, causando polêmica em contextos em que outrora fora bastante zeloso. A prática até me trouxe maior aceitação por parte do grupo. Eu hesitava diante de referências políticas e culturais norte-americanas, mas catolicismo era uma área em que ninguém poderia me desafiar. Além disso, o tema era internacional — as idiotices de uma formação no seio da Igreja Universal e Verdadeira eram as mesmas, para todos nós, nos Estados Unidos, no Reino Unido ou no Canadá.

Para mim, no entanto, não tinham sido as mesmas. Diferentemente de Sean Kelly (ou mesmo do meu amigo George Carlin[12]), quando rapazola, eu não tinha dado murro em ponta de faca. Tinha sido frade sem batina. Então, o que estaria acontecendo?

Suponho que, a exemplo de outras pessoas, por uma questão de princípio, eu achasse que doutrinas de todos os tipos — não apenas acerca de religião, mas acerca de patriotismo, capitalismo, socialismo, arte, educação, psicologia, cinematografia, golfe, sexo, bordado — mereciam ser derrubadas, meramente devido ao fato de *serem* doutrinas, assim como mereciam ser derrubadas a culpa ou a inércia intelectual que nos mantinham presos a tais doutrinas. Assim eram os anos 60 (ou melhor, os anos 70, período em que, para a maioria das pessoas, os anos 60, finalmente, aconteceram).

Contudo, blasfêmia e niilismo não são idênticos. Esse raciocínio não chegava a explicar o porquê da minha blasfêmia. Talvez a blasfêmia fosse, na prática, um pré-requisito

---

[12] (1937-  ): célebre comediante norte-americano. [N. do T.]

ocupacional do apóstata mais típico. Vide os goliardos, vide Rabelais, vide Lutero. Lutero, na verdade, escreveu *sátiras*.

Nada explicava a risada leviana e assustadora que a blasfêmia produzia em mim, a sensação de liberdade, de flutuar em um mundo sedutor, sem saber aonde ir e sem me preocupar com direção, uma espécie de alucinação, na verdade. Como se a blasfêmia fosse minha droga preferida.

Muitas vezes, a alucinação era seguida de uma ressaca de culpa e, quando eu ficava sóbrio, de dúvidas sombrias. Seria ainda o medo da condenação ao inferno? Será que estávamos convencidos de que o inferno não existia? Conforme Sean Kelly costumava dizer: um católico prescrito é alguém que já não crê no inferno, mas que sabe que vai parar lá.

No meu caso, o problema tinha cunho pessoal. A verdadeira questão era a seguinte: o que frei Joe pensaria a respeito de Jéssica Crista? As reações do frade sempre me surpreendiam, mas até ele, eu supunha, torceria o nariz para Jéssica. Seria esse meu objetivo? Romper os laços com frei Joe, finalmente? Libertar-me da dócil gravata em que ele detinha minha alma? Ou seja lá o que as almas se tornavam, quando não mais cremos em sua existência?

Imediatamente em seguida à experiência com *Beyond the Fringe*, não me senti em condições de ir até Quarr — nem mesmo de escrever a frei Joe. Estava por demais atônito e empolgado com meu iminente mergulho no mundo, e com as possíveis conseqüências. Não queria que minha nova missão enfraquecesse meu vínculo com frei Joe. Antes, queria sua aprovação — mas sem que ele percebesse que eu antevia a possibilidade de uma nova vocação. Quando, finalmente, decidi escrever-lhe, optei por um misto sutil de evasão e autodefesa preventiva. A carta ficou cada vez mais longa, cada vez mais enrolada, hesitando entre justificativas e pedidos de desculpas, de um lado, e defesas acadêmicas da sátira, de outro — tudo extremamente sem graça.

Frei Joe respondeu, tranqüilizando-me.

Filiei-me ao Footlights, ao lado de vários outros comediantes, entre os quais, John Cleese e Graham Chapman.[13] Graham e eu formamos uma dupla (foi a única vez na vida que atuei como mero palhaço). Apaixonei-me (por uma amiga de Piers, é claro). Namoramos intensamente, fomos até a Itália, talvez com o propósito de fazer amor em uma barraca de acampamento. Não o fizemos. Rompemos o namoro.

Em cada uma dessas fases, escrevi a frei Joe.

E ele respondeu, tranqüilizando-me.

O Footlights tomou conta da minha vida. Fui escalado para participar do espetáculo *Footlights Revue*, realizado anualmente, e conheci minha futura esposa, Judy Christmas, pessoa influente no mundo teatral de Cambridge, habituada a circular em companhia de gente como Trevor Nunn e Ian McKellen.[14] Parei de me confessar, pois confissões ocorriam nas noites de sábado, e as noites de sábado eram as melhores para eu penetrar no Girton College e me enfiar na cama de solteiro de Judy, onde fazíamos sexo em série até o amanhecer. Ao menos, eu não estava cometendo o pecado

---

[13] Célebres cômicos ingleses, respectivamente, (1939- ) e (1941-89), que viriam a integrar o elenco do grupo conhecido como Monty Python. [N. do T.]

[14] Respectivamente, um grande encenador (1940- ) e um grande ator inglês (1939- ). [N. do T.]

mortal de usar contraceptivo. Visto que era difícil escapar de Girton College nas manhãs de domingo, em breve, parei também de ir à missa. Nenhum problema: eu tinha tempo para mais duas dúzias de orgasmos.

Colei grau, mas minha média global despencou, de uma das mais elevadas, para uma antes da mais baixa aceitável. Àquela altura, meus planos, segundo constava, tinham sido voltar para Quarr, onde seria recebido de braços abertos por frei Joe, e me tornaria monge.

Sentia-me tão envergonhado que não era capaz de tocar na caneta e escrever.

Frei Joe tocava na caneta e escrevia com freqüência. Tranqüilizando-me.

Uma menininha logo apareceu — concebida fora do matrimônio. Talvez houvesse júbilo, no Vaticano, diante do fato que mais uma futura católica lograra vencer as forças satânicas do controle da natalidade, mas não houve muita celebração no canto infame de Hampstead, onde Judy e eu vivíamos amasiados.

De vez que Graham Chapman decidiu estudar medicina, arrumei um novo parceiro, Nic Ullett, também formado pelo Footlights. Apresentamo-nos em boates, tais como a Blue Angel, e a Establishment, de Peter Cook, sendo que esta última tinha sido passada a um chefão libanês chamado Raymond Nash (muito chegado à sátira), membro da legião de namorados de Christine Keeler.[15]

Cedendo à insistência, Judy, levando a criança, foi morar com os pais, os Christmas. Era compreensível que,

---

[15] (1942- ): modelo inglesa que no início dos anos 60 tornou-se famosa por suas fotos sensuais e seus casos amorosos com políticos importantes. [N. do T.]

àquela época, os pais de Judy não demonstrassem grande júbilo diante da nossa boa-nova. Escapuli, e fui até Quarr, a fim de buscar orientação em meio àquele cenário novo e enlouquecido. Frei Joe estava menos alarmado, bem mais sereno acerca da situação do que Judy, eu ou meus (não) parentes por afinidade. Exortou-me a pensar apenas na criança e em Judy. *Seja altruísta, seja amável, seja paciente, esteja com ela sempre que puder.* Os Christmas não pensavam assim; nem mesmo queriam que ela voltasse a me ver; só tocariam sininhos de alegria se eu pulasse da Tower Bridge.

Diante de tudo aquilo, seguindo a ação da maioria dos camponeses britânicos indóceis ao longo dos séculos, fui para a América.

Nos meses que se seguiram, as cartas de frei Joe, que sempre me acalmavam, convenceram-me de que a atitude correta, apesar da oposição, era regressar à Inglaterra, desposar Judy e trazer comigo minha nova família, de volta para Nova York. A cerimônia seria apenas civil, dada a situação com a família da noiva. Frei Joe não se importou e abençoou a união. A rigor, Judy e eu estaríamos vivendo em pecado. Porém, em toda aquela confusão, o frade jamais mencionou a palavra "pecado" — ou "errado", ou "culpa", nem mesmo a expressão "deveriam ter...". Disse apenas que nos incluiria — os três — em suas preces. Em breve, teve de rezar por quatro.

A paternidade relutante não é o melhor meio de se criar filhos. Como desculpa pela minha ausência, eu me valia do relativo sucesso da nossa trupe de comédia nos Estados Unidos — nosso empresário insistia que seríamos "os Beatles da comédia", o que nos mantinha constantemente na estrada, e, quando nos encontrávamos em Nova York, trabalhávamos em boates até a madrugada. Qualquer tempo livre era dedicado a entreter o *demi-monde* da comédia.

Graças às riquezas da América — cerveja, uísque, batata frita, carne de porco, panqueca, *cookies*, peixe defumado, *corn dog*,[16] bolinha de queijo, bolo de milho, torta de maçã, sanduíche caramelado etc. —, que se estendiam, em grande abundância, pelas planícies frutíferas, explodi, de 77 para 113 quilos. Uma vez que meu parceiro tinha a constituição física de um inseto, nossa aparência nos tornava, forçosamente, mais engraçados, invocando o arquétipo de Laurel e Hardy, Abbott e Costello, Gleason e Carney. Mais sucesso implicava mais liberdade em relação às obrigações paternas; a obesidade também garantia a fidelidade (relutante). Tenho uma fotografia minha e de Nic apresentando o Prêmio de Publicidade, em 1967, em que, embora mais gordo, posso ser confundido com meu pai, que, na ocasião, tinha 56 anos.

Quase não tinha contato com meus pais naquela época. Aos poucos, a partir de cartas recebidas de minha irmã, conclui que a carreira de meu pai tinha fracassado, completamente; isso se deu, em parte, porque o processo tradicional por ele adotado de confecção de vitrais não estava na moda nos anos 60; mas o motivo principal era a carência de demanda por trabalho eclesiástico. A atenção dos católicos pós-Vaticano II não recaía, absolutamente, sobre a decoração das igrejas. Ele tinha realizado alguns biscates degradantes, em que empregara conhecimentos de engenharia adquiridos na Real Força Aérea; de bom grado, minha mãe havia conseguido emprego em uma fábrica local de produtos químicos, fonte de intensa poluição do meu querido rio Lea. A primeira aquisição que ela fez com seu salário foi uma gela-

---

[16] Salsicha frita, coberta com massa à base de farinha de milho e servida em espeto. [N. do T.]

deira. Não me recordo de haver trocado mais do que algumas palavras com meu pai, antes de partir para os Estados Unidos, além de dizer-lhe que era avô. Eu estava tão desesperado e desatento naquela época, que não registrei a reação dele. Só muito tempo depois me lembrei que ele ficara radiante.

Nossa agenda de *shows* não permitia mais do que breves escapulidas até a Europa. Consegui ir até Quarr talvez uma ou duas vezes por ano, visitas que duravam apenas um dia. Em uma dessas visitas, pouco tempo depois de ter emigrado, senti-me obrigado a confessar a frei Joe que já não praticava a fé. Em mim, a revelação causara grande desconforto, mas ele pareceu considerá-la algo semelhante a um período de mau tempo.

Todas as vezes que ia a Quarr, a despeito da minha condição de relapso, surgia em nossas conversas alguma pérola que, embora se tratasse de uma pérola cristã e beneditina, e eu já não achasse que tais padrões fossem muito relevantes para a minha vida, sempre tinha alguma implicação imediata.

As cartas (em ambas as direções) eram freqüentes. A emoção que eu sentia ao ver o carimbo postal da ilha de Wight e a caligrafia delgada e nítida era sempre surpreendente, em meio à escaramuça constante em que eu vivia — aviões, motéis, carros alugados, datas, *scripts*, ensaios, negociações, encontros, entrevistas, estréias em Nova York e gravações em estúdios de Los Angeles, pressão para escrever material novo e, pior do que tudo, fileiras infindas de rostos brancos ovais, na penumbra de boates, teatros e ginásios, esperando para cair na risada.

Cada envelope recebido de Quarr acenava com a promessa de algo fascinante e incomum no mundo exterior: uma faixa composta de um bosque de castanheiros, em declive até o mar; acenava com a perspectiva de um fim de semana à moda antiga, cercado de rostos conhecidos que não precisavam de estímulo para rir. Depois de ler uma carta do frade, eu sempre me sentia purificado, renovado, como se meu corpo suado e oscilante se tornasse novamente esguio, como se as camadas protetoras houvessem evaporado, em conseqüência do calor que o frade emanava.

Em 1968, logo após iniciar mais um trabalho degradante, meu pai faleceu, subitamente. Rolou as escadas em uma fria manhã de outono; o coração nativo da Cornuália, desbotado e sofrido, rebelou-se diante da perspectiva de mais decepção, sinalizando rendição no rosto arroxeado. Meu irmão caçula o aparou na queda, e suas últimas palavras, tipicamente, repletas de um autoconhecimento sombrio, expressaram resignação perante o fracasso e a morte: "Acho que deveria ter cuidado mais de mim mesmo."

Eu estava em um evento importante em Los Angeles, mas voltei às pressas para casa. Minha mãe parecia bem alegre, e tudo indicava que houvesse desembolsado o mínimo para fazer frente às despesas funerárias. Senti raiva de mim mesmo, por não ter estado presente, em condições de tomar providências mais adequadas. Principalmente, fiquei horrorizado por ter sentido tão pouco a morte de meu pai.

Depois do sepultamento, fui até Quarr. Fazia tempo que eu não aparecia, e frei Joe ficou muito contente em me rever. Mesmo naquele momento triste, sem pestanejar, demos início a um diálogo fácil, como dois velhos jazzistas que complementam, mutuamente, suas frases musicais. Então, dei-me conta de por que me fora difícil chorar meu pai. Apesar da nossa reconciliação e do orgulho que eu tinha da sua integridade artística, para mim, ele jamais tinha sido um pai como o era frei Joe. "Meus Dois Pais" fora uma ousada formulação adolescente, imprecisa, a despeito da verdade nela contida. Um deles era muito mais meu pai do que o outro — era nele que eu pensava constantemente, alternando sentimentos de afeto e conforto, sentindo, a um só tempo, culpa, indignação e perplexidade diante da maneira como vínculos são estabelecidos entre homens.

Foi então que chorei por meu pai, porque entendi que ele devia perceber tudo. Era um sujeito inteligente e sensível. Que desolação, que solidão, descobrir que o primogênito — nascido durante a guerra — encontrara outro pai. O pior é que ele jamais teve tempo de descobrir um caminho para chegar até mim, e tampouco eu, para chegar até ele. Quando saí de casa, era tarde demais; quando ele morreu, foi cedo demais.


A revista *Lampoon* fez tudo mudar. Lentamente, sutilmente, mas inexoravelmente. Certa noite, após alguns meses do início da minha gestão como editor-executivo, constatei que fazia semanas que não pensava em frei Joe ou em Quarr. À semelhança de muitas experiências pelas quais eu estava passando na redação da revista, a sensação era nova e nada desagradável. Até recentemente, era difícil que um dia transcorresse sem que eu não refletisse sobre o caminho não tomado, como teria sido se, "ao concluir meus estudos", eu tivesse renunciado a tudo, a qualquer custo, e retornado para as margens daquele riacho negro.

Chegou uma carta de Quarr e — algo que eu nunca tinha feito antes — não a abri imediatamente. A missiva passou a ter uma aura de obrigação, qual uma correspondência recebida de casa, quando se está viajando, em férias, e que sabemos conter um lembrete para não nos afastarmos muito da praia, quando estivermos nadando. Ao abri-la, vários dias depois, corri os olhos para ver se havia alguma notícia cataclísmica, mas registrei apenas as palavras costumeiras: "Deus" (diversas vezes), "amor", "altruísmo", "frei abade", "comunidade", "bênçãos", "maravilhoso", "caro" (diversas vezes) — "caro" pela carta inteira, na verdade. O tom era aquele sempre empregado por frei Joe, uma epístola de outra era, loquaz mas formal, seguindo uma fórmula de saudação, pedido de desculpas, notícias, aconselhamento. Normalmente, eu esperava pelo momento, em todas as cartas, em que a formalidade cedia um pouco, e eu podia ouvir as asserções gaguejantes, terminadas em interrogativas, que não eram o mesmo que frei Joe em carne e osso, mas que, sem dúvida, expressavam sua voz. Constatação que sempre me dava vontade de correr para um avião.

Agora, no ímpeto inicial da minha paixão pela revista *Lampoon*, ainda aprendendo macetes e aplicando lições, tudo o que passava pela minha mente era: *Aposto que poderia escrever uma bela paródia de uma carta de frei Joe.*

Quase me dispus a fazê-lo. Não o fiz, evidentemente. Qual seria o impacto da paródia, se apenas eu e sessenta monges, que não eram assinantes, e que viviam a 4.800 quilômetros de distância de onde eu me encontrava, entendêssemos o texto?

Mas não foi esse, exatamente, o motivo. Eu já tinha assimilado (e repetido para o *The New York Times*) a defesa costumeira apresentada pela *Lampoon*, mesmo em se tratando das paródias mais cruéis: só parodiamos aquilo que amamos (raramente admitíamos o próximo estágio — e a verdade —, que só parodiávamos aquilo que um dia amamos e agora odiamos). É certo que eu não odiava frei Joe, e jamais o odiaria, mas eu estava ciente de ter ultrapassado um marco. *Dominei-o*, eu pensava, *sou capaz de parodiá-lo*.

A paródia é também um meio de nos apropriarmos e de encapsularmos algo que anteriormente nos inspirava reverência.

Para mim, a revista *Lampoon* — e, nesse aspecto, eu não estava sozinho — era uma espécie de adolescência tardia. Correspondia, de um lado, à adolescência "normal" que eu jamais tivera, do outro, à adolescência metafórica pela qual todos os imigrantes passam, em que os rudimentos acerca de trabalho, sexo e comunidade são aprendidos, e os reflexos sociais e os instintos que jazem logo abaixo da superfície do coletivo consciente são absorvidos. Eu vivenciara o processo de trás para diante, tendo, primeiramente, sido pai; mas agora, finalmente, estava abrindo as asas, ombreando-me com o único pai que reconheci como tal.

Não é de admirar que a blasfêmia me deixasse tonto. Era uma vadiagem bastante específica, uma rebelião bastante particular. Aquele sussurro de dúvida, aquela sombra de temor, não era culpa nem medo do inferno. Era uma reação natural à despreocupação, ao afrouxamento das cordas, ao salto do penhasco; era a hesitação momentânea, antes de abraçar a independência. A blasfêmia simbolizava toda a esperança que eu alimentava em relação à revista, bem como uma atitude diante de outras instituições que não fossem a religião, em cumprimento (conquanto tardio) da epifania que eu tivera, uma década atrás, no Arts Theater.

Pela primeira vez desde que o conhecera, 16 anos antes, senti que, para navegar as águas à minha frente, não mais precisava de frei Joe. Havia outros marujos, mais experientes, com quem aprender. Não apenas a sobreviver, mas a ser o terror dos mares, a abordar, ao modo dos piratas da ilha da Nova Providência, com suas chalupas ágeis, a popa de um grande galeão pertencente a algum império corrupto e inchado, e afundar os patifes com um único tiro, disparado à linha-d'água.

## CAPÍTULO TREZE

Piratas como... Michael O'Donoghue.

O'Donoghue era extraordinário, era o plutônio depositado no núcleo central da revista *Lampoon*, personalidade tão exuberante e arrasadora quanto frei Joe era pacífico e retraído. Mas os dois tinham alguns aspectos em comum.

Madeixas castanhas circundavam um rosto branco feroz, com lábios vermelho-sangue, cela de morte de incontáveis cigarros Virginia Slims. Escrevia com incrível precisão, cada palavra perfeita posicionada no lugar perfeito, qual uma lâmina escondida em um delicioso aperitivo. Tinha o raro talento de arrancar humor de coisas que, normalmente, fazem as pessoas se retrair. Era o mais engraçado do grupo; o riso o seguia, por toda parte. Mas gargalhada não era o objetivo de

O'Donoghue; fazer as pessoas gargalharem, ele dizia, "É a forma mais vulgar de humor".

Poucas semanas após a minha chegada à redação da revista — para minha total surpresa — firmamos sólida amizade. Começamos por coligir material para o primeiro álbum de comédia produzido pela *Lampoon*, a ser intitulado *Radio Dinner*. Por questões econômicas (e ecológicas), Judy e as meninas estavam recolhidas próximo ao vale do Delaware, em uma velha casa de pedra, por mim adquirida vários anos antes, quando meu contracheque e eu éramos bem mais gordos.

A casa ficava a uma distância de várias horas de Nova York, em viagem de ônibus. Como local de hospedagem em Nova York, O'D ofereceu-me um sofá, no amplo sótão mal calafetado onde ele morava, no Soho. O apartamento era entulhado de objetos estranhos, que remontavam ao final da era vitoriana: banquetas, pernas e braços de manequins, um descascador de uva (feito de prata), bonecas estragadas, animais de pelúcia, coisas que pareciam crânios mumificados ou roedores mortos há muito tempo, daguerreótipos sinistros e fichas catalográficas, por toda parte, cada ficha contendo um haicai cômico, de uma sutileza horripilante.

O'D era oriundo de uma cidade interiorana — Rochester, no estado de Nova York — e sua formação educacional fora, igualmente, simplória, mas ele absorvera frases de efeito e idéias de inúmeras fontes — Kafka, caixas de fósforos, velhos exemplares da revista *Life*, a versão original de *Nosferatu*, o *Livro de Orações Habituais*, elementos atirados ao mar por toda e qualquer subcultura —, e as sobrepunha, violentamente, para produzir uma poética humorística. Falava em frases intermitentes que conferiam novo vigor ao clichê — "esgrima verbal"; deveras, ele furava, cortava e estocava, e as palavras que escolhia eram afiadas qual o aço. Baixar a guarda era um perigo; atacar, o único meio de lidar com ele.

Logo percebi que a constante disputa verbal estava me ensinando a pensar, falar e escrever em inglês norte-americano. Era uma linguagem mais cortante, mais dura, mais impactante do que as formas oblíquas com as quais eu tinha sido formado: "Você está fazendo circunlocuções, Hendra, novamente. Circunlocução não é remover o prepúcio de uma piada saudável?"

Não sei bem o que ele viu em mim. Em seu círculo, *i.e.,* no grupo urbano conhecido como Velvet Underground, eu era uma raridade: um homem da mesma idade que ele — com filhos. Filhos e pais muito intrigavam O'Donoghue. Tal interesse promoveu-lhe os trabalhos mais contundentes, como *The Vietnamese Baby Book* [O Livro do Bebê Vietnamita], que ele escreveu para o primeiro número editado por mim: uma recordação melosa, em azul-bebê, do primeiro ano de um neném; no entanto, o bebê em questão era um dos que foram metralhados em My Lai.[1] Ou Mr. Mike, personagem por ele criado para o *Saturday Night Live* (*SNL*),[2] o *loco* extremo em *loco parentis.*

Na primavera de 1972, produzimos *Radio Dinner*, que, até onde sabemos, veiculou as primeiras paródias a ícones da música popular e do *rock* — Bob Dylan, Joan Baez e John Lennon. Dentre esses, Lennon era, sem sombra de

---

[1] Massacre perpetrado por soldados norte-americanos durante a Guerra do Vietnã, em 16 de março de 1968. [N. do T.]

[2] Célebre programa humorístico, veiculado pela TV norte-americana nas noites de sábado. [N. do T.]

dúvida, o mais sagrado. Quando eu soube que O'D pretendia fazer uma paródia a Lennon (a ser intitulada "Magical Misery Tour"[3]), a idéia me paralisou. "Magical Misery Tour", montagem no estilo de "Yellow Submarine", já havia sido publicada na revista. Parodiar Lennon em um disco — veículo que ele dominava — era outra história.

Eu não receava o fato de Lennon ser um ícone sagrado — não àquela altura, em que eu tinha convivido com O'D durante quase um ano —, mas eu me perguntava se atacar o mais querido e admirado cantor de *rock* do planeta não seria contraproducente. (A dúvida era mantida em segredo; verbalizá-la diante de O'D era arriscar ser fixado à parede com um alfinete, qual um inseto.)

A paródia a Lennon foi uma grande lição sobre o *modus operandi* de O'D. Ele pouco se importava com as conseqüências do projeto; quanto mais furiosa fosse a reação, tanto melhor, mesmo que fôssemos ameaçados de morte. (De fato, enquanto gravávamos o álbum, sofremos um atentado, recebendo um pacote contendo explosivos. Portanto, ameaças de morte não estavam fora de cogitação.)

O afeto e o respeito ilimitado que as pessoas dedicavam a Lennon eram os fatores que atraíam O'D para o alvo. Não era a malícia que o impelia, embora muita gente pensasse o contrário, mas o fascínio pelos extremos, por levar projetos além dos limites razoáveis, normais, até um vazio onde sacralidade, veneração, respeito, decência e qualquer tipo de norma social não operavam, não tinham medida ou significado. Ele era afeito a esse vazio. E havia nes-

---

[3] Trocando a palavra *mystery* (mistério) pela palavra *misery* (miséria), O'D joga com o título *Magical Mystery Tour* (Turnê Misteriosa Mágica), filme estrelado pelos quatro Beatles. [N. do T.]

sa atração algo místico. Se ele acreditava em algo, seria na existência de uma imagem invertida do sagrado, um profano absoluto que ele sempre buscava, e cada vez mais se esmerava em alcançar. O'D era dotado de total *contemptus mundi* satírico.

Ele não tinha interesse no catolicismo (supostamente, presente em algum segmento da sua árvore genealógica celta), mas essa obstinação me parecia marcantemente católica. Fazia-me lembrar daqueles contumazes santos espanhóis que tanto me aterrorizavam na adolescência.

Lennon foi difícil, pois, em se tratando de sátira, não era nenhum principiante. "A Day in the Life" foi uma das composições musicais mais inesquecíveis que eu tinha ouvido, desde a "Sagração da Primavera". Mas Lennon baixara a guarda. Em 1971, imerso na terapia do grito, ele dera uma série de entrevistas ao jornal *Rolling Stone* em que discorreu, com total franqueza, sobre a sua própria genialidade, sua infância, o ódio aos outros Beatles (e aos Stones), seu papel na história e outras questões interessantes.

Para o *Rolling Stone* aquilo era o Verbo encarnado. As entrevistas foram publicadas textualmente. O'D teve apenas que escolher os melhores trechos e reescrevê-los em verso — e assim obtivemos nossas letras. Música? Entra em cena um antigo colaborador da *Lampoon*, Chris Cerf, e adapta as letras a uma contundente melodia, acompanhada ao piano, ao estilo da canção "Imagine". Perfeito. Agora precisávamos apenas de um cantor.

O jovem fenômeno vocal do grupo, Christopher Guest, declinou — não era o tipo de trabalho que lhe agradasse. Outros cantores, embora capazes de realizar a gravação, receavam alguma represália profissional. Adiamos a gravação várias vezes, buscando, incansavelmente, a voz certa, até que o tempo de que dispúnhamos para utilizar o estúdio se esgotou. Chegou a noite em que ou bem gravávamos ou teríamos de abortar o projeto. O talento vocal de O'D se assemelhava ao de uma ostra. Portanto, sobrou para mim.

Embora costumasse cantar nos esquetes cômicos, eu não tinha o menor talento para fazer imitação. Porém, quando entrei na cabine e Cerf fez soar ao piano os acordes da introdução, algo se apoderou de mim. Uma voz que nem eu mesmo reconhecia, mas que soava semelhante à de Lennon, surgiu de dentro de mim, berrando as palavras do ex-Beatle, aos trambolhões.

Não era eu. Era algum ser superior — ou inferior —, algum anjo ou espírito do mal. Era como se estivesse possuído. Durante cerca de uma hora, período em que durou a gravação, permaneci na dimensão do não-sagrado de que falava O'D, como uma outra pessoa, sem limites ou fronteiras, transfigurado em um para-Lennon. Foi glorioso, hilariante, algo quase tão místico quanto qualquer experiência que eu tivera em Quarr.

*Radio Dinner* foi um sucesso e, segundo os manda-chuvas, muito ajudou a revista, em termos de publicidade e circulação. Encomendaram-nos outro álbum — e mais paródias de *rock*, por favor.

Na verdade, nem O'D nem eu éramos grandes conhecedores de *rock* ou de letras de canções de *rock*. Sean Kelly, entretanto, era mestre na forma. Gravações ao vivo eram a febre do momento; por conseguinte, ele e eu fizemos um disco intitulado *Lemmings*,[4] paródia rasgada de Woodstock e seus ícones, acrescida de alguns ícones extra-Woodstock

---

[4] "Roedor", "toupeira", figurativamente, indivíduo que, sem refletir, junta-se a uma multidão enfurecida. [N. do T.]

(*e.g.,* Jagger). Escalamos Chevy Chase, John Belushi e Christopher Guest, em seus primeiros grandes papéis, e o espetáculo estava destinado a fazer breve temporada no Village Gate, com vistas à gravação. Mas já na pré-estréia, centenas de pessoas não conseguiam ingressos. O jornal *Times* e a revista *The New Yorker* compareceram à estréia, e as resenhas por eles publicadas nos renderam boa receita. Decidimos continuar a temporada, mesmo depois de concluída a gravação, e muito em breve lançamos outro álbum de sucesso, e o *show* se tornou um grande sucesso fora do circuito da Broadway.

Mas eu sentia falta da revista. Aquele monstro reluzente e maleável, cujas dobras e curvas opacas refletiam arcos de brilho constante, que, conforme disse certa vez Harold Ross, referindo-se a *The New Yorker*, "descia o elevador às cinco da tarde", para se dividir em organismos diminutos, zumbindo, chiando, deslizando noite adentro, atravessando a cidade, continuando a investigar, brincar, criar e rir das fascinantes conexões estabelecidas entre terminais totalmente díspares, tanto divertimento à custa de ganância, corrupção, hipocrisia, poder e estupidez.

Nenhum tipo de esforço criativo bem-sucedido em que estive envolvido até então — nenhum esquete que fizesse a platéia morrer de rir, nenhum *show* de TV elogiado pela crítica, nenhum disco na parada de sucessos, nenhum evento teatral aplaudido de pé — trazia-me tamanha satisfação como o peso do pacote de um novo número da revista, recém-chegado da gráfica. Produzida pelo monstro reluzente, a satisfação traduzia o objetivo por mim abraçado no saguão do Arts Theater, e preenchia a necessidade de comunidade que eu tinha sentido a vida inteira. Não se tratava, exatamente, da comunidade que eu imaginara —

para início de conversa, ficava às margens de um rio de gargalhadas —, mas agradava-me a idéia de a ela dedicar o resto da vida.

As visitas a Quarr acabaram por se fixar em um padrão que seria seguido ao longo de toda aquela década: cerca de uma por ano. Cartas continuaram a pingar, em maior número as destinadas a mim, do que as enviadas por mim. A relação estava se tornando típica daquela observada entre um homem de trinta anos, bastante ocupado, e o pai idoso. Com o cérebro atolado de projetos, idéias, conceitos, e absorvendo informações que pudessem alimentá-los — sem falar da luta para sobreviver à política homicida de qualquer revista de sucesso —, eu tinha entrado na fase compulsória do meu afeto por frei Joe. A única diferença em relação ao modo de vida típico observado entre pais e filhos era que ele jamais dizia: "Você nunca aparece, nunca escreve." Continuava sereno como sempre, imutável.

O que tinha mudado era que, no meu mundo, tais qualidades já não comportavam virtudes. Para os residentes de Manhattan, serenidade pode até ser interpretada como catatonia, e imutabilidade, como estupidez, e ambas as características seriam vistas como indícios de origem roceira. Uma cidade cujo emblema é uma bola de demolição rampante sobre um campo formado por uma placa de reboco não tem a menor paciência com as virtudes monásticas. E essa toxina tinha entrado em minha corrente sanguínea.

Duas visitas, especificamente, deixaram clara essa percepção. Na primeira, eu tinha escapado até Quarr, enquanto me encontrava em pleno processo de divulgação do álbum *Lemmings* (cuja metade dos alvos de sátira era britânica).

Na oportunidade, tive uma conversa agradável com frei Joe, cumprimentei dom Aelred, e almocei. Na saída, descendo apressado pela via de acesso, atrasado para pegar a balsa, fui tomado por uma emoção incomum: alívio. A emoção perturbou-me, a ponto de, bastante envergonhado, tentar reprimi-la, mas o sentimento era forte e real.

Ao longo de quase vinte anos, depois de cada visita feita à abadia, no momento em que a balsa de Portsmouth se dirigia ao Solent, eu olhava para trás, em busca do campanário em formato de chapéu de elfo, que se projetava dentre os carvalhos, e dizia um adeus silencioso. Muitas vezes, nos anos mais recentes, o fizera com uma pontada de remorso.

Daquela vez, não senti nada. Meu adeus silencioso não causou pontada alguma — apenas pareceu-me que o campanário era obsoleto e ridículo. O que estariam aqueles traços de Córdoba, ou Bizâncio, ou seja lá o diabo que fosse, fazendo na ilha de Wight? A era em que aquilo se originara, a decrepitude de Eduardo VII, constituía o período de maior indigência cultural na história recente da Grã-Bretanha. De onde viera minha afeição por aquilo? *Feia, cara. Que igreja feia.* Como se estivesse deprimida e humilhada em conseqüência dos meus pensamentos, a torre escondeu-se, rapidamente, atrás das árvores.

A segunda visita foi pior. O carisma de frei Joe, seu rosto engraçado, com os tiques nervosos, e a linguagem corporal ainda se faziam presentes, mas era tudo o que restava do fascínio de Quarr. O mundo de frei Joe, cercado por muros de tijolos vermelhos e amarelos, isolado pelos muros da história que se avultavam em torno do local, deixou-me extremamente deprimido. Quarr pareceu-me algo restrito, irrelevante, insular, e inúteis as atividades ali desenvolvidas. Mais uma vez, experimentei uma sensação de alívio, enquanto o táxi corria em direção à balsa, mas desta feita não tentei reprimir o sentimento, pois me sentia feliz por estar voltando à vida moderna, tão empolgante, estimulante, satisfatória. Quando a balsa alcançou o mar aberto, não me virei em busca da torre encalombada. A balsa agora tinha um bar, e eu precisava de um drinque.

Mil novecentos e setenta e quatro foi nosso ano dourado. A circulação mensal oscilava pouco abaixo de um milhão de exemplares. O'Donoghue, inspirado por *Lemmings*, iniciou a *NatLamp Radio Hour*, que também estrelava Guest, Chevy e Belushi. Quando O'D se demitiu, Belushi assumiu o comando, trazendo Gilda Radner, Bill Murray e outros — com efeito, ele e Chevy começaram a reunir a base do primeiro elenco de *Saturday Night Live*.

Havia algumas nuvens no céu, embora pequenas. A demissão de Nixon, em última instância, provou ser uma decepção. Nas eleições de 1972, nós tínhamos publicado uma coluna acerca de um novo PAC,[5] intitulada "Satiristas em Defesa de Nixon e Agnew", com o mote: "Eles eleitos, nós faturando." Agora percebíamos que o lema não era apenas uma piada. Tínhamos alcançado nosso objetivo. Tínhamos cuspido no prato que comíamos. Será que a situação melhoraria? Deus me livre!

O desejo de mudar sempre estivera implícito na ferocidade do *modus operandi* da *Lampoon*, embora os editores preferissem morrer a admitir uma emoção tão simples assim. Não se tratava de uma mudança gratuita, tampouco de

---

[5] Political Action Committee, *i.e.,* Comitê de Ação Política (eleitoral). [N. do T.]

objetivos missionários. Queríamos apenas livrar o mundo de gente que pretendia salvar o mundo. Nossa única crença era na possibilidade de concretizar esse desejo; nosso cinismo ainda estava na primeira infância, doce inocência.

Agora, uma dupla de marginais — um deles criminoso condenado — tinha sido removida da Casa Branca. Os militares e sua guerra infame foram devidamente derrotados, e a pressão com que o capital subjugava as questões nacionais parecia aliviada. Supostamente, tínhamos feito nossa parte nesse processo. Muitos anos depois, Carl Bernstein[6] disse-me que não apenas era fã da revista, mas que "não fosse a *National Lampoon*, Nixon jamais teria renunciado". A piada tinha um lado verdadeiro.

A ferocidade foi mitigada. Naquele ano sobraram piadas a respeito de comida. Houve mais comédia pura — muita matéria sobre animais, ressaltando-se a melhor capa que fizemos: um vira-lata enorme, com um revólver Magnum, calibre 44, apontado à altura da orelha, e a legenda: "Se Você Não Comprar Esta Revista, Matamos Este Cachorro."

O grupo também se tornou menos cáustico. A revista chegava ao quinto ano, com circulação superior à da maioria dos periódicos com os quais, supostamente, concorria (*e.g., Esquire*). Nossos golpes se tornaram brandos. Já não éramos os folgadões do quarteirão. Observava-se uma sutil mudança, tanto em termos conceituais quanto editoriais, em direção ao comedimento, um saborear, um brincar com o absurdo, em vez de trucidá-lo. A expectativa era de que estivéssemos nos tornando — ou já fôssemos — uma instituição: a revista humorística dos Estados Unidos.

---

[6] Um dos jornalistas do *Washington Post* que contribuíram para a revelação do escândalo de Watergate e posterior demissão do presidente Nixon. [N. do T.]

Tais sonhos nunca se concretizaram. No quinto ano, a publicação foi abalada por um processo interno de aquisição que resultou na saída de um dos fundadores (que ficou milhões de dólares mais rico). Kelly e eu nos tornamos co-editores e dirigimos a revista nos três anos seguintes.

Começamos a sentir a concorrência intensa do *show* que, sob vários aspectos, tínhamos ajudado a criar: *Saturday Night Live*. Assim como um sucesso da TV inglesa — o programa satírico intitulado *That Was the Week that Was* (Assim Foi a Semana que se Foi) — roubara a cena de *Beyond the Fringe*, *SNL* oferecia aos telespectadores uma versão da atitude da revista *Lampoon* — se não o conteúdo — todas as semanas, e de graça. Era impossível não afetar a circulação. Finalmente, conseguimos nos manter na marca de três quartos de um milhão de exemplares, índice ainda bastante respeitável, em se tratando de uma revista de variedades, em um mercado recessivo.

Em 1978, o sucesso de *Animal House*[7] (à época, a comédia com maior faturamento na história de Hollywood) abalou ainda mais a revista. Embora os editores considerassem o filme uma sátira à educação superior nos EUA no estilo da *Lampoon* (o reitor Wormer, figura nixoniana; os jovens republicanos da associação estudantil Omega Theta Pi; os militares representados na fita; o Corpo de Treinamento de Reservistas[8] e Niedermeyer, o psicótico aluno-Patton, integrante do Corpo, tudo criticado no contexto dos protestos anárquicos observados no Delta, nos anos 60), a força satírica da obra foi quase ignorada pela crítica. O filme foi classificado,

---

[7] Em português, o título foi traduzido como *A República dos Cucos*. [N. do T.]

[8] Instituição que opera dentro das universidades norte-americanas. [N. do T.]

açodadamente, como mais uma expressão revisionista dos anos 50 e do período que antecedeu o assassinato de John Kennedy, expressão essa típica dos meados da década de 1970, e que via os períodos em questão como uma era "mais inocente" (um tipo de propaganda muito bem ilustrado pela série de TV *Happy Days* [Dias Felizes]). De acordo com a sabedoria convencional da indústria cinematográfica, *Animal House* ficou conhecido como o primeiro filme "imbecil".

De olho nos milhões que a "imbecilidade" amealhava a cada semana, a direção exigiu que material similar fosse publicado pela revista. Kelly e eu nos recusamos a fazê-lo. Outro editor, P. J. O'Rourke, aquiesceu com satisfação. Tornou-se editor-chefe, a primeira pessoa na história da revista a se arrogar o título. No breve espaço de dois anos, entre 1979 e 1981, ele logrou transformar uma operação multimídia dotada de abrangência e talento fenomenais, capaz de produzir autênticos clássicos da comédia, em um catálogo mensal de fantasias masturbatórias, automotivas e racistas, acabando com todo o "veneno" da revista e presidindo um colapso de circulação do qual ela jamais se recuperou.

Agora, na noite sombria de Santa Mônica, com os campos negros de água salgada se estendendo para além da varanda, rumo à noite eterna, em direção à década que, em breve, Peggy Noonan[9] chamaria, ridiculamente, de "Manhã na América", percebi o que outros, sem dúvida, tinham perce-

---

[9] Jornalista e autora de obras de sucesso, acerca do cenário político norte-americano; foi assessora especial de Ronald Reagan, de 1984 a 1986. [N. do T.]

bido anos antes: o momento de ceticismo e sanidade nos Estados Unidos tinha chegado ao fim.

O período passou a ser chamado de *The Big Chill*[10] — título do filme inspirado na morte de Doug Kenney, um dos fundadores da revista *Lampoon*. Ou terá sido a morte de Belushi? Ou a de Lennon? A morte estava em toda parte.

Eu deveria ter previsto. Muito tempo atrás, frei Joe já havia me advertido. A *Lampoon*, irmandade atrevida e exuberante, e o riso por ela veiculado, força insana que nos manteve juntos durante uma gloriosa fração de segundo de verdade, haveriam de passar, conforme tudo passa, qual relva ao vento.

Encontrei uma garrafa de vodca que pertencia aos integrantes do The Band. Dei um gole, a fim de manter o elevador no andar em que eu estava, para evitar que ele despencasse no fosso que em tantas noites agora se abria, mas que eu conseguia ignorar, durante algum tempo, bebendo ou cheirando.

Meu casamento estava em ruínas — jamais tinha sido construído o bastante, para se dizer que pudesse virar ruína. Minha esposa, bela e talentosa, que eu, desde o início, soube que não me amava (embora ela fosse polida demais para dizê-lo), e a quem eu tampouco amava, agora vasculhava o entulho, aceitando empregos frustrantes, todo o seu potencial e talento fazia tempo estavam esquecidos. E era tudo minha culpa.

Certa vez, em Los Angeles, quando as crianças eram pequenas, tínhamos assistido a uma demonstração de hipnose, e minha mulher subiu ao palco, apresentando-se como

---

[10] Literalmente, "O Grande Calafrio"; em português o título foi traduzido como "Os Amigos de Alex". [N. do T.]

voluntária. O sujeito era sádico: colocava as pessoas em transe, e dizia-lhes que eram animais, ou que realizassem tarefas estranhas. A platéia vibrava com as palhaçadas, principalmente porque ninguém se lembrava da profissão declarada pelos voluntários, logo que subiam ao palco. O tal sujeito hipnotizou Judy e lhe disse que era bailarina (uma voluntária anterior tinha feito o público morrer de rir, ao dançar a "Morte do Cisne").

Judy executou um *pas de deux* absolutamente etéreo, com um parceiro imaginário, percorrendo todo o palco com saltos e piruetas tão intensos e elegantes que a platéia ficou estática. Era possível ouvir o barulho de uma mosca, e, provavelmente, havia mil pessoas no auditório. Que magnetismo ela possuía! Que presença cênica ela não teria, se dispusesse de tempo e liberdade para estudar artes dramáticas, conforme sonhava fazê-lo...

O hipnotizador enfureceu-se. Perdeu inteiramente o controle da platéia. Correu atrás de Judy, enquanto esta flutuava pelo palco, o público querendo rir — dele. Afinal, alcançou-a, interrompeu o transe e tentou arrancar uma salva de palmas, como se Judy fosse apenas mais um de seus palhaços. O teatro mal reagiu. As pessoas que estavam ao meu redor permaneceram caladas; sabiam que tinham visto algo especial e belo.

Todos os indivíduos de destaque na classe teatral de Cambridge queriam que Judy trabalhasse para eles. Não apenas porque ela era linda, mas porque sabiam que tinha um grande futuro. Eu queria amá-la; quem não haveria de querer, uma vez que estar ao lado dela era sempre parecer bem? Mas, na verdade, eu não a amava e, na verdade, ela tampouco me amava; era uma daquelas relações aprovadas e definidas por terceiros. Quando Cambridge chegou ao fim, já não havia o que nos mantivesse juntos, mas aí já era tarde demais, pois estava a caminho uma doce menininha — e depois veio outra —, as quais, em sua infância, quase ignorei, e das quais me ressentia, pelo fato de ser pai, o que me impedia de foder tantas hippizinhas quanto todo mundo que estava à minha volta, supostamente, fodia.

*Seja altruísta com ela, caro Tony,* as cartas dele sempre diziam. Ele não dizia "não seja egoísta", mas "seja altruísta". *Sei que você será altruísta com ela e com suas lindas meninas.*

Pai algum poderia ter sido mais egoísta — tratando a família como algo acessório, um pertence, um estorvo, quase se esquecendo da mulher e das filhas, enquanto se dedicava à missão sagrada de salvar o mundo através do riso.

Os pagãos cabeças-de-vento em cuja companhia eu circulava tinham mais princípios morais. É certo que exploravam uns aos outros; é certo que, inadvertidamente, causavam sofrimento, mas, em sua maioria, empenhavam-se em fazer o bem, cavando túneis na terra, qual toupeiras em busca da luz. Finalmente, haveriam de concluir que amor e paz são os únicos valores que compensam na vida.

E eu, que fui agraciado com as chaves do reino e tive nas mãos a pérola valiosa, deixei-as caírem na lama, pisoteei-as com o calcanhar e saí em busca de drogas e mulheres.

O que tinha acontecido àquele rapazola que murmurava palavras antigas, em latim, que entoava cantos antigos, cheio de esperança, ansiando pelo infinito, sôfrego de santidade? Sim, ele era impressionável e ingênuo; sim, aquilo que ele supunha ser enlevo, desespero, fé e Deus não passavam de neurônios ardendo em suas sinapses, apenas proteínas que lhe percorriam o cérebro; sim, aquelas crenças eram fantasias fálicas, projeções antropomórficas, velhos arquétipos implantados em sua psique ao longo de séculos, segundo a teoria predominante em dada semana; mas ele era uma alma superior, mais dócil. Não era o que eu me tornara. De maneira alguma. Era uma pessoa totalmente diferente, que tinha morrido tragicamente, ainda jovem.

Bem longe, além das Montanhas Rochosas, além do *tramonto*, além dos estados inertes, sonolentos, além dos dentes afiados da cidade em que eu residia, além da noite eterna do outro oceano — a milhares e milhares de quilômetros de distância —, estaria o homem que fora outrora o centro do meu mundo, meu porto seguro, a asa que me abrigava. Um pequeno farol, em uma pequena ilha, sinalizando a fé noite adentro. Lá vem o raio de luz, girando, uma alfinetada na escuridão, irradiando a mensagem singela. *Amor. Amor. Nada além de amor.* Pronto, foi embora de novo.

Eu o frustrara. Frustrara minha própria vocação. Frustrara minha família. Eu tinha fracassado, ponto final. Eu nada possuía de valor. Não tinha esperança, não tinha fé, não tinha Deus, não possuía recursos intelectuais, não tinha vontade de utilizá-los (se os possuísse). Estava tudo acabado, para sempre, tão irrecuperável quanto o vento.

Apalpei o frasco de Valium. Detestava tranqüilizantes. Faziam com que eu perdesse o controle do corpo e, por conseguinte, do coração. Eu precisava me manter alerta, às vezes, acordado a noite inteira, para impedir que o único bem que meu pai me legara — seu coração infame — armasse uma emboscada para matar a mim também. Se eu ia morrer, precisava estar no controle da situação.

Eu nunca tinha visto Valium. Os comprimidos eram triângulos amarelos, com os vértices arredondados. Pequenas trindades da cor da covardia.

Despejei cerca de uma dúzia na palma da mão. Quantos seriam necessários? Tomei um gole de vodca e engoli... dois.

Sabia que dois não seriam suficientes, mas não tinha coragem de engolir todos de uma só vez. Muito bem, mais dois. Gole de vodca.

Fixei o olhar sobre o Pacífico obscurecido. À minha frente estaria o Japão ou a Nova Zelândia? Preciso pesquisar a questão amanhã.

Que amanhã?

Não estava sequer sonolento. Foda-se, mais um. Cinco de uma vez. Será o bastante.

E se o inferno existisse? Seria tarde demais para fazer uma lavagem estomacal? Será que eles trariam consigo o equipamento?

Estaria eu agindo de modo a merecer o inferno? Eu tinha me confessado... mais ou menos. Tinha me confessado comigo mesmo ou com... seja lá o que for. A penitência era bastante severa. Reze três Ave-Marias e depois se mate.

Meu ato era nobre e útil. Poupava o mundo de mim mesmo. Acaba logo com isso.

Esvaziei a garrafa de vodca, levei a mão que continha a meia dúzia de comprimidos restantes, lentamente, até a boca, preparei-me para a morte, fechei os olhos, como se estivesse rezando...

E adormeci.

Despertei 12 horas depois. Eu deveria ter sofrido a maior ressaca de todos os tempos, ou ao menos uma dor de cabeça de rachar o crânio, mas não tive nem uma nem outra — até onde eu era capaz de discernir. Mente e corpo estavam inteiramente entorpecidos. Como se eu estivesse todo enregelado. Não tinha identidade, não tinha um eu definido. Não estava aliviado por estar vivo. Não estava decepcionado por não estar morto. Apenas — nada.

Tudo o que eu sabia era que faria nova tentativa, em breve. E, da próxima vez, não despertaria. Ainda mais agora, que já tinha acumulado alguma experiência.

Levantei-me e fui de carro até o local da gravação. Cheguei com horas de atraso, mas, sendo o primeiro dia de filmagem, ninguém notou.

Não me recordo da cena a ser gravada. Acho que foi a da limusine, ou talvez a da lanchonete. O diretor deu as instruções. Eram apavorantes. Bastava conhecer o "mapa" da cena — algumas frases que delineavam o que precisava ser feito durante os três minutos que duraria a ação. Cabia-me improvisar as falas. Podiam discorrer sobre o que eu bem entendesse. Conteúdo mundano, ou não, engraçado, ou não, desde que a cena ficasse clara.

Eu não tinha experiência em improvisação. Nos anos 60, havia me apresentado uma ou duas vezes no Second City,[11] em Chicago, e na "subsidiária" mais radical deste, o Committee, em São Francisco, mas sempre enganava, recorrendo a piadas que constavam em materiais previamente desenvolvidos. Eu ficara pasmo, quando dirigi Belushi, Chevy e Chris Guest, em *Lemmings*, com o fato de suas palavras fluírem e se encaixarem; e não se tratava de besteira, mas de falas hilariantes, tão engraçadas quanto matérias escritas e ensaiadas.

Havia outros atores, com algumas décadas de experiência em improvisação. A palavra "intimidado" não chega

---

[11] Literalmente, Segunda Cidade, grupo de comédia criado, em Chicago, nos anos 50, por alunos da Universidade de Chicago, e que se tornaria célebre instituição no âmbito da comédia. [N. do T.]

sequer a sugerir o modo como me senti. Eu era um embuste completo, total. Não tinha condições de realizar o trabalho. Se dentro de mim houvesse algum sentimento, em vez de um litro de vodca misturada com Valium, eu teria, simplesmente, recusado o trabalho, teria dito, naquele momento, "Não tenho condições de fazer isso", e teria voltado para Nova York, com o rabo entre as pernas, menos dólares, mas com a dignidade intacta. Mas quem ainda se importava com dignidade?

*Ação!* Encarnaram os personagens! Eram brilhantes! Nenhum deles era britânico, mas imitavam o sotaque com perfeição. Tudo com graça. Tudo comedido, super-real, hilariante. Normalmente, eu teria ficado mole, de tanto rir. Mas não tinha a menor intenção de voltar a rir.

Um deles perguntou-me algo, e ouvi uma voz respondendo. Fazia lembrar a minha, mas com um toque do ganido nasalado (típico da classe média) que começava a aparecer no cotidiano da língua inglesa. Era também uma meia-verdade, que não respondia, devidamente, à pergunta. Achei que fosse porque eu não tinha assimilado o "mapa" da cena, porque não conseguia me lembrar da resposta que deveria dar. Mas não era por isso.

Algo estava se passando entre nós. Algum tipo de força fluía entre os quatro parceiros, um entendimento instintivo do contexto, algo relativo à música que compartilhávamos, mas que jamais tínhamos expressado, começava a surgir. Era uma questão de *rock and roll,* aquela vaca que já não era sagrada, e sim gorda e flatulenta, com úberes ressequidos, mas da qual, no passado, tínhamos gostado tanto e na qual acreditávamos. E os personagens que os parceiros tinham escolhido representar precisavam do personagem criado por mim. Não que eu o tivesse escolhido — não da maneira como os parceiros escolheram os deles. Era como se tivessem arrancado o personagem de dentro de mim. O personagem era deles, não meu. E, naquele momento, muito me agradava a idéia de não ser eu.

*Corta!* Eu não queria cortar. Não queria que a gravação acabasse. Isso faria com que eu voltasse a ser Tony. Com aquele outro sujeito havia um fio de esperança. Felizmente, a gravação não tinha acabado. Seja lá o que tínhamos feito, estava bom, mas poderia ficar melhor. Refizemos a cena outra vez e mais uma vez, e a gravação estava concluída.

Eu tinha tentado me preparar para a experiência. Há que ser profissional. Tinha examinado o "manual" de improvisação, *Improvisation for the Theater* (Improvisação para o Teatro), de Viola Spolin, e lido a seção a respeito do filho da autora, Paul Sills, um dos fundadores de Second City. Tinha pedido a orientação de amigos e veteranos de Second City. Lembrei-me das muitas vezes em que tinha assistido a espetáculos improvisados e testemunhado o processo quase milagroso através do qual dois, três ou quatro atores constroem uma experiência comum cujo desfecho é desconhecido e, à medida que prosseguem, descobrem os demais no palco, bem como suas respectivas visões de mundo, singularmente radicais. As centenas de integrantes da platéia, que também constroem a experiência, ao reagirem (ou não) às escolhas feitas pelos atores. Uma viagem coletiva de descoberta, para todos os que se encontram no teatro, geralmente de natureza cômica, embora nem sempre seja esse o caso (algumas noites no Committee, no auge da Guerra do Vietnã, tinham sido tudo, menos cômicas, e não foram por isso menos intensas e memoráveis). Em sua totalidade, a experiência foi do tipo que só ocorre uma vez, em um local, com um determinado grupo de indivíduos.

O conselho que eu obtinha de todas as fontes, se eu desejava chegar a uma apoteose comparável à dos meus parceiros, era: escute. Escute, em todos os níveis: as palavras, as emoções, o intento do outro ou dos outros. Fique totalmente aberto à interação; não traga nada preconcebido ou preparado. Escute e responda ao que você ouviu. Faça isso e não haverá erro. A improvisação não é apenas uma forma de entretenimento, é também um processo e um objetivo em si, uma forma de conhecimento, de apreender a natureza do outro, a realidade da existência do outro, um aspecto da verdade da questão que está sendo discutida, que você julgava conhecer, mas descobre que só ficou conhecendo no momento da interação.

É por isso que uma improvisação bem-feita é revigorante, edificante, instrutiva, renovadora.

Na noite seguinte à nossa sessão, senti-me bastante revigorado e edificado — se não instruído e renovado. Foram apenas duas breves cenas, e meu papel era secundário, mas algo notável tinha acontecido ambas as vezes, e o conselho tinha dado certo: escute.

Enquanto eu refletia sobre a questão, uma lembrança súbita surgiu nas sombras distantes da minha mente: frei Joe, há mais de vinte anos, não dissera algo quase idêntico?

O único modo de conhecer Deus, o único modo de conhecer o outro, é escutar. Escutar é estender a mão ao outro eu, desconhecido, ultrapassando as barreiras da própria pessoa e do outro; escutar é o princípio do entendimento, o primeiro exercício do amor.

*Nenhum de nós escuta o bastante, não é, meu caro? Escutamos apenas uma fração do que dizem as pessoas. Mas escutar é algo maravilhoso. A pessoa quase sempre ouve algo que não esperava.*

Precisamos escutar porque, freqüentemente, estamos equivocados em nossas certezas. Quando validamos uma moção no caótico salão de debates da mente, tal moção nunca está completamente certa, no mais das vezes, está mesmo longe disso. O único meio de se aproximar da verdade é ouvir com total abertura, sem trazer para o processo qualquer idéia preconcebida, qualquer preparação.

Sem dúvida, havia paralelos surpreendentes entre o que os mentores da improvisação e meu mentor, frei Joe, tinham a dizer. Entre Second City e a Cidade de Deus.

Como era raro, na verdade, eu escutar. A cada encontro com outro ser humano, eu quase sempre trazia comigo idéias preconcebidas acerca de pessoas e lugares, sempre ávido de expressar minha preconcepção antes que o interlocutor falasse. Nova York era uma cidade onde ninguém escutava ninguém.

Fazia vários anos que algo que me dissera frei Joe não se encaixava tão imediata e precisamente na minha vida. Porventura eu estivesse ignorando uma fonte importante, uma fonte à qual costumava recorrer regularmente, mas à qual, simplesmente, tinha deixado de escutar.

Na gravação realizada no dia seguinte ocorreu o mesmo, *idem* no outro dia. O entendimento não fraquejou, a escuta e a fluidez continuaram, o trabalho começava a tomar forma e ganhar peso. À medida que a gravação prosseguia, o filme reanimava minha fé na essência preciosa do riso, na maneira milagrosa com que o riso era gerado e nas paisagens inusitadas em que o riso podia ser garimpado — desde que a pessoa estivesse disposta a escutar. A minha necessidade de me apagar tornou-se menos urgente, foi adiada e, no decorrer das semanas subseqüentes, totalmente esquecida.

Portanto, posso afirmar — com uma convicção que outros que afirmam o mesmo talvez não possam fazê-lo — que o *rock and roll* salvou minha vida. Ao menos o *rock and roll* tocado pelo Spinal Tap.[12]

---

[12] Nome da banda de *rock* que protagoniza a comédia *This Is Spinal Tap*, filme hoje considerado um clássico do gênero satírico. [N. do T.]

## CAPÍTULO CATORZE

— Pelo que estou ouvindo, meu caro, o satirista em você se parece com um monge. Ambos têm uma visão bastante sombria do mundo, e ambos tentam fazer algo a respeito.

— Obrigado, frei Joe! Acho que já sabia disso, mas tinha me esquecido. *Contemptus mundi*. Ambos temos desprezo pelo mundo.

— Você p-p-persiste no erro, meu filho. *Contemptus* não significa "desprezo". Significa "distanciamento". Você se distancia dos objetos que satiriza?

— No momento, sim. Estou desempregado.

Faltavam duas semanas para a Páscoa de 1984, ano significativo para um satirista. Estávamos, novamente, embaixo dos imponentes carvalhos beneditinos, em Quarr, onde caminhávamos quando eu ainda era rapazola e ele ainda não era velho. Os brotos de folhas em tom verde-acinzentado começavam a salpicar os galhos e os troncos maciços das árvores, e sob a casca enrugada eu ainda achava que conseguia enxergar grandes músculos que se flexionavam. Os carvalhos formavam arcos retorcidos, através dos quais via-se o sombrio Solent, arfando, cinzento, cinza-azulado, cinza-carvão, nas cores de uniformes escolares.

O rosto ainda era o mesmo, comprido e mal-acabado, bastante marcado, mas ainda sem rugas. Frei Joe parecia sempre o mesmo, fisicamente ou sob qualquer outro aspecto. A primeira vez que o vi, não fui capaz de adivinhar-lhe a idade, e se aquela fosse minha primeira visita, tampouco seria capaz de fazê-lo. Cinqüenta? Oitenta? (Ele estava com 75 anos.) Caminhava com um passo meio rijo, sempre calçando sandálias, os pés ainda chatos e voltados para fora, qual um personagem de Asterix. Logo que cheguei, disse-lhe que assim ele me parecia. Frei Joe gargalhou.

— Adoro Asterix! Nunca me canso de Asterix!

— O senhor agora lê história em quadrinhos, em Quarr?

— Bom Deus! Hoje temos até aparelho de som. Com f-f-fones de ouvido.

A observação me fez olhar para suas orelhas, que tinham crescido, conforme costuma ocorrer com velhos — ou será que o corpo dos velhos encolhe, exceto as orelhas? De qualquer maneira, faziam lembrar as orelhas do Dumbo, com lóbulos que mais pareciam pára-lamas.

Fazia quase quatro anos que não o via — foi o período mais longo que fiquei sem Joe. Na segunda metade dos anos 70, eu tinha voltado a visitar Quarr mais regularmente — cerca de uma vez por ano. Por alguma razão, o desconforto que eu sentia quando visitava Quarr durante os primeiros anos que estive na *Lampoon* já não existia. As visitas tinham um quê de dever filial, mas, à medida que a vida em Nova York se transformou em loucuras na Costa Leste e na Costa Oeste, e meu trabalho *freelance*, no período pós-*Lampoon*, decolou — esses dois fatores muitas vezes convergindo no banheiro do Elaine's[1] e envolvendo notas de 100 dólares —, frei Joe se tornou meu segredo absurdo, algo de que nenhum conhecido meu poderia se gabar. Outros tinham de comprar auto-ajuda em forma de livros. Eu tinha o meu próprio Maharishi, Lao-tsé, o Sr. Natural, em carne e osso.

Fazíamos uma caminhada agradável, entabulando quase sempre a mesma conversa. O diálogo prosseguia em trilhas paralelas, em vez de convergir. Eu enumerava e explicava meus diversos projetos, um determinado livro ou algum especial para a TV, um filme cujo roteiro eu escrevia em Paris, planos para uma nova revista de humor. Nunca soube o quanto do que eu falava ele entendia ou absorvia, mas eu achava que isso não vinha ao caso: supunha que ele gostasse de ouvir o relato da minha atividade, como quem ouve música dentro de um supermercado.

Da parte dele — conquanto soubesse que eu passava por uma fase de hostilidade ou apatia em relação à Igreja —, a conversa transcorria a respeito do velho amigo, Deus, sem o menor constrangimento e sem exibir o tom defensivo, missionário, que o fiel adota quando fala com o pagão. Quanto a mim, não mais achava o tópico desagradável. Tampouco absorvia tudo o que ele falava. Mas era tranqüilizante, purificante, ficar perto dele. Eu era mundano, mas tinha de admitir que nada superava uma boa dose de paz monástica.

---

[1] Restaurante freqüentado por artistas, em Nova York. [N. do T.]

Havíamos chegado a uma espécie de estase, sem avançar ou regredir, santo e cínico, lado a lado.

Naquela visita, entretanto, eu não buscava estase nem bate-papos agradáveis. Carecia de algo que não podia encontrar em nenhum outro local, muito menos em Nova York. Um confessor. Um psicanalista que soubesse discernir entre o certo e o errado, que falasse enquanto eu escutasse.

Tinha muito que desabafar. Buscava conselho, buscava consolo, buscava orientação, buscava... não sabia bem o quê. Minha intenção era permanecer o tempo que fosse necessário.

A causa imediata da minha visita era meu empreendimento mais recente — uma comédia britânica intitulada *Spitting Image* (Cópia Perfeita).

Enquanto ainda trabalhava na *Lampoon*, fiquei conhecendo uma dupla brilhante de caricaturistas britânicos, chamados Roger Law e Peter Fluck. A marca registrada da dupla era esculpir, em massa de modelagem e em tamanho natural, caricaturas tremendamente engraçadas de celebridades, que eles vestiam, expunham em ambientes inusitados e então fotografavam.

Contratei-os para fazer alguns trabalhos para a *Lampoon*, e nos tornamos grandes amigos. Eram imensos, especialmente Law, que se parecia com um pirata da Cornuália, com 1,98m de altura e 130 quilos, usando sempre um lenço vermelho para encobrir a calvície monástica. Ambos pertenciam à classe operária; cresceram nos charcos em torno de Cambridge, conheceram-se na escola municipal de arte e faziam biscate como garçons — precisamente — em St. John's College. É provável que, em algum momento, tenham servido meu jantar ou limpado minha mesa. Embora eu fosse tão proletário quanto ele, Rog freqüentemente referia-se a mim, com mesuras fingidas, como "o jovem amo".

Depois que deixei a revista, começamos a discutir a possibilidade de a dupla confeccionar caricaturas, bonecos em tamanho natural, com capacidade de movimento e fala, e que pudessem atuar em um seriado de TV. Os Muppets tinham se tornado verdadeira mania, nos dois lados do Atlântico, e, por conseguinte, a idéia não era tão esdrúxula. Graças a Jim Henson, contávamos com a tecnologia capaz de fazer grandes bonecos falar e se mover diante da câmera. Comecei a fazer visitas freqüentes ao Reino Unido, a fim de colaborar no desenvolvimento do projeto, que, no início dos anos 80 — com a injeção de capital feita por um pioneiro em empreendimentos tecnológicos, *Sir* Clive Sinclair, e o recrutamento de um jovem e dinâmico produtor de comédias para a TV chamado John Lloyd —, começava a parecer viável.

Conheci Lloyd quando ele produzia a série da BBC2, de grande sucesso, intitulada *Not the Nine O'Clock News* (Não é o Noticiário das Nove Horas). Ele quebrou o gelo entre nós, confessando que tinha roubado a palavra "Não" de mim (o primeiro uso desse prefixo em paródia tinha sido *Não É The New York Times*). Lloyd também tinha sido filiado ao Footlights, de Cambridge, portanto, tínhamos mais esse elo. Lloyd era 13 anos mais jovem do que eu (e Rog e Pete), já tinha recebido o Prêmio da Academia Britânica, era o menino de ouro da TV inglesa e ficou fascinado com a idéia dos bonecos. Tudo indicava que fosse a pessoa certa para pôr nosso *show* na estrada.


— Você nunca me falou muito a respeito da sátira. Como é que a sátira funciona?

— Boa pergunta. Em primeiro lugar, é cruel e injusta. Magoa as pessoas, propositadamente. O satirista entra no espírito dos pensamentos e das convicções do objeto da sátira e os distorce, sem piedade. Mas não se pode proceder de maneira arbitrária, sem conhecer bem tais pensamentos e tais convicções. É preciso estar na pele do indivíduo satirizado. Ou, no caso de Maggie Thatcher, no couro.

— Bom Deus! Parece terrível.

— Não é um ofício bonito.

Frei Joe caminhou, pensativo, mais uma dúzia de passos. Muito tremor de lábios e sobrancelhas. Lóbulos irrequietos.

— Tony, meu caro, quando você diz "na pele" de Mrs. Thatcher... "no couro", você quer dizer que está pensando como ela pensa?

— Em parte, sim.

— E esse seria o lado desagradável ou cruel. O lado que você pretende criticar com sua sátira?

— Perfeitamente.

— Então, isso quer dizer que você também tem um lado desagradável e cruel?

— Bem... não, não necessariamente.

Com que rapidez tínhamos chegado a esse ponto! E eu, supostamente, era o especialista!

— É uma questão de mimese — expliquei. — O satirista apenas imita a crueldade, a hipocrisia ou sei lá o que de Mrs. Thatcher. É como um menino que anda atrás de um velho, arremedando-lhe a manqueira.

— Você não está sugerindo que sátira seja coisa de criança, é claro.

— Não. É coisa séria, de adulto. Para mim, é um ramo do jornalismo. É a mentira inspirada que se aproxima mais da verdade do que qualquer número de fatos cuidadosamente pesquisados.

— Desculpe, meu caro... você disse que sátira é mentira?

— Apenas no sentido de que toda arte é uma invenção.

Ele caminhou uma boa distância, cabisbaixo, a preocupação estampada no cenho fechado, refletindo sobre a questão. O silêncio entre nós se estendeu por tanto tempo que eu já estava prestes a dizer algo; então, ele parou.

— Você não acha, meu caro, que imitar gente cruel ou hipócrita, durante muito tempo, pode ter algum efeito negativo em você mesmo?

— Satiristas costumam, de certo modo, se transformar naquilo que satirizam. Mas é um risco que estou disposto a correr... se, no processo, conseguir derrubar alguns pilantras.

— É freqüente a sátira "derrubar alguns pilantras"?

— Infelizmente, não.


Um ano antes, quando eu estava de volta aos Estados Unidos, tinham ocorrido outros sinais de uma grande mudança. A revista *Newsweek*, pela primeira vez, estampou paródia na capa, figurando Sean Kelly, um ator chamado Alfred Gingold (que tinha escrito uma paródia do catálogo da L. L. Bean, grande sucesso de vendas) e a mim. Aparecer na capa foi magnífico, mas a respectiva matéria era bastante negativa, insinuando que a paródia seria uma espécie de parasita cultural — visão da qual eu não discordava, em absoluto, desde que o objeto da sátira fosse trivial e a paródia fosse de estilo, não de substância. Sean e eu logo demonstramos esse ponto, publicando uma paródia, pela Ballantine, intitulada *Not the Bible* (Não é a Bíblia), que incluía textos até então desconhecidos dos estudiosos bíblicos, tais como "Cristo — os Primeiros Anos". Na realidade, tratava-se menos de uma paródia do que de um ataque satírico frontal a fariseus, *e.g.,* os senhores Falwell, Bakker e Robertson;[2] e, cumpre registrar, o cardeal-arcebispo de Boston defendeu Jesus. Sua Eminência conferiu à publicação *Not the Bible* um sonoro *non imprimatur* e solicitou que o livro fosse retirado de circulação. Em vez de processar o puritano Príncipe da Igreja, com base na Primeira Emenda Constitucional, a Ballantine suspendeu a distribuição do livro. Os idiotas escrofulosos integrantes dos Cavaleiros de Colombo e da Liga Católica em Prol da Decência — que Sean e eu tínhamos conseguido deter dez anos antes — agora davam as cartas.

Seria de esperar que a situação no Reino Unido fosse mais propícia, devido à tradição de irreverência e experimentação, sendo, por exemplo, as séries *That Was the Week That Was* (A Semana que Passou) e *Monty Python* duas entre muitas outras. Ademais, no Reino Unido, havia uma oposição de esquerda autêntica, bem diferente dos nossos democratas bolorentos e comprometidos. No Reino Unido, era possível dizer algumas verdades ao poder, causar danos concretos aos arrogantes.

Na realidade, o Partido Trabalhista era liderado pelo senil Michael Foot, que fazia Fritz Mondale se parecer com Rambo. E a garota de Ronnie, Maggie, vencendo os mineradores e as Malvinas, estava no auge do poder. Rog, Pete e eu desconhecíamos um problema mais sutil, para o qual as antenas de Lloyd, que era superambicioso e sensível à política, estavam bem sintonizadas. Tratava-se da antiga tensão entre políticos e autoridades da mídia (especialmente da

---

[2] Pastores evangélicos conservadores norte-americanos. [N. do T.]

BBC), quanto à transmissão de sátira política na TV britânica; a questão remontava ao *TW3*,[3] duas décadas antes. Ambos os lados tinham acumulado experiência suficiente acerca de "como lidar" com sátira política. Lloyd já havia navegado aquelas águas rasas, com o programa *Not the Nine O'Clock News.*

Fechamos um negócio excelente com a TV Central (subsidiária da ITV, em Birmingham), que nos possibilitava muita autonomia, principalmente porque o diretor da Central, Charles Denton, era nosso partidário político. Contudo, por esses mesmos motivos, seríamos observados como se fôssemos gaviões, pela direção da ITV, que era bem mais conservadora.


— O senhor parece preocupado com o efeito da sátira sobre o satirista, frei Joe.

— Bem, essa questão de imitar o mal... Mas suponho que você não esteja, absolutamente, *perpetrando* o mal. Acho que Santo Agostinho pode aqui ser invocado. Nas *Confissões*, ele admite pecar, conhecer o pecado, até mesmo ansiar pelo pecado. Todos temos o mal dentro de nós. Admiti-lo é essencial. Talvez sua sátira seja um meio de admitir o mal que existe dentro de você, sem a ele se entregar.

— Isso é alentador. Mas estou mais interessado no efeito causado nos objetos da minha sátira, através da mudança de percepção que as pessoas têm em relação aos que se encontram no poder.

— Pode me dar alguns exemplos?

---

[3] Sigla pela qual ficou conhecido o programa *That Was the Week That Was.* [N. do T.]

— No caso de *Beyond the Fringe*: os *tories*, a Igreja Anglicana, os que romantizam a Segunda Guerra Mundial. No caso de Voltaire: os jesuítas. Para Stanley Kubrick, os militares norte-americanos.

— Então, o propósito da sátira é alterar a percepção das pessoas em relação aos *tories*, ou aos jesuítas ou às forças armadas norte-americanas?

— Existe, geralmente, uma atitude "nós contra eles". Sátira é uma arma que os fracos têm contra os poderosos. Ou os pobres contra os ricos. Ou os jovens contra os velhos.

— A sátira sempre divide as pessoas em dois grupos?

— Acho que essa costuma ser a dinâmica da sátira, sim.

— Isso é positivo?

— É assim que o mundo opera, frei Joe. As pessoas pensam em termos de equipes. Nós somos bons, vocês são maus; nós somos inteligentes, vocês são ignorantes; nós somos a elite, vocês são a ralé. Acho que grande parte do humor funciona assim. Até as piadas mais básicas. Os ingleses fazem piada com os irlandeses. Nos Estados Unidos, as piadas mais célebres são com os poloneses, estereotipados como ignorantes.

— Conte-me uma piada de polonês.

— Muito bem. O que tem um QI de 212?

— Não sei, meu caro.

— Varsóvia.

Frei Joe olhou-me, com expectativa.

— Qual é a piada?

— É isso. Todos os QIs da cidade de Varsóvia somam 212.

— Ah, mas os poloneses são um povo muito sensível, não são? Trágicos, poéticos e resignados. Veja Chopin. Ou mesmo o Santo Padre.

— Está certo. Chopin e João Paulo II não são piadas polonesas. Mas a mesma dinâmica funciona com piadas a respeito dos *tories*. Ou de louras. Ou dos franceses.

Os olhos de frei Joe brilharam.

— Conte-me uma piada de loura.

— O senhor está demonstrando uma avidez imodesta, frei Joe.

— Gosto de louras.

Contei-lhe uma piadinha de loura, das mais inocentes. Ele não entendeu. Expliquei-lhe a noção de loura burra. Ainda assim ele parecia confuso.

— Dizer que uma pessoa é burra, quando ela não é... isso não é um tanto cruel?

— Acho que a prática é, basicamente, inofensiva, uma válvula de escape... liberando tensões étnicas ou sexuais.

— Percebo.

Caminhamos uma boa distância, em silêncio. Ele voltava a franzir o cenho, os lábios esticavam-se e se contraíam, com a regularidade de um diafragma.

— Sabe, meu caro, acho que há no mundo dois tipos de pessoas. Aqueles que dividem o mundo em dois tipos de pessoas... e aqueles que não o fazem.


Algo que eu não tinha revelado a ninguém era que muito me agradava a idéia de voltar para a Inglaterra. Voltar para casa no auge da forma, com um trabalho original e polêmico, reunindo tudo que eu tinha aprendido nos EUA e toda a espirituosidade, perspicácia e inovação da TV britânica. Afinal, a televisão britânica era a melhor do mundo. Os profissionais de televisão na Grã-Bretanha sempre nos diziam isso.

264

Mesmo que a tentativa fracassasse, eu não me importaria, desde que sucumbíssemos em um fulgor de glória. Essa vontade seria o bastante para me lançar na minha nova base, no lugar ao qual eu pertencia, cujo idioma eu dominava, que não parecia ser uma terra estrangeira, como os Estados Unidos começavam a parecer. A velha e querida Inglaterra, país de gente livre e criativa, nação de artistas ousados.

Mas, mas... na verdade, meu sentimento pela Inglaterra não era profundo. Cresci me sentindo sempre um estranho, e foi por isso, provavelmente, que dei o fora, na primeira oportunidade. Ademais, eu sabia que já não era, no sentido cultural, muito inglês. Uma geração que estava nascendo no momento em que eu deixava o país tinha agora atingido a idade adulta. Essas pessoas dispunham de incontáveis pontos de referência, memórias diversas, das quais eu não podia me valer como se fossem reflexos, condição indispensável para fazer as pessoas rirem.

O país estava diferente do local onde eu tinha crescido, fosse pelas novas e horrendas auto-estradas que retalhavam os belos campos, ou pelo sotaque *cockney* enunciado por um exótico rosto asiático. Criticar as primeiras e elogiar o segundo nada significava para os ingleses; tais elementos já se encontravam profundamente inseridos na estrutura social, e não eram sequer percebidos. O fato de que eu os reparava, por si só, marcava-me como um estranho.

Assim como tinha acontecido com o monge adolescente, eu seguia na contramão dos meus contemporâneos. A multidão que passava no sentido contrário — artistas, escritores, diretores, produtores, músicos e agentes britânicos — tinha ânsia de se transferir para os EUA, para Nova York ou, melhor ainda, para Los Angeles, ávida de riqueza e projeção, se possível, a projeção extrema: o estrelato.

Portanto, eu nadava contra a maré. E daí? Eles podiam ficar com Nova York e Los Angeles. Eu queria o Reino Unido. Não me entusiasmava tanto com um projeto desde quando entrara para a equipe da *Lampoon*. Rog e Pete eram dois dos meus melhores amigos e, certamente, os mais engraçados. Consideravam-me brilhante. E Lloyd tinha o toque de Midas.

Um projeto-piloto sumamente descarado deixara pasmos todos os que tinham assistido à exibição do programa. Era a bola da vez. Um programa de TV que dispensaria qualquer pedido de desculpas. Ao contrário, seria o *show* mais engraçado e mais contundente produzido até então.

O mesmo erro. Repetidamente.


— Lembra-se, meu caro, quando, alguns anos atrás, você me falava das coisas maravilhosas que estava fazendo nos Estados Unidos?

— Com muito afeto. Eu vivia pensando naquelas caminhadas.

— Certa ocasião... acho que foi na visita anterior, minha memória já não é a mesma... você estava fazendo tanta coisa! Um filme, na França, creio eu, e uma nova revista, e um livro sobre os anos 80, antes que eles acontecessem...

Eu pensava que minha tagarelice não passasse de estática, mas ele assimilara cada palavra!

— E você parecia indiferente a tudo. Lembro-me de ter pensado: que pena que ele não está mais gostando do trabalho. Espero que não tenha perdido a alma.

— Já não tenho mais certeza de que possuo alma.

— Até um ateu pode perder a alma, meu caro.

— Engraçado, o senhor tocar neste assunto. Ontem à noite, depois da nossa caminhada, comecei a examinar a minha consciência. Foi sua teoria sobre os dois tipos de pessoas que me instigou.

— Que t-t-tipo é você, na sua opinião?

— Minha tendência é pensar em preto e branco, embora saiba que exista uma centena de tons de cinza. Habituei-me a elaborar pensamentos que denigrem certas pessoas. Pessoas com as quais não concordo, ou pelas quais sinto desprezo, ou cujos motivos me parecem suspeitos. Devo admitir que há anos não penso no efeito que isso possa ter na minha própria condição moral.

— Dificilmente, o efeito será benéfico, não é, meu caro?

— É verdade, mas a maioria das pessoas que conheço tem os mesmos reflexos. Editores, jornalistas, escritores, gente de televisão e cinema. Compartilhamos, mais ou menos, as mesmas pressuposições. São consideradas moralmente neutras. Assim as matérias são geradas. Alguns jornalistas diriam que desconfiança e ceticismo são obrigações profissionais.

— Existe alguma coisa que seja moralmente neutra, meu caro Tony? Desconfiança, ceticismo, desprezo? Não me parecem virtudes.

— Ninguém mais emprega palavras como "virtude", frei Joe.

— Mas essas atitudes têm o potencial de magoar, não?

— Sim, mas com gente como Reagan e Thatcher dirigindo o espetáculo, precisamos lutar por determinadas questões. Defender a Declaração de Direitos Humanos. Defender as minorias. Tentar impedir que os militares matem tanta gente.

— Você e seus amigos têm sido bem-sucedidos nessa empreitada?

— No momento, não estamos acumulando muitas vitórias.

— Então, por que continuam?

Refleti a respeito da questão. Bastante simples. Mas quando teria eu me perguntado: *por que* continuávamos? Estariam meus "amigos", ou estaria eu, na verdade, defendendo alguma coisa? Bernstein dissera que a *Lampoon* tinha contribuído para a queda de Nixon. Na realidade, quem o fez foram o próprio Bernstein e Woodward. Mas qual tinha sido, em última instância, o objetivo dos dois? Ocupar a Casa Branca e realizar um trabalho superior ao de Nixon? Não, o objetivo era aparecer no mapa. No fundo, estávamos satisfeitos com o *status quo*. Desde que garantíssemos nosso quinhão.

— Bem... a verdade, frei Joe, é que o motivo real é atenção. Estamos sempre ansiosos por aparecer em entrevistas na TV, ver nosso trabalho citado em colunas de jornais, conseguir uma coluna diária em algum jornal ou ter um livro de nossa autoria na lista dos mais vendidos, ou obter apoio para nossos projetos ou nossos filmes, ou... como era mesmo que o senhor dizia... queremos ser notados por outras pessoas.

Olhando para o Solent, ele refletiu sobre o que eu dissera.

— A necessidade de atenção é uma força p-p-poderosa no mundo, não é mesmo?

— Perfeitamente. A maioria das pessoas consideraria natural a necessidade de atenção. Quase um direito.

— Quando você diz "natural", quer dizer "m-m-moralmente neutro"?

— Exato.

— Sem Deus, as pessoas têm grande dificuldade de saber quem são ou por que existem. Mas, se outras pessoas lhes prestam atenção, as elogiam, escrevem a seu respeito, debatem o seu trabalho, elas acham que encontraram as respostas para ambas as questões.

— Se não acreditam em Deus, seria de se esperar.

— É verdade, meu caro. Mas isso as torna vazias, infelizes. Tenho certeza de que Mrs. Thatcher não foi sempre do jeito que é hoje. À medida que subiu ao poder e se tornou alvo de crescente atenção, ela se transformou, cada vez mais, naquilo que as pessoas queriam que ela fosse. Mas não é essa a verdadeira Mrs. Thatcher. A Mrs. Thatcher que Deus quer que ela seja.

— Duvido que Mrs. Thatcher enxergasse a distinção que o senhor estabelece entre ela e Deus.

Ao menos consegui arrancar-lhe um sorriso.

— O senhor está querendo dizer, frei Joe, que, no que diz respeito a motivos, ou mesmo moralmente, não existe, no extremo, muita diferença entre mim e os alvos da minha sátira?

— Receio que não, meu caro. Se o resultado for que a sua personalidade está sendo moldada, exclusivamente, por terceiros. Se você só existe na mente das outras pessoas.

— Acho que o senhor acaba de definir "celebridade".

— Acabo de definir orgulho, meu caro.


O *show* entrou em cena no outono de 1983, em meio a grande alarde da mídia, intensa cobertura por parte da imprensa e resmungos por parte dos mastodontes de Maggie Thatcher. Não tínhamos disfarçado nossas intenções: Rog, Pete e a esposa de Rog, Dierdre, eram bastante visíveis nos círculos de ativistas da esquerda, o meu passado não era o de um simpatizante da dupla Reagan-Thatcher e as afinidades de Denton eram amplamente conhecidas. Além disso, contávamos com um produtor-executivo dos mais obstinados, John Blair, um exilado sul-africano, com credenciais impecáveis de esquerdista (tinha produzido o primeiro documentário sobre as manifestações em Soweto). Blair e eu nos odiamos, à primeira vista; de imediato, ele deixou claro aos demais integrantes do grupo que, em sua opinião, havia capitães demais na ponte de comando.

Conforme disse o grande ator, Edward Kean, no leito de morte: a vida é fácil. Difícil é seriado de comédia. *Spitting Image* era ainda mais complicado, por se referir a questões atuais (o que dificultava a preparação antecipada de *scripts*); ademais, os atores trabalhavam como tal e como manipuladores de marionetes, segurando bonecos cuja altura variava entre um metro e um metro e meio, cujos movimentos tinham de ser seguidos através da observação de monitores de TV, e cuja fala era baseada em pessoas vivas, sendo que as vozes, para terem graça, precisavam ser bem imitadas, em geral, por um imitador que ficava longe da câmera, e que tinha de levar em conta o movimento labial dos bonecos. Ninguém jamais tentara realizar um *show* tão complexo.

Insisti que os três "criadores", Rog, Pete e eu, detivéssemos controle sobre o *script*; era o único meio de garantir que o *show* não se "rendesse à televisão". Isso queria dizer que Rog, Pete e eu seríamos os responsáveis pela modelagem dos oligarcas de borracha.

Lloyd ficou responsável por todas as demais etapas, entre o *script* e a versão final da fita a ser levada ao ar — ensaios, estúdio, sala de edição. Além disso, era ele quem entrava em cena, era sua reputação de "menino de ouro" que estava em jogo.

Para facilitar a produção dos *scripts*, preparei diversos segmentos breves que incluíam, mais ou menos, os mesmos personagens toda semana. Ron e Nancy (e Ed Meese[4]) estrelavam o esquete "O Cérebro do Presidente Está Desaparecido" — o cérebro de Reagan, do tamanho de uma noz, tinha escapado do crânio do presidente, e se tornado um fugitivo. Em "Número 9, Downing Street", o vizinho de Maggie, um cavalheiro alemão chamado Wilkins, octogenário, flagrantemente Hitler aposentado, oferecia conselhos a ela, do outro lado da cerca do jardim. Em um terceiro esquete, um local chamado de "Ex-Chequers"[5] era um asilo para ex-primeiros-ministros ingleses, agora decrépitos, por exemplo, Wilson, Macmillan, Callaghan e Alec Douglas-Home.

Lloyd detestou esses esquetes. Eram "excessivamente políticos" e "longos demais". Preferia esquetes rápidos, com piadas curtas e em abundância, de modo que, no momento da gravação, ele pudesse descartar as que não lhe agradassem.

— Você se sente feliz, fazendo o que faz, meu caro?

Era o terceiro dia. O quadril o incomodava, e por isso estávamos sentados no jardim. Ele segurava minha mão, apoiada sobre o assento do banco de madeira, entre nós.

— Vejamos. Sinto-me feliz no início e no final de um projeto, mas raramente durante o desenrolar. Acho que me sinto feliz quando as coisas dão certo... embora, por mais bem-sucedidas que sejam, o sucesso nunca parece bastante. Sinto-me feliz quando estou escrevendo... se for algo engraçado.

---

[4] Edwin Meese III, assessor de Ronald Reagan, chefe da Casa Civil. [N. do T.]

[5] Trocadilho intraduzível, remetendo à palavra *exchequer*, que significa "tesouro, erário público, Ministério da Fazenda, órgão do governo que se reporta ao primeiro-ministro". [N. do T.]

— Será que é a escritura ou o fato de ser engraçado?

— Escrever sozinho me assusta muito. Acho que isso é engraçado.

— Então, ser engraçado, caro Tony, ter gente rindo de você o tempo todo, ou do que você escreve, o faz feliz?

— Sim, mas preocupo-me um pouco, quando constato o que costuma acontecer com gente engraçada. Seria de se esperar que estar sempre fazendo os outros rirem, estar sempre perto do riso, teria um efeito bastante positivo, certo? Mas parece que ocorre exatamente o contrário. Talvez seja o fato de se estar sempre procurando defeitos nas pessoas, para expô-las ao riso.

Contei-lhe uma história acerca de Jerry Lewis. Anos antes, meu parceiro Nic e eu tínhamos participado do *telethon*[6] produzido por Jerry Lewis. Eu me encontrava na coxia, ao lado de Jerry, longe das câmeras. O *show* já durava cerca de vinte horas, e nosso mestre-de-cerimônias já estava na enésima garrafa. Um dos "meninos de Jerry" apresentava-se diante das câmeras, um adolescente com alto grau de deficiência, que, com esforço desesperador, tentava dedilhar um solo de guitarra. O barulho era excruciante. Jerry virou-se para o contra-regra e rosnou: "Tira do palco esse aleijado de merda!"

Diante da "piada", frei Joe encolheu-se, como se alguém estivesse prestes a esmurrá-lo.

— Desculpe o linguajar.

— Não, não, não é o linguajar. O pobre rapaz ouviu o que ele disse?

— Felizmente, estava fazendo barulho demais.

---

[6] Programa de TV, com duração de várias horas, cujo objetivo é angariar recursos para a pesquisa médica. [N. do T.]

— Talvez fosse um lapso momentâneo, porque Jerry... er... Lewis estava muito cansado.

— Talvez. Para dizer a verdade, nunca encontrei um comediante, ou uma comediante, que não fosse insano, infeliz, vingativo, desleal, perturbado... e esses são os normais.

Apresentei-lhe outro exemplo: Jackie Mason, que tinha me localizado e a Nic no Blue Angel, em Londres, e que nos convidou para irmos para os Estados Unidos, designou o seu próprio empresário, Bob Chartoff, para cuidar dos nossos interesses, e se responsabilizou pela obtenção das nossas autorizações de trabalho. Antes de se tornar comediante, Mason estudara para ser rabino — algo não muito diferente do que aconteceu comigo, que cresci em contato com muitas das mesmas tradições. Depois de 25 anos bisbilhotando os defeitos de terceiros, ele passou a pintar os cabelos em tom alaranjado, usar colete e manter um número incontável de namoradas. Jackie é engraçado como o diabo, mas... será feliz? Ou, mais a calhar... será bom? Tão bom quanto no tempo em que era um jovem rabino? Não sei. Será que ainda hoje ajudaria dois jovens a se transferirem para os Estados Unidos?

— Você acha que está se tornando um J-J-Jerry Lewis, ou um J-J-Jackie Mason, meu caro?

Estaria? Será que eu acabaria com cabelos alaranjados, colete e cheio de manias? Será que eu já não estava na metade do caminho? Eu era uma das pessoas mais insanas, infelizes, vingativas e desleais que eu conhecia. Cruzes!


Tiveram início os preparativos de produção, no outono de 1983. Prontamente, a tensão começou a acumular. Lloyd, com o apoio de Blair, exigiu "cortes finais" no *script*. Eu recusei. Ele, então, sobrecarregou Rog e Pete com dezenas de novos bonecos, além das figuras óbvias, tais como a família real, Thatcher e seus ministros etc., quase todos personalidades menores da TV britânica. Mau agouro: com aqueles bonecos acabaríamos fazendo TV acerca da TV, precisamente o tipo de comédia que pretendíamos sepultar.

O que poderia tornar as coisas mais tensas? Ah, sim, um corte de gastos: a transferência do *show* inteiro, por via férrea, toda semana, para Birmingham — o sovaco da Inglaterra —, propiciando o somatório de problemas relacionados à logística, à produção artística e à atuação, levando todos a convulsões de medo e insônia. Blair vicejava nessa atmosfera, e passou a promover a noção de que "os *scripts* de Hendra" eram a causa de todo aquele caos.

A situação se deteriorou — passando de mal a pior, a insustentável — com a velocidade da luz. Jamais, na minha experiência na TV norte-americana, ou na revista *Lampoon*, ou em qualquer outro empreendimento nos EUA, depareime com o nível de crueldade demonstrado por aqueles britânicos, em suas brigas internas. O arquétipo do britanismo imperturbável tinha desaparecido, com os campos imaculados e os antigos *cockneys*. Ninguém parecia ter ouvido falar de autodomínio. Ataques apopléticos, berros e palavrório que só quem tivesse diploma de medicina seria capaz de entender ecoavam pelos corredores até o raiar do dia.

Eu já havia notado que os britânicos eram fascinados por sua TV: o que, na realidade, não surpreende, pois se trata da melhor televisão do mundo. Enquanto os norte-americanos ficavam boquiabertos e narcotizados diante da TV, como se o aparelho fosse um gigantesco tranqüilizante capaz de emitir luz, os britânicos ficavam nervosos, histéricos, como se a TV os bombardeasse com disparos de estimulantes do tamanho de nêutrons. Agora eu me perguntava se aquela histeria não seria endêmica na versão britânica do referido veículo de comunicação, pois era a ordem do dia no lado da produção também.

— Lembro-me de quando, muito tempo atrás, você assistiu àquele *show*, em Cambridge, e escreveu-me uma linda carta a respeito.

— O senhor se lembra de tudo. Como ainda pode haver espaço livre aí dentro, passados 75 anos?

— Na sua carta, você dizia que o riso era sagrado e que podia mudar o mundo.

Estávamos dando a volta na grande fazenda de Quarr, andando no sentido contrário àquele de hábito. O trajeto inverso era menos íngreme, e frei Joe se deslocava lentamente. No início dos anos 80, ele tinha começado a sofrer de asma e, de vez em quando, precisava interromper a caminhada. Havia rumores, em Quarr, de que a asma tinha origem psicossomática.

Em 1964, o último abade francês exonerou-se, e foi realizada uma eleição, na qual os únicos candidatos viáveis eram frei Joe e dom Aelred. Dom Aelred venceu, e nomeou frei Joe para o cargo de prior, ou seja, a segunda pessoa em comando. O cérebro e o coração, o "Estranho Casal" sagrado, trabalharam muito bem em conjunto, até que, subitamente, em 1980, o abade demoveu frei Joe, apontando-o vice-prior. A desculpa foi que o mosteiro precisava de sangue mais jovem.

Foi então que a asma começou.

Joe não me contou nada, obviamente. Para ele, a situação era excelente. Menos obrigações e a enfermidade recém-descoberta permitiam-lhe umas escapulidas para climas mais amenos: para a França e, acima de tudo, para a Itália.

O chiado em sua respiração indicava que estava na hora de telefonar para o agente de viagens.

— Ah, meu caro, eu não deveria estar assim tão debilitado. Não creio que vá viver muito.

— Não diga isso, Joe! Eu lhe digo quando morrer. E não vai ser em breve.

— Acho que você está certo, ao considerar o riso algo sagrado, caro Tony. E não estou me referindo apenas a coisas sagradas. O riso é uma espécie de válvula de escape, não é? É muito bom, durante as nossas assembléias, quando alguém se torna enfadonho, ou excessivamente sério, e algum membro presente não consegue parar de rir. Ah, isso é muito bom! Começo logo a rir também!

— O que eu gostei muito no senhor, frei Joe, quando nos conhecemos, foi o fato de o senhor ter sido o primeiro religioso a me fazer rir.

— Pois, então, está vendo só! E espero sempre fazê-lo. Deveríamos rir dos sacerdotes com mais freqüência. Pensando bem, o riso é algo muito importante. A vida é cheia de pequenos fingimentos e pretensões, e, quando rimos deles, tocamos, por um momento que seja, a verdade que está por trás. Isso é muito bom, para todos os envolvidos, penso eu.

Lembrei-me da época, muito tempo atrás, em que quase me tornei um deles, e que eles, de fato, riam e sorriam, diziam coisas engraçadas e faziam brincadeiras. Parecia que, mesmo em um grande silêncio, eles descobriam meios de espalhar o riso entre si.

— Não costumamos pensar em Deus rindo, não é? Porém, se Deus é felicidade, deve ser riso também. Lembra-se daquele belo trecho de Meister Eckhart que você encontrou?

Em hipótese alguma eu conseguia lembrar quem era o tal alemão. Aquilo tinha acontecido havia mais de 25 anos. Contudo, frei Joe lembrava-se da citação, textualmente:

— "Quando Deus sorri para a alma e a alma sorri para Deus, são geradas as pessoas da Trindade. Quando o Pai sorri para o Filho e o Filho sorri para o Pai, tal sorriso enseja satisfação, e satisfação enseja alegria, tal alegria enseja amor, e tal amor é o Espírito Santo."

A data da primeira transmissão estava próxima. O frenesi, o pânico, o palavrório, o medo, o ódio e os ataques atingiram uma escala sem precedentes. Aquilo era comédia? Eu despendia a maior parte do tempo e de energia tentando acalmar as pessoas. Tudo em vão. Ninguém queria ser acalmado.

O *show* foi ao ar. Os bonecos pareciam pesados, a marcação das cenas estava deficiente, os ângulos de filmagem desajeitados. O trabalho de edição parecia ter sido feito por um cego amputado. O ritmo dos miniepisódios era arrastado. O som estava péssimo. As críticas foram execráveis. Houve questionamento na Câmara dos Comuns. Os monarquistas ficaram furiosos com um segmento em que a rainha ridicularizava as pretensões medíocres de Thatcher. O esquete, nitidamente, ficava do lado da velha parasita inata, contra a irascível filha do verdureiro. Não importava; os monarquistas se opunham à redução da monarca à borracha.

Mas os sinais estavam todos lá. Tínhamos um enorme potencial de sucesso. Os bonecos emprestavam uma nova dimensão ao veículo. Era impossível deles desviar a atenção.

Eram intrinsecamente cômicos. Prescindiam de um desenvolvimento gradual, semana após semana, ao contrário do que ocorre com a maioria dos personagens de séries; eram prontamente reconhecidos como figuras novas. Melhor que tudo, provocavam a fúria das pessoas certas. Precisávamos apenas fazer com que se movessem melhor, escrever falas mais curtas, estabelecer relações entre eles, e *Spitting Image* decolaria como um míssil dirigido. Talvez demorasse um mês, ou três, mas tínhamos em mãos uma revolução em termos de sátira televisiva.

John Cleese escreveu-me, naquela mesma noite, dizendo que achava brilhante "o *show*, sei lá como se chama". Dizia que, em sua opinião, alguns bonecos e algumas vozes eram fracos, mas os *scripts* eram bons; tinha gostado, especialmente, do miniepisódio "Ex-Chequers".

Levei a nota de Cleese comigo, na manhã seguinte à estréia, a fim de mostrá-la aos colegas. Quando cheguei lá, não me dei ao trabalho. O nível de frenesi, pânico, medo e ódio tinha realizado o impossível: tinha aumentado. Ninguém parecia ter visto, ou ter a menor confiança no avanço ocorrido na TV na noite anterior. Na oportunidade, dei-me conta de que não ficaria muito tempo naquele manicômio. Já era fim de jogo.


— Você conseguiu, de certa maneira, mudar o mundo, meu caro?

— Não, frei Joe, de maneira nenhuma.

Houve duas ocasiões, no final dos anos 70 — ao menos, acho que foram duas e acho que foi no final dos anos 70 —, naquela hora do amanhecer, quando a euforia é memócoria tão distante quanto a coca, e a gente sabe que vai dormir até o meio-dia, quando o sol nascente atravessa a parte norte de Manhattan, do East Side ao West Side, transformando os zigurates de Nova Jersey em bronzes incandescentes, e Ur dos caldeus revive em Weehawken,[7] mas tudo o que aquela sublime visão urbana consegue fazer é nos deixar ainda mais deprimidos...

Em tais momentos, eu telefonava para ele. Era hora do almoço, em Quarr, portanto, ele podia conversar um pouco, o que fazia, com os modos cautelosos e extremamente polidos que os monges adotam quando falam ao telefone. Eu, que estivera acordado a noite inteira, travando um monólogo intenso com a coca, não escutando ninguém e obrigando todos a me escutar, ficava ali, meio desfalecido, calado, enquanto ele falava e gaguejava, às pressas, borbulhando com notícias do mosteiro, indagando "Você ainda está aí, meu caro?", e deixando cair umas pérolas de amável sapiência. A vergonha do período pós-coca se abatia, e eu alimentava a efêmera fantasia de fé e esperança: *Algum dia, em breve, voltarei; minha fé vai me salvar e, finalmente, finalmente, serei um monge...*


— É difícil mudar o mundo, caro Tony.

— Houve um tempo em que achei que estivéssemos produzindo algum efeito. Mas, não. Os cães de guerra estão novamente no comando. Dizem aos pobres que a pobreza é culpa deles próprios. Reina o mercado livre.

— Que vem a ser mercado livre? Um mercado onde tudo é grátis?

---

[7] Município localizado a 8 quilômetros ao norte de Jersey City, às margens do rio Hudson, do lado oposto à cidade de Nova York. [N. do T.]

— *Au contraire.*

Em poucas palavras, expliquei-lhe a essência da economia, segundo Ronald Reagan.

— Deixe-me ver se compreendi. Em suma: o meu egoísmo é do seu interesse?

— É bem isso.

— Parece b-b-bobagem.

Estávamos nos reaproximando do monastério, tendo cortado caminho através do jardim. Ele agora se apoiava, firmemente, no meu braço.

— O trabalho é tão importante, não é, meu caro? O trabalho opera de maneira desconhecida. Se for bem realizado, consciente, feliz, acho que produz um efeito muito além de qualquer coisa manufaturada, plantada ou vendida.

— *Laborare est orare.*

— Muito bem. Você se lembra.

— Achei que isso só se aplicava a trabalho de monge.

— Não vejo por quê. *Laborare est orare* não quer dizer que, literalmente, murmuramos preces enquanto trabalhamos. Levaríamos nós mesmos à loucura. O trabalho, em si, é oração. O trabalho realizado da melhor maneira possível. O trabalho feito, primeiramente, em prol dos outros e, depois, para nós mesmos. O trabalho pelo qual somos gratos. O trabalho de que gostamos, que nos eleva. O trabalho que celebra a vida, seja ele cultivar grãos nos campos ou utilizar o talento concedido por Deus, como no seu caso. Tudo isso é oração, que nos une uns aos outros e, portanto, a Deus.

— Meu trabalho é oração?

— Por que o trabalho que você escolheu seria menos válido do que limpar o curral?

Com um meneio de cabeça, ele saudou um frade que lavava com uma mangueira de água o cercado do gado.

280

— Acho que limpo um curral de vacas sagradas.

Finalmente! Consegui uma gargalhada autêntica.

Pensei no trabalho como oração. Dirigir caminhão? Cortar madeira na floresta? Traficar haxixe? Vender carros? Dar aula em uma escola? Trabalhar na Receita Federal, no Departamento de Trânsito, no Corpo de Bombeiros? Tudo isso, feito com alegria, gratidão, altruísmo e consciência, se torna... oração?

Por que não? Não no sentido de súplicas bem-comportadas e polidas, flutuando até chegarem a uma divindade caprichosa; antes, uma força, vital e viva, integrada ao cotidiano, capaz de produzir — com uma profundidade desconhecida por pesquisadores de opinião, especialistas em relações públicas, demógrafos e outros avaliadores da emoção pública — resultados que se espalham por toda a sociedade? Um número incontável de pequenos atos de desprendimento e boa vontade, unindo-nos, motivando-nos, concedendo-nos pequenos empurrões de fé e esperança. Até mesmo, mudando o mundo.

E por que não, deveras? Para um homem que não via o mundo cotidiano como algo distinto do sagrado. Que via Deus em toda parte, reluzindo nos mais simples, nos sofridos, nos desmazelados e nos derrotados. Que era um santo sensato, um santo que se interessava no que podia ser realizado, não no que deveria ser realizado, um santo pragmático, um santo da imperfeição.

Como deixei o programa *Spitting Image* não importa muito. Havia muita política sanguinária e muita luta corpo-a-corpo que não tinham a menor graça. Concluída a primeira série (seis *shows* gravados no Reino Unido), demiti-me.

Lloyd obteve sobre o *script* o controle que desejava e direcionou o *show* para materiais mais inócuos, mais do tipo "tiro rápido" — em grande parte, TV acerca de TV. Muitas das minhas contribuições sobreviveram, notadamente, as aventuras do minicérebro de Reagan e um segmento, veiculado durante muito tempo, em que Thatcher aterroriza seus obsequiosos ministros. A despeito do péssimo trabalho que eu tinha realizado nos *scripts*, a série da primeira temporada mereceu indicação para o Prêmio da Academia Britânica, que, no Reino Unido, é concedido não apenas para filmes mas também para TV. A série não venceu naquele ano, mas venceu no ano seguinte. Querida Inglaterra. Nação dos criadores relativamente livres e dos mui ousados artisticamente.

*Spitting Image* fez um sucesso estrondoso no Reino Unido; foi exibido na ITV durante dez anos, construindo muitas reputações, consolidando a de Lloyd. O programa foi amplamente imitado em outros locais da Europa, e seus clones ainda são exibidos por lá. Prossegue enfurecendo as pessoas certas. A versão do Canal+ continua a ser um fator na política francesa, inclusive nas eleições sísmicas realizadas na França em 2002. Vladimir Putin aprisionou o produtor da versão russa.

O dia em que me exonerei foi um dos piores da minha vida. Meus sonhos de regresso: o sucesso modesto mas prestigioso da série me estabeleceria no ambiente talentoso e de bom gosto da cultura popular britânica, garantindo meu lugar como membro legítimo da geração de humoristas dos anos 60... o chalé de teto de colmo, no West Country, com estábulos, pomar e um par de galochas verdes ao lado da porta dos fundos, esta quase obstruída de tanta glicínia... uma, ou três, ou dez, namorada(s), do tipo Rosa Inglesa, uma delas se transformando em segunda esposa... um (ou dois) Land-

Rover(s), um (ou dois) filho(s), o refúgio na Toscana, com um porão datando do século X (para o vinho)... colunas bem pensadas, mas irreverentes, no *Observer*...

Tudo história. Já era.

— E os ateus? Se trabalharem com o espírito que o senhor descreveu, o trabalho também é oração?

— É claro. Deus ama os ateus tanto quanto ama os fiéis. P-p-provavelmente mais.

— Bom consolo para nós, ateus.

— O que você deve se perguntar, caro Tony, é o seguinte: eu realizo com alegria e gratidão o trabalho que escolhi? Eu o realizo de modo consciente? Eu o realizo, em primeiro lugar, para os outros e depois para mim?

As perguntas me atingiram como anzóis no plexo solar. Ele não poderia imaginar como estava no caminho certo.

A briga feroz, sem graça, que eu acabara de levar a termo, posicionando-me como um pregador fundamentalista à porta de uma igreja, denunciando as forças da leviandade e da trivialidade? Minha contenda com Lloyd sendo, no final das contas, que piadas longas e tendenciosas eram política e moralmente superiores a piadas curtas e tolas?

Nunca, em um quarto de século trabalhando naquilo que tinha escolhido, eu tivera uma experiência humorística tão desprovida de humor como nos últimos seis meses. Quanto daquilo era eu? Não tinha havido alegria, gratidão, elevação no meu trabalho; "consciência" sequer entrava na pauta. Os outros em primeiro lugar? Jamais.

Talvez tenha sido a seqüência de decepções, após tanto sucesso. Talvez o humor fosse mais uma questão de moda do que eu imaginava, e a moda tinha mudado. Talvez a teoria da oração defendida por frei Joe estivesse certa, e qualquer que fosse o inimigo maléfico da oração, este havia voltado, para me morder.

Eu chegara ao fim de uma fase da minha vida. Eu mesmo não tinha percebido isso, mas frei Joe o percebeu. Com habilidade suprema, ele me conduziu, passo a passo, à conclusão de que eu havia me tornado uma pessoa bastante desagradável, e que era o momento de avançar, para uma segunda fase, mas sem rejeitar, conforme eu estivera inclinado a fazer, tudo o que havia até então realizado.

Se ele tivesse verbalizado qualquer pensamento nesse sentido, eu teria ficado indignado, teria resistido ou, simplesmente, fugido. Em vez disso, ele utilizou seu próprio código — oração, Deus etc. —, e o que disse foi certeiro.

— Como o senhor consegue, frei Joe?

— Consegue o que, meu caro?

— O senhor vive dentro do claustro, enclausurado nesta construção em tons de rosa e amarelo. Não tem carteira de habilitação. Não tem TV. Suponho que não vá ao cinema com muita freqüência. Vive de acordo com uma Regra escrita há quase 1.500 anos. No entanto, dispõe de uma habilidade quase misteriosa para compreender a essência da maioria das coisas mundanas, no caso, o meu ganha-pão. O senhor tem conversado com outros satiristas?

— Você é o único que conheço, meu caro.

— Sabe o que o senhor é, frei Joe? O senhor é um sábio inocente.


Era preciso enfrentar o próximo salto do penhasco. Eu sabia o que era. Um salto que eu vinha adiando e adiando. Porque me paralisava de medo. Não poderia mais me esconder atrás do trabalho de editoração e colaboração. Precisava aprender a ser escritor.

Ao longo dos dois anos seguintes escrevi meu primeiro livro. Tratava-se de uma história da sátira norte-americana, cobrindo os trinta anos precedentes, intitulada *Going Too Far* (Ir Longe Demais). Parte do livro era autobiográfica — eu conhecia muitas das pessoas mencionadas; portanto, o penhasco de onde pulei não era dos mais elevados. Mas fui obrigado a reexaminar diversas idéias preconcebidas acerca do riso, da sátira, de toda a questão da comicidade.

A descoberta central — que não consegui evitar, uma vez que estava revendo o que havia de melhor em comédia no século XX, uma geração extraordinária de gênios cômicos — foi sumamente indesejável. Embora venerasse o riso e os que faziam rir, fosse no palco ou na página, eu mesmo não era muito engraçado.

Eu não possuía a loucura gloriosa que tanto apreciava nos outros: Lenny Bruce, Zero Mostel, S. J. Perelman, Mel Brooks, Peter Cook, Terry Southern, Peter Sellers e Spike Milligan, Jonathan Winters, John Cleese e Graham Chapman, George Carlin, Lily Tomlin, Ritchie Pryor, Michael O'Donoghue, Doug Kenney, John Belushi, Eddie Murphy, Gilda Radner, Dan Aykroyd — todos tinham a habilidade de induzir nas pessoas uma histeria incontrolável. Minhas teorias a respeito de ataque e mudança de mentes nunca produziriam mais do que risinhos de reconhecimento. Grandes cômicos, às vezes, atacavam, direcionavam o riso a certos alvos — Cook em relação a Macmillan; Lenny aos racistas; Pryor a Reagan; Carlin à Igreja — mas, mesmo nesses casos, na realidade, o riso era voltado para *os comediantes*. Sua loucura interior, a franqueza diante da própria excentricidade, a admissão total da sua própria inigualável imperfeição.

Eu tinha talento, talvez. Mas comecei a entender a palavra como uma tentativa de diminuir a singularidade extrema dos indivíduos genuinamente engraçados, de agrupá-los em um único produto impessoal. Talento era para os de segunda linha, um reflexo opaco do verdadeiro dom. Palavra anticlimática, quando aplicada para definir a presença distinta, singular, a individualidade do autêntico gênio cômico. Aquela qualidade misteriosa que se torna visível, e que nos faz gargalhar antes que a comediante abra a boca, antes que o comediante faça *qualquer gesto*. Em seguida, o deus demente na língua, a eletricidade alegre correndo pela platéia, o estalido e a explosão da gargalhada. Conhecemos, intimamente, essa qualidade, mas ninguém pôde até hoje explicar de onde ela vem, o que ela é, por que não se pode aprender uma migalha a respeito dela, mesmo que seja estudada a vida inteira. Para os que são genuinamente engraçados, fazer as pessoas rirem *é* a forma extrema do humor. Vem em primeiro lugar. Mudar a opinião da platéia sobre algo — que era a minha missão até aquela data — vem em segundo lugar, muito depois.

Descobrir essa verdade foi um momento amargo, embora eu sempre a conhecesse, e bem lá no fundo. Tantas vezes, mais tarde, perguntei-me se, no amplo reservatório de sua intuição, frei Joe já não o soubesse, e não tentasse me dizer, gentilmente: *Desista, filho, você está desperdiçando seu tempo.*

A verdade traz os seus consolos. Se não houvesse encontrado, através dele, os meios para chegar àquela nova conversão, se não tivesse escrito o livro, nunca teria chegado à referida conclusão — talvez continuasse a labutar, indefinidamente, a fim de Mudar o Mundo Através do Riso.

*Sujeito talentoso. Até que é engraçado. Dá para acreditar na cor do cabelo? E por que o colete?*

Houve outras compensações. Para minha surpresa, a solidão da escrita foi uma experiência sublime, após tantos anos de co-autoria. A brancura ártica da página, que eu tanto receara, derretia-se como o gelo na primavera. Escrever era andar por novos campos, uma nova infância de descoberta, uma sombra verde e nova para novos pensamentos verdes. Entreguei-me de um modo que havia 25 anos não conseguia fazer. Devia tudo àquele homem. Como pude um dia chegar a pensar que ele fosse... irrelevante?

Conversamos sem parar, durante o resto da visita, o *Spitting Image* já esquecido. Conversamos mais a respeito do riso, e rimos juntos. Contei-lhe piadas que ele até compreendeu. De algumas, ele ria sem entender.

Falávamos como pares, amigos, como pais e filhos o fazem, quando a idade começa a suprimir o hiato que os separa. Arrependi-me dos anos precedentes, primeiro, a dependência, depois a distância, a obrigação de sentir afeto, o dever encarado com relutância, a terrível sensação de alívio, quando deixei Quarr. Mas aqueles sentimentos tinham sido autênticos, e talvez fossem necessários. Caso contrário, não estaríamos ali.

Na véspera da minha partida, fizemos nossa última caminhada. Eu sairia cedo, de manhã, para Heathrow, de onde minha namorada e eu voaríamos para Creta, para ruínas de cidades de 4 mil anos.

Ele me perguntou sobre ela.

— É italiana. Ou melhor, norte-americana de origem italiana. Muito bonita.

— É loura? — Novamente o brilho nos olhos.

— Não, é extremamente inteligente.

Ele não entendeu.

— Vai se casar com ela?

— Nunca. Basta uma vez.

No momento em que alcançávamos a sombra do mosteiro, dei-me conta de algo... tão simples que me fez rir. A nova e maravilhosa vida inglesa que eu esperava conseguir através do *Spitting Image* não era apenas uma fantasia, era uma ilusão. O motivo da minha determinação de voltar à Inglaterra era o velho que mancava ao meu lado. Frei Joe era a minha Inglaterra. Eu jamais desejaria estar tão longe do meu pequeno farol como estive naquela noite em Malibu.

Quando chegamos ao mosteiro, ele soltou o meu braço e se arrastou até um recinto semelhante a uma galeria, que ficava sob uma das alas. Então, para minha surpresa, começou a caminhar a passos largos, com grande vigor, as velhas e enormes sandálias de Asterix estalando no cimento.

— Disseram-me para fazer isso todos os dias, durante dez minutos, para fortalecer o quadril.

Observei-o marchar, para a frente e para trás. Não parecia feliz.

— O senhor precisa de uma música marcial.

— Boa idéia! Você sugere alguma, meu caro?

— Tem uma velha canção da Segunda Guerra Mundial, que meu pai me ensinou. Primeiro, a melodia...

Assobiei a "Marcha do Coronel Bogey". Ele aprendeu a melodia imediatamente, é claro.

— Muito bem, agora a letra...

*Hitler tem apenas uma bola,*
*Goering tem duas, é gabola...*

Nunca tinha visto frei Joe rir tão alto.

*Himmler também só tem uma,*
*E o pobre Goebbels não tem nenhuma.*

Frei Joe se dobrava de rir, sem forças, dando tapas nos joelhos ossudos, de tanto que se divertia.

— Ah, meu Deus! É minha vez de cantar! Me ajude!

Começou a marchar pela galeria, marcando o passo, empertigando as costas de 75 anos, cantando a plenos pulmões:

— *HITLER TEM APENAS UMA BOLA!* Quem?

— Goering.

— *GOERING TEM DUAS, É GABOLA...*

"*HIMMLER TAMBÉM SÓ TEM UMA!* Esta é a parte que mais gosto!

"*E O POBRE GOEBBELS NÃO TEM NENHUMA!*"

Cantou a canção inteira, mais seis vezes, a todo volume.

## CAPÍTULO QUINZE

Chamava-se Carla e o sangue italiano era imediatamente perceptível: cabelos negros e lustrosos, olhos castanhos, do tamanho de bolas de golfe, pele da cor de *vino santo* jovem. A primeira vez que a vi foi no outono de 1981, do outro lado de uma sala cheia de jovens neoconservadores egressos da Universidade de Chicago. O que eu fazia em um grupo de jovens neoconservadores? Estava sendo contratado (trabalho para o lado que melhor me pagar: ao mesmo tempo, estava sendo pago também por exilados contrários ao xá e a Khomeini — mas que não eram pró-EUA —, para editar e traduzir um volume intitulado *The Sayings of Ayatollah Khomeini* (Os Provérbios de Aiatolá Khomeini).

O grupo da Universidade de Chicago era liderado por Peter Cohn, filho do lendário agente Sam Cohn. Os alunos tinham decidido que a homenagem que fariam aos mentores Milton e Rose Friedman[1] seria uma grande paródia a *The Wall Street Journal*. Por intermédio de Sam, que era meu agente, meu nome foi sugerido para ser o editor da publicação.

Carla era graduada pela Universidade de Chicago — na verdade, com menção Phi Beta Kappa[2] —, mas, felizmente, não era neoconservadora. Possuía uma beleza impressionante e muito sensual — tinha trabalhado como modelo, em Los Angeles. Naquela noite, porém, exibia um ar taciturno, deprimido, que julguei fosse tédio, diante da conversa fiada empresarial dos colegas de sala. A atitude era muito mais do que isso: um mecanismo de defesa — proteção contra uma grande insegurança, o que era estranho, considerando sua inteligência e suas realizações — que levava as pessoas a subestimá-la. Talvez por isso o papel previsto para ela, na paródia iminente, era de humilde serviçal.

Ela se voltou para mim, com um olhar entediado, as pálpebras pesadas, examinou-me da cabeça aos pés e sorriu, um leve sorriso conspiratório. Decidi, naquele momento, que trabalhar para os tais peixinhos de Reagan talvez não fosse tão detestável quanto parecia.

---

[1] (1912- ): economista liberal norte-americano, monetarista defensor das forças do livre mercado; figura icônica, recebeu o Prêmio Nobel de Economia, em 1976; Rose foi sua esposa e colaboradora. [N. do T.]

[2] Em universidades norte-americanas, sociedade acadêmica de graduandos, à qual os membros são eleitos com base em desempenho acadêmico excepcional (origem: iniciais do lema, em grego *philosophia biou kubernetes*, "filosofia é o guia da vida". [N. do T.]

Dentre eles, Cohn era, de longe, o neoconservador e monetarista mais agressivo. Com efeito, o empreendimento, ao contrário do modelo *Not The New York Times* (que, sem que assim desejássemos, não teve, absolutamente, fins lucrativos), deveria gerar lucros aos investidores (e gerou, embora, como sempre, não para os criadores). Cohn também alimentava a noção incoerente de que a iniciativa, de certo modo, promoveria a obra de tio Milton e de tia Rose. Vi-me obrigado a explicar, detalhada e freqüentemente, que, nesse caso, ele deveria ter escolhido como alvo da paródia uma publicação não-monetarista. Era difícil fazer uma paródia engraçada do *Wall Street Journal* sem se opor às causas defendidas pelo jornal e às políticas corporativas da administração que o jornal apoiava com tanto entusiasmo.

Era fascinante o fato de Cohn e seu grupo se considerarem uma nova tendência em termos de humor, uma guinada anti-*Lampoon*. Vestiam-se e falavam como alunos egressos de escolas da elite norte-americana, e mostravam-se orgulhosos de fazê-lo, contrapondo-se e desprezando lunáticos permissivos, cabeludos, amantes do "paz e amor" e malvestidos — como eu. Eram todos, inclusive Carla, cerca de 15 anos mais jovens do que eu, e era alarmante ser, pela primeira vez, não o jovem rebelde, mas o reacionário que precisava ser aturado por causa de seus contatos e conhecimento, mas que seria varrido do mapa, pela contra-revolução, assim que o ofício fosse aprendido.

Em termos mundanos, Cohn e seu grupo eram riquinhos. A noiva de Cohn — a melhor amiga de Carla — era filha do magnata do cinema Eric Pleskow, o gênio que esteve por trás, primeiramente, da United Artists e, mais tarde, da Orion, homem que tinha 14 Oscars na sala de jantar, e fortuna à altura (e, em um toque deveras shakespeariano, inimigo mortal de Sam Cohn).

Carla não era riquinha, e eu tampouco. Esse foi o nosso primeiro vínculo, e ridicularizar os "jovens patrões" foi o segundo. Era dotada de um intelecto cortante e grave, e, igualmente importante, era boa ouvinte. E provou ser uma administradora extraordinária, controlando todos os aspectos de um trabalho que se tornou enorme (24 páginas de jornal, sem anúncios pagos, em que cada palavra e imagem precisavam ser escritas, pesquisadas, fotografadas e/ou retocadas, revisadas, compostas para impressão, alteradas no último minuto, pagas, impressas, classificadas... e, obviamente, engraçadas). Carla demonstrou os primeiros indícios de um estilo administrativo que, mais tarde, haveria de transformá-la em executiva de alto escalão: a habilidade de obter a colaboração de pessoas sob grande pressão, com paciência e sem confrontos, sem deixá-las magoadas ou ressentidas, contrariando o resultado das práticas corporativas predominantes (de origem darwiniana). Naquela época, mulheres de negócio costumavam ser ou molengonas de baixo escalão ou "artistas", detentoras de grande visibilidade, por exemplo, Mary Cunningham; Carla foi precursora de uma onda impactante e influente que haveria de transformar a gestão empresarial ao longo das duas décadas seguintes.

Percebi, no entanto, que apesar da beleza e dos talentos evidentes, ela não aceitava elogios. Esquivava-se ou retorquia em tom autodepreciativo, ou os questionava, como se duvidasse da sinceridade das deferências. Tanto essa insegurança quanto o talento gerencial talvez tenham resultado do fato de ela ter crescido no seio de uma família grande.

Católica? Evidentemente. O inusitado era que o pai, germano-irlandês, Sr. Meisner, era o católico devoto, não a mãe cem por cento italiana. A mãe de Carla nascera na região da Itália oposta àquela de onde costumavam vir os norte-americanos de origem napolitana ou siciliana — a família tinha raízes no Piemonte, mas ela fora criada como metodista. À semelhança de meu pai, ela concordara em criar os filhos como católicos, e o resultado tinha sido 17 gestações, 14 das quais levadas a termo.

Uma família tão grande era uma espécie de subgrupo demográfico, em que era possível constatar as mais diversas tragédias, comédias e tragicomédias que afligem a vida moderna norte-americana. Um rapaz tinha servido no Vietnã; uma jovem tinha morrido, estupidamente, em um acidente de carro; uma criança sofria de leucemia; dois parentes eram advogados que se dedicavam aos oprimidos (um era defensor público, o outro advogava causas de imigração); um era pediatra, outra enfermeira. Dois tinham servido na Força Aérea, nem tanto por militarismo, mas para obter diploma universitário à custa do Estado (um graduou-se na Academia da Força Aérea, o outro se tornou piloto da aviação civil). Um trabalhava em Wall Street; um era violinista e concertista profissional; um prosperava no comércio californiano de vinhos. As únicas áreas em que a família ainda não tinha se aventurado eram entretenimento e mídia. Eu me encarregaria desses setores.

Quanto mais eu conhecia os Meisner e seus cônjuges (em número sempre crescente), mais percebia que não eram uma típica família/dinastia norte-americana: de um lado, egomaníacos podres de ricos, supostamente, dignos de admiração; do outro, gente simples e religiosa, supostamente, capazes de nos inspirar. A família não era nem muito rica nem pobre, nem um sucesso de causar inveja nem um fracasso espetacular. Era composta de norte-americanos médios, que atuavam em vasta gama de atividades, pessoas gentis e generosas, e bastante modestas, efusivas e engraçadas, politicamente neutras, tolerantes das esquisitices de terceiros, muito prendadas — quase todas as jovens, inclusive Carla, tocavam piano clássico, em nível avançado. Conquanto a maioria tivesse nascido e crescido na região nordeste (em Connecticut), muitos acabaram morando no sul. Quase tudo o que tinha se passado com os parentes e contraparentes era, ao mesmo tempo, típico de alguma tendência predominante e por demais singular, ou idiossincrático, para ser reduzido à noção de "típico".

Ao contrário de Carla, nem todos pareciam italianos, embora a totalidade das moças tivesse herdado de suas mães os olhos imensos, similares aos da Madona; não era preciso se aprofundar muito, para descobrir que a *Mama* italiana e as raízes remotas os aproximavam e os mantinham unidos, fazendo com que sobrevivessem como família.

Não era, em absoluto, o catolicismo que os unia. O fecundo progenitor criara todos os filhos para serem bons católicos, mas a família Meisner se opunha ao sucesso da Igreja, no que dizia respeito ao objetivo tácito do controle da natalidade: povoar de católicos a Terra. Apenas dois membros da família eram praticantes, um dos quais se esforçava para compensar a ausência de todos os demais.

Eu adorava o fato de Carla ser italiana — totalmente italiana, a meu ver; adorava que ela fosse inteligente e talentosa; adorava que fosse jovem e linda; adorava que tivéssemos em comum nosso ex-catolicismo. Em suma, eu a adorava.

Àquela altura, meu primeiro casamento era um poço completamente seco; semanas inteiras se passavam em que Judy e eu não trocávamos mais do que dez palavras — todas educadas. Minha filha mais velha tinha saído de casa, para estudar na Universidade Barnard; minha caçula, em breve, estaria freqüentando a Universidade Sarah Lawrence, e ficava em casa menos tempo possível. Nosso apartamento do Soho parecia uma estação de metrô abandonada, pela qual, às vezes, passavam os fantasmas de passageiros mortos há muito tempo, procurando objetos perdidos na década de 1920.

O nariz de Judy parecia estar ficando grande demais.

Casos de amor no ambiente de trabalho não iam bem comigo — queimei-me, seriamente, na *Lampoon*, em decorrência de um namorico, e vi diversas pessoas ficarem tostadas e crocantes. Contudo, uma coisa levou a outra e, quando *Off The Wall Street Journal* foi publicado e se tornou um sucesso, eu tinha uma amante espirituosa e *sexy* para me acompanhar a festas no centro da cidade, voar comigo pelo país e me ajudar a abrir garrafas de champanhe retiradas de frigobares de suítes presidenciais em cidades do interior.

Os primeiros meses do nosso relacionamento parecem um borrão, mas um momento se destaca. Judy e eu precisávamos passar o fim de semana em nossa casa de campo, em Nova Jersey, para cuidar de negócios. Embora ainda não estivéssemos separados, tudo o que fazíamos tinha um ar prático e agourento, como se, tacitamente, estivéssemos ultimando tudo. Eu tinha prometido a Carla que lhe telefonaria pela manhã, mas não me parecia certo fazê-lo de casa. Fui de carro até a rodovia, até um pequeno centro comercial, onde havia um telefone público. Era uma chuvosa manhã de inverno; em frente a uma loja de conveniência, chamada Pop 'n' Stop ou Chick 'n' Check, telefonei para Carla e, após muitas chamadas, ela respondeu. Sua voz parecia baixa, jovem, distante e ininteligível, de tanto sono.

Um calafrio sacudiu-me da cabeça aos pés, aduzido de forte carga de presságio, como se algo sísmico estivesse por ocorrer na minha vida, algo não necessariamente agradável, mas que era impossível de ser evitado, algo inescapavelmente predeterminado.

Naquele momento, julguei que a sensação decorresse daquela situação de adultério, em Nova Jersey, na chuva. Não decorria do adultério, em Nova Jersey, na chuva.

O namoro se transformou em caso. Eu não podia mais enganar a pobre Judy; abri o jogo e saí de casa. O caso se tornou compromisso, quando Carla e eu ultrapassamos a primeira onda de empolgação. Combinávamos em todos os sentidos e, juntos, éramos capazes de nos divertir muito. Em comum, tínhamos o gosto por música clássica, livros, comida, vinho e culinária, por locais e objetos antigos, e por viagens.

Eu sempre fora um europeu pão-duro, relutante em gastar, receoso de dívidas. Carla era mais norte-americana em relação a dinheiro. Comprou-me roupas da moda e presentes caros, e levou-me a lugares com os quais eu apenas sonhara, por exemplo, St. Barts, Creta, Rio. Conseguiu emprego e começou a galgar degraus na empresa. Demonstrou um instinto brilhante em termos de decoração de ambientes, transformando os locais onde residíamos. Minhas filhas se afeiçoaram a ela, especialmente minha caçula, um tanto volátil, que a chamava de "madrasta maneira". E Carla, cuja idade a aproximava mais deles do que de mim, que conhecia a música que eles gostavam e falava sua língua, atuou como uma espécie de embaixadora, ajudando-me a reparar alguns dos danos que eu tinha causado.

No entanto, quanto mais íntimos nos tornávamos, mais freqüentes ficavam nossas desavenças.

Uma razão — segundo Carla — era que ambos estávamos impregnados de uma sensação de inferioridade e insegurança, que ela atribuía ao nosso catolicismo. Outra razão, mais imediata: eu não estava acostumado a viver com uma pessoa tão emocional e intuitiva. Meu hábito era oferecer a Judy explicações racionais para meus estados de espírito e meu comportamento, e ela as aceitava como sinceras e precisas, embora nós dois soubéssemos que, muitas vezes, tais explicações não eram uma coisa nem outra. Não seria de bom-tom, da parte dela, questionar-me. Quanto à "emoção", mal nos lembrávamos do sentido da palavra.

Carla era inteiramente diferente. Era dotada de uma capacidade misteriosa de perceber não apenas subterfúgios, como também a presença de qualquer marca estranha no meu raciocínio. Havia um fator crucial, diante do qual eu me retraía — racionalizando, paradoxalmente, que não queria magoá-la e perdê-la: eu não me casaria novamente. À medida que se tornava mais claro (pois um ano se transformou em dois, e depois em três) que era para o casamento que a relação se encaminhava, ficava mais difícil esconder minha decisão. Nunca expressei a posição, abertamente. Como um tolo, disse o oposto: *É claro que quero me casar... mas ainda não. Vamos esperar até que isso-assim-assim termine.* Estou certo de que ela percebia a evasiva, mas... não precisava me dar o ultimato.

De início, eu me ausentava do país com freqüência, mais tarde, permanentemente, em virtude do *Spitting Image*. Não confessei a ela meus anseios pela pátria-mãe, assim como não os confessei a meus parceiros. Os anseios não incluíam o casamento com Carla; em que pesasse minha fantasia a respeito da Rosa Inglesa calçando galochas verdes, tais anseios não incluíam casamento com ninguém.

Eu estava em um beco sem saída. Eu tinha dito que sim, mas sabia que não me casaria. Não que eu quisesse pular a cerca — não precisava disso. Tampouco tinha qualquer noção preconcebida de liberdade ou independência, conforme era o caso de alguns amigos que haviam rompido com as esposas e agora tinham namoradas mais jovens, com as quais não queriam se casar. Quem vai querer independência, quando se aproxima de meio século? Somente um eremita ou um assassino em série.

Casamento tornou-se algo impensável, depois de *Spitting Image*. Eu não repetiria certos erros. O receio misterioso que tanto me abalara, logo no início, tornou-se minha lógica. Tornou-se uma advertência, uma antecipação de mais sofrimento para outra mulher, nas minhas mãos — desta feita uma que eu amava.

Carla se tornava cada vez mais bem-sucedida. Completaria trinta anos em 1986 — uma mulher que adorava crianças. Uma competidora inata cujas irmãs e primas estavam gerando bebês como fornadas de pãezinhos em uma padaria.

A situação chegou a um impasse. Tínhamos ido passar o fim de semana em Atlantic City. Corria o ano de 1985; a opção era típica dos anos 80. Divertimo-nos como se fôssemos dois bobos, conforme sempre era o caso quando íamos para o bosque; neste caso, o bosque era o Taj Mahal, de Donald Trump. Rimo-nos horas a fio, perdendo 200 dólares no processo. E, então, fomos para a cama.

Na manhã seguinte, acordamos de ótimo humor e voltamos para Nova York, em um carro alugado por Carla, rindo a valer dos freqüentadores medonhos e dos tormentos do palácio dos prazeres de Trump. Conforme costumava acontecer, nosso bom humor tornou-se sombrio e maligno. Quando chegamos à via expressa de Nova Jersey, estávamos no meio de uma das nossas piores brigas. Tudo começou com meu nervosismo diante do que me parecia ser a maneira característica, norte-americana, de direção por ela praticada: colada ao carro que seguia à nossa frente, enquanto fazia várias coisas ao mesmo tempo: procurava um mapa no bolso da porta, sintonizava o rádio, checava a maquiagem no espelho retrovisor.

Daí foi — *Esta MERDA de carro é minha, eu dirijo esta MERDA do jeito que eu quiser!* Questão sensível. Eu estava no meio do livro e, embora o adiantamento pago pela editora fosse razoável, a parcela inicial tinha acabado. Com efeito, àquela altura, ela estava me sustentando. Daí veio — por que eu não consentia em me casar? *NUNCA?* (Eu tinha dito que trataríamos da questão quando o livro estivesse concluído — o mais recente dos muitos prazos por mim estipulados.) Ela disse, então, que estava me dando um ultimato. Ali, naquele momento.

— É agora ou nunca. Diga sim, ou está tudo acabado. Eu não posso *CONTINUAR ASSIM!*

Gritei de volta:

— Isto é *RIDÍCULO!*

Ela gritou:

— Não é *não!* — E freou, bruscamente, parando no acostamento.

— Ou você concorda *AGORA* em se casar... conforme disse que concordava, anos atrás... ou *SAI DO MEU CARRO!*

— Não vou concordar em me casar sob a mira de um revólver!

— *ENTÃO SAIA JÁ DESTA MERDA!*

— Estamos no meio da merda da *VIA EXPRESSA!*

Ela atravessou na minha frente, enfurecida, e conseguiu abrir a porta. Não me mexi. Ela me empurrou com força e deu-me alguns socos. Pensei: *O que ela pode fazer se eu sair? Um impasse. Será obrigada a deixar que eu volte para o carro, quando chegarem os patrulheiros.*

Saí.

Ela arrancou pelo acostamento.

Corri atrás do carro. Ela deu uma guinada e entrou na rodovia, quase pondo um fim a diversos casamentos. E desapareceu na via expressa.

Fiquei estupefato. Não tinha um tostão (os 200 dólares que tínhamos perdido eram os meus últimos recursos). Encontrava-me em um ponto distante da via expressa, em Pine Barrens. Era domingo de manhã. Não havia polícia rodoviária e nenhuma pessoa sensata pega caroneiros no acostamento da via expressa. Fazer o quê?

A ficha começou a cair. Ela falara sério. Já estava a caminho de Nova York. Não voltaria. Eu a perdera. Era agora uma executiva importante e decidida, acostumada a tomar decisões e seguir em frente. Eu estava, totalmente, totalmente fodido.

Sentei-me na mureta de segurança, desolado. Não podia voltar para a Inglaterra. Não tinha dinheiro. Ainda faltavam alguns meses para a conclusão do livro, e outros tantos até que eu recebesse nova parcela do adiantamento. Àquela época do ano, já era tarde demais para plantar uma horta em Nova Jersey. À base de que eu sobreviveria? Como pagaria as prestações da casa? Seria obrigado a vendê-la. Jesus, eu haveria de me tornar um sem-teto!

— Ei, cabeça fodida!

Era Carla, passando a cerca de 5 quilômetros por hora, na faixa de velocidade mais elevada, do outro lado da mureta de segurança, carros buzinando, enquanto ela desviava, em desespero, para a faixa do meio.

— Mudou de idéia?

— Sim, sim, sim!

Ela acelerou, fez uma meia-volta absolutamente ilegal, e freou atrás de mim, espalhando terra.

Fui até o carro, no intuito de entrar. A porta estava trancada, mas a janela estava aberta.

— Abra a porta.

— Não, não. Só depois que você concordar.

— Merda, Carla.

— Adeusinho. Tenha um bom-dia.

O carro começou e se mover.

— Espera!

Enfiei a cabeça dentro do carro.

— Você quer casar comigo?

— Sim.

Destravou a porta. Entrei. Ela cantou os pneus, entrando na via expressa a 110 por hora, enquanto verificava os cílios no retrovisor.

— Carla, você é uma imbecil.

— Mas uma imbecil eficaz.


E assim, no 20º dia de setembro, do ano de 1986, de Nosso Senhor Jesus Cristo, no sexto ano do reinado de Ronaldus Caesar, uma cerimônia civil, não reconhecida pela Igreja, foi celebrada no jardim da minha (em breve, nossa) casa, em Nova Jersey. Um bom número de pessoas compareceu, inclusive vários regimentos de irmãos e irmãs de Carla. Por capricho, convidei os dois únicos esquerdistas que ainda conhecia. Um foi Carl Bernstein, de quem eu gostava havia muito tempo, por dois motivos: *Todos os Homens do Presidente*, é claro, mas também pelas manchetes por ele criadas para a primeira página do *Not The New York Times*, escritas cinco minutos depois de ter recebido a notícia da morte de João Paulo I: PAPA MORRE DE NOVO; REINADO MAIS CURTO DE TODOS OS TEMPOS; CARDEAIS VOLTAM DO AEROPORTO.

O outro foi Abbie Hoffman, que fiquei conhecendo — embora não me lembre como — quando ele estava foragido do FBI e vivia na região de Thousand Islands, sob a identidade de Barry Fried. Foi Barry, e não Abbie, que, quando visitamos Thousand Islands, fez de tudo para seduzir Carla, achando que ela fosse judia, e boa demais para um gói como eu.

Os esquerdistas ferrenhos ficaram conhecendo o prefeito republicano do nosso município, um coronel reformado do Exército norte-americano, pesando 130 quilos, de cabelo e barba grisalhos, e dado a citar Aristóteles em reuniões da prefeitura. Foi ele quem nos casou, com discreta eloqüência. Um de meus melhores amigos, que trabalhava na *Lampoon*, John Weidman, foi meu padrinho. O pai de Carla leu o "Epitalâmio", de Gerard Manley Hopkins, com um sotaque de Pittsburgh, intenso e lírico. Em todos os sentidos, foi uma tarde americana gloriosa, o dia em que me casei com minha esposa norte-americana. E ela estava deslumbrante.

Passamos a lua-de-mel na Inglaterra — a primeira vez que pus os pés no país, desde o advento do *Spitting Image*; minha irmã caçula ofereceu-nos uma segunda festa de casamento, em sua casa de fazenda, em Derbyshire (a construção datava do século XVI). De lá, fomos até o vilarejo de Perosa, no Piemonte, onde firmamos a parte italiana do contrato, ao passar uma semana com a família da minha nova sogra.

Os atuais *nonno* e *nonna* do clã eram as pessoas mais hospitaleiras que tínhamos conhecido na vida; éramos da família e, portanto, eles nos cederam o melhor quarto, aquele *col letto matrimoniale*. Quando despertamos, em nossa primeira manhã, ouvimos os porcos que viviam no chiqueiro, logo abaixo, acordando para o desjejum. Nunca tinha me sentido tão feliz.

Mal estávamos de volta, e as desavenças recomeçaram. Colocávamos tudo para fora, pois agora tínhamos atado o nó para o resto da vida. A pior briga ocorreu na véspera de Natal, nós dois andando pela casa toda, descontrolados, aos gritos. Mais tarde, ela chorou, de maneira incontrolável. Pela primeira vez, notei que seu nariz era bem maior do que eu pensava.

Amigos nos ajudaram a fazer as pazes, e prometemos agir melhor. Chegamos até o final de 1987, aos tropeços. Mantive-me bastante ocupado, concluindo e publicando meu livro, e participando de um programa horrível, transmitido em horário matinal pela CBS, estrelando Mariette Hartley. Na entrevista de seleção, ela pareceu-me inteligente e charmosa, mas, no ar, demonstrou ser bastante limitada. O outro participante — Bob Saget — e eu agüentamos a provação porque nos tornamos bons amigos. Entre nós, chamávamos o programa de *Diário de uma Dona de Casa Louca*. Àquela época, *Spinal Tap*, em vídeo, tornara-se um sucesso estável; pela primeira vez na vida, passei a ser reconhecido em público. Convites de trabalho fluíam como vinho barato.

Era bom estar ocupado, mas, nem muito lá no fundo, eu tinha a sensação de que a história se repetia. Pela segunda vez, eu não conseguia evitar um determinado pensamento: *Cometi o erro de me casar para salvar uma relação.* Ou, seria mais correto dizer: O erro de me casar porque não sabia aonde a relação iria, se não fosse acabar.

Há um segundo erro, freqüentemente cometido por pessoas que incorreram no primeiro: ter filhos para salvar o casamento que salvou a relação. E isso fizemos nós.

Para mim, não era a primeira vez. Com a aproximação do fim do meu primeiro casamento, Judy e eu sentimos um surto de arrependimento, e decidimos salvar algo, antes que fosse tarde demais. Decidimos ter mais um filho.

A missão aqueceu as coisas entre nós. Ela estava quase com quarenta anos, e, na ocasião, trabalhava em um livro com um obstetra que morava no East Side, cuja clientela consistia em ricaços desmiolados. O bobão disse a Carla que tudo correria bem. Tudo não correu bem. Ela engravidou e pouco tempo depois passou por uma gravidez ectópica com risco de morte. Uma noite, cheguei em casa e constatei que ela não estava.

Foi ficando tarde, mas tínhamos criado o hábito de não nos intrometer nas decisões que tomávamos, separadamente; supus que ela estivesse ocupada, trabalhando com o tal obstetra. Finalmente, recebi uma chamada do consultório do médico. Descobri que ela estava hospitalizada e por quê. A princípio, fui levado ao desespero, tamanha era a decepção; em seguida, para meu horror, percebi-me aliviado.

O obstetra não me explicou bem a seriedade da situação. Ela estaria recuperada e poderia voltar para casa dentro de um ou dois dias. Visto que tenho um pavor quase psicótico de hospitais, não fui visitá-la naquela noite. Por isso, ela nunca me perdoou.

Lá estava eu, passados alguns anos, sem ter aprendido com a história, fadado a repeti-la.

Conforme ocorrera no passado, a decisão de ter um filho surtiu um efeito apaziguador. Em pouco tempo, uma menstruação falhou e a gravidez foi confirmada. O Natal de 1987 — nosso quinto juntos — foi um dos mais calmos e ternos. Carla e eu falamos do filho que estava a caminho, o menininho perfeito sorrindo para nós, correndo pelo jardim, pela margem do riacho em que pescávamos truta, dali a alguns verões, mantendo-nos unidos, nosso amor renovado.

De manhã cedo, em um domingo chuvoso, ela acordou sangrando e sentindo dores agudas. Tudo o que eu pensava, enquanto a ajudava a entrar no carro era: *Isto não pode estar acontecendo de novo!* E, novamente, aquela perversa pontada de alívio.

Para chegar ao posto médico mais próximo, dirigi a 140 quilômetros por hora, pela rodovia estadual, uma estrada mortal, com apenas duas pistas e os índices mais elevados de acidentes fatais, em toda a região nordeste. Segui de farol alto, com a mão na buzina, ignorando a faixa amarela dupla, Carla encolhida a meu lado, em posição fetal, padecendo de dor. Pouco me importava se colidíssemos de frente com outro veículo. Não importava. Não havia mais bebê. Não havia mais casamento.

Levaram Carla, às pressas, para a emergência e fizeram o que costumam fazer. Ao menos, ela não corria risco de morte. Pouco tempo depois, estava fisicamente bem, embora se sentisse perdida, aturdida. A enfermeira que a atendeu disse que o bebê estava com cerca de três meses. Era difícil precisar, naquela idade, mas pareceu-lhe que era um menino.

## CAPÍTULO DEZESSEIS

Quarr estava mudando.

Na primeira caminhada que fiz pelo bosque de castanheiros, agora árvores adultas, chegando até o pequeno promontório de onde se vislumbrava o Solent e onde, pela primeira vez, percebi os joelhos ossudos de frei Joe, deparei-me com um monge que não conhecia. Estava de costas para mim, à beira do penhasco, o vento açoitando-lhe o hábito, armando uma pistola.

Sua linguagem corporal não sugeria que ele estivesse prestes a pôr fim à própria vida; portanto, posicionei-me atrás de uma moita, a fim de observar o propósito da arma de fogo.

Ele engatilhou o revólver e espreitou a arrebentação. Uma gaivota solitária surgiu, voando contra o vento, em busca do almoço. O monge mirou, disparou e errou.

— Merda! — E sacudiu a cabeça raspada, indignado.

Voltou a engatilhar o revólver e disparou, novamente; a arma deu um estalo, como um silenciador. Dessa vez, atingiu a ave, que caiu no mar, debatendo-se nos estertores da morte.

— Te peguei, filha-da-mãe.

O sotaque parecia ser sul-africano, imediatamente, remetendo-me a Blair, figura detestável. Muito me esforcei para encher meu coração de caridade. Em vão. Odiei-o. Talvez ele tivesse percebido. Quando o cumprimentei, ele se virou, sem retribuir o cumprimento.

— Viu? Peguei a filha-da-mãe.

— Mas... por quê?

— Odeio as filhas-da-mãe.

Não era sul-africano, afinal; era britânico, e retornara de algum posto na comunidade britânica. Mea-culpa. Ao que parecia, ele achava que um leigo precisaria de uma explicação acerca do pau-de-fogo. Balançou a arma na minha direção, o dedo ainda no gatilho.

— Quando entramos para o monastério, temos autorização de trazer conosco algum objeto.

— Ah, entendo.

Até onde eu me lembrava, não havia menção a armas na Regra de São Bento. Mas o atirador não estava interessado em mim. Outra vítima tinha surgido, a fim de examinar o cardápio do almoço.

Quando mencionei a questão a frei Joe, ele me pareceu inusitadamente crítico, e franziu os lábios longos e irregulares.

— Tenho certeza de que Deus tem em mente algum propósito, meu caro.

Depois que perdemos o bebê, Carla e eu paramos de brigar. De início, isso parecia algo positivo, fosse por respeito ao morto ou em decorrência do entendimento mútuo de que os motivos das nossas desavenças eram sempre banais, e a perda do bebê não era banal. Houve também um vazio, que, durante algum tempo, pareceu natural e benéfico, inerente ao luto, um pequeno vácuo sombrio, onde antes havia um pequeno brilho de esperança.

Porém, à medida que o silêncio e o vazio continuaram, outra conclusão começou a martelar-me o cérebro: já não havia brigas porque já não tínhamos o que dizer um ao outro.

Brigar era, para nós, um jeito de nos comunicarmos; um indício de tal fato era que, por mais ferrenhas que fossem, as brigas nunca eram terminais. Às vezes, configuravam até preâmbulos de grande carinho ou reações fogosas. Eram um meio dorido de extravasar as frustrações contidas em nossa relação, uma ducha fria de verdades secretas acerca do outro, verdades que se acumulavam em nosso interior, até que a pressão se tornava excessiva. Outros casais tinham outros meios de extravasar tais verdades: provocações, ou descarregar tudo no psicanalista, ou infernizar os filhos. Brigar era nosso meio. Nada de mau nisso.

Mas agora... nada.

Teria sido a morte do bebê que fez com que parássemos de brigar — ou será que tínhamos chegado a um ponto em que a única utilidade que encontrávamos um para o outro era colaborar na geração de uma criança? E, visto que isso fora impossível, já não havia o que fazer ou dizer? Ou por que brigar?

Depois que tais pensamentos entraram em minha mente — conquanto fosse óbvio aonde se dirigissem, e eu não estivesse preparado a contemplar a trilha a ser seguida —, não mais saíram. Adveio, então, um pensamento ainda mais venenoso, que se infiltrou em mim como substâncias químicas letais que se espalham pelo corpo de um condenado.

*Castigo.*

Eu não acreditava em qualquer interferência capaz de infligir um castigo tão imaterial. Anos observando outras pessoas cometerem delitos morais ao menos tão nocivos quanto os que eu cometia, e serem recompensadas com sucesso sempre crescente, tinham me convencido disso. Não havia castigo para coisa alguma, exceto assassinato diante de testemunhas.

Todavia, com base no velho princípio de que quem conhece o pecado é o maior pecador, eu não conseguia eliminar o receio de que aquela morte, em algum tribunal superior, seria considerada infanticídio. Teria àquele pingo de inocência natimorta, que trazia consigo a semente do ser, sido negada uma chance devido aos meus vícios, teria sido abortado em conseqüência de trinta anos de egoísmo e apostasia?

Vivíamos intoxicados. Substâncias ilegais tinham fluído por várias vias dos nossos corpos. E um lago de substâncias legais tinha escoado pelos mesmos caminhos. Não fazia a menor diferença se a abordagem fosse de natureza médica ou religiosa. Eram tão-somente rotas diferentes para um mesmo destino: a culpa. Seria culpa minha? Seria culpa nossa?

Nos velhos tempos da nossa relação, tais armas de destruição de massas jamais teriam sido contidas. Explodiriam na maior das batalhas. Agora, porém, nada. Seguíamos em nossas rotinas, trocando poucas palavras, compartilhando poucas atividades. Passamos a ser até corteses um com o outro — péssimo sinal. Polidez fazia soar sirenes de alarme na minha memória matrimonial.

Com Carla tinha havido muito amor. No entanto, algo sempre espreitara o nosso amor, tramando-lhe a morte. Nunca tínhamos conseguido nos livrar do nosso parceiro indesejado, nosso Iago, nosso Espírito Não-santo.

Incompatíveis, o escritor católico e pecador e sua bela norte-americana de cabelos negros tinham chegado... ao fim do romance.

Comecei a sentir atração por Quarr com mais intensidade do que nunca. E não era a reação típica, "Quando em crise, correr para frei Joe". Havia agora algo mais primário a respeito do impulso, algo irresistível.

No momento em que subi a via que dava acesso ao mosteiro, pálido em conseqüência da mudança de fusos horários, a vegetação volumosa pingando chuva de inverno, Quarr parecendo mais dilapidado e menos convidativo do que nunca, um pensamento me veio à mente e ali se pôs a correr, no compasso do meu chapinhar:

*Casa. Casa. Agora você está em casa. Casa.*


— Quero de volta minha fé, frei Joe.

— Isso eu não posso lhe dar, meu caro. Mas o fato de você estar aqui, em busca da fé, já constitui em si um ato de fé.

— Por que não consigo acreditar nem nisso? Por que não consigo acreditar em *algo*? Estou tão cansado de não acreditar em nada.

— Você gostaria de... tentar a confissão?

— Que estranho! Estava pensando nisso, ainda no avião. Tenho muito que confessar. Mas, francamente, não sabia se vocês ainda praticavam a confissão.

— Praticamos. Hoje em dia é chamada de Sacramento da Reconciliação. Existe menos demanda por confissão, acho eu.

Estávamos no quarto que eu ocupava na casa de hóspedes. Havia décadas que eu não me hospedava ali. A casa estava exatamente igual — a mesma pintura desenxabida nos corredores, os mesmos tapetes gastos, os mesmos armários capengas, o mesmo odor de religiosidade nas salas. *Casa.*

Ele sentou-se. Ensaiei me ajoelhar, esquecendo-me de sua preferência. Ele fez um gesto, para que me levantasse e ocupasse outra cadeira, apoiou a minha mão sobre o braço da cadeira dele e depositou sobre a minha a sua manzorra cálida. Absolutamente inalterado.

O rosto ainda se mexia nos moldes de sempre, tremelicando e franzindo, para assim armazenar energia, embora em ritmo mais lento do que antes. Frei Joe estava com 79 anos e tinha passado alguns dissabores, devido a um câncer de próstata. Jamais tendo sido um atleta, sempre franzino, ele não parecia nada bem. Contudo, supostamente, o câncer estava em total remissão, enfraquecido diante de tamanha força vital.

— Então, meu caro, quanto tempo faz que você não se confessa?

— Vinte e oito anos.

— E o que gostaria de confessar?

Eu tinha pensado muito a respeito. Não tinha conseguido pegar no sono, durante o vôo, pensando na questão.

Tinha pensado a respeito ao longo dos últimos dois dias. E agora minha mente era um branco.

— Bem... é... embebedei-me várias vezes e tomei muitas drogas. Fiz sexo com várias mulheres... algumas práticas estranhas nesse particular. O senhor gostaria de saber detalhes?

— Não. Posso imaginar.

— Certo... cometi muitos atos de blasfêmia... escrevi muita coisa que magoou pessoas, nem sempre agi de acordo com a sua orientação... com altruísmo e gratidão... é... orgulho, muito orgulho, e gula... ódio... ira, muita ira. Eu já disse blasfêmia?

Ele apertou minha mão, levemente, para me interromper.

— Está bem, caro Tony. Sei que você perdeu a prática. Feriu alguém? Tomou de alguém algo de valor? Cometeu algum crime?

— Fiz tudo isso. Frei Joe, acho que matei nosso bebê. Carla e eu estávamos tentando ter um filho e... o perdemos. Tenho certeza que foi a bebida, a droga e... a maldade infinita que existe dentro de mim.

— Infelizmente, mulheres costumam perder bebês, meu caro.

— Mas não são as mulheres. Não foi a primeira vez. Fiz o mesmo com Judy, com outro bebê. Morreu também. Duas mortes, frei Joe. Sou eu o fator reincidente.

— Você está sendo severo demais consigo mesmo, meu caro. Sempre foi. Isso não é uma virtude.

— Espere até eu lhe revelar o seguinte: nas duas ocasiões, quando soube que o bebê estava morto, fiquei feliz! Nem posso acreditar. Eu queria tanto um menino. Ainda quero. Sonho com um menino. E, então, quando os dois meninos morrem, eu sinto alívio! Que tipo de pessoa me tornei, Joe? Houve um tempo em que quis ser santo.

Ele examinava as mensagens que chegavam, os olhos ainda fechados.

— São grandes imperfeições, meu caro. Mas não são o que você, realmente, quer dizer, são?

Ele estava certo. Ele estava escutando, mas eu não. Havia algo, mas eu não conseguia mergulhar o bastante para encontrar esse algo.

— Diga o que está em seu coração agora, meu caro.

— Acho que sou incapaz de amar, frei Joe. Totalmente incapaz de sentir amor, até mesmo de pensar em amor. Ou de querer amor. Não, isso não é verdade. Quero amar, desesperadamente. Mas o amor não vem. Sou perito em ódio. Especialista. Primeiro foi Judy. Agora é Carla. Só não sei de que parte de mim vem esse ódio. Não pode haver duas almas mais meigas e generosas, e tenho certeza que me amavam. No entanto, eu as xinguei e as odiei, e as rejeitei. Não foi uma só vez, mas duas... caso o senhor esteja pensando que a primeira vez foi algum desatino. Não, não. Sou assim mesmo. Odeio o amor. Tenho a *sensação* de ter pecado. Como ocorria quando, nos tempos de menino, a gente ganhava um presente e, sem o menor motivo, espatifava o brinquedo... e ficava de castigo, em isolamento, porque os maus são punidos com o isolamento. Certa vez, o senhor falou disso, não falou? O inferno é estar só, por toda a eternidade? Só, sem ser amado, sem amar?

Notei que minhas lágrimas escorriam-lhe pela mão. *Deus, que idiota lamuriento, que cabeça fodida.* Levei um instante para perceber que não tinha apenas pensado nessas palavras, que as pronunciara, em voz alta.

Ele não parecia ter ouvido. Permaneceu em silêncio absoluto. O rosto estava sereno, os olhos ainda cerrados, em atitude acolhedora.

— Caro Tony, você só vai poder amar quando entender o quanto é amado. Você é amado, meu caro, por um amor ilimitado... insondável... abrangente.

Ele não dissera por Deus. Por quem, então? Por ele?

Qual uma grande vaga que passasse por cima da arrebentação do bom senso surgiu o pensamento de que aquele velho elfo, que encolhia com o tempo, e cujas orelhas pareciam pára-lamas, era... Deus.

Ou um corpo que era, de tempos em tempos, habitado por Deus.

Mas eu não acreditava em Deus.

Ele sussurrou as palavras de absolvição. Fechei os olhos, no momento em que fez a cruz em minha fronte, com o polegar, e o tempo voltou a um menino de 14 anos, sentado naquele mesmo lugar, naquele mesmo cômodo, sendo absolvido pelo mesmo homem, com a mesma cruz e o mesmo polegar comprido. Isso somado a tudo o que eu agora sabia que haveria de acontecer com aquele menino.

Frei Joe voltou a apoiar a mão sobre a minha, e nos sentamos, em silêncio.

A mão estava envelhecida, a pele mais flácida, mas era grande e ossuda como sempre, e igualmente cálida. Senteime ali, durante muito tempo, sentindo a paz daquela mão fluir pela minha, e por todo o meu corpo, que também envelhecia.

Fazia anos que eu não participava dos Ofícios diários nem assistia à missa. Quando vinha a Quarr, de modo geral, era apenas para passar o dia. Se pernoitasse, hospedava-me em um hotel. A igreja da abadia e a casa de hóspedes sempre me causavam pânico e depressão. Os ecos da minha infância ainda soavam nas vigas de ambas as construções. A estrada não percorrida ainda se estendia para além do portão do claustro. O mais perturbador não era o quão distante, mas o quão recente tudo aquilo parecia. Como se tudo o que eu fizera nesse ínterim fosse banal, olvidável, não merecendo ser registrado. "Fugaz" é a velha palavra — excelente palavra. O tempo desfalece à medida que foge.

Naquela mesma noite em que me confessei pela primeira vez em 28 anos, decidi participar das Completas, na íntegra, pela primeira vez em 28 anos. Estava curioso para saber o que sentiria, depois de tanto tempo.

Era fim de fevereiro, e fazia horas que tinha escurecido. A igreja era um breu, exceto pela pequenina luz vermelha que reluzia a distância, em frente ao Santo Sacramento. O Salvador está... em casa. Piada de coroinha. A última vez que tivera tal pensamento estava com 12 anos.

O sino convocou a comunidade, e ela chegou, deslizando. Ou mancando. Como tinha diminuído! Quando eu costumava freqüentar os Ofícios, havia cerca de sessenta frades, de todas as formas, tamanhos e idades. Agora não havia mais do que 25, e a maioria era idosa, grisalha e de costas curvadas. O local precisava de novos recrutas.

Nada me causou tamanho impacto quanto os Salmos. As sonoras cadências em latim tinham desaparecido, substituídas pela complexidade surda da língua inglesa. E não era sequer a poesia gloriosa da versão da Bíblia na tradução encomendada pelo rei Jaime; era outra tradução, mais moderna, que preenchia uma grande lacuna, entre meados do século XIX e o final do século XX, incapaz de decidir se era um sermão metodista ou um diálogo de telenovela. Os cantos ainda pareciam gregorianos, mas visto que as melodias tinham sido compostas para o latim, constatavam-se estranhas discrepâncias com as palavras em inglês; ao final dos versos, o sotaque neobritânico nasalado dos monges mais jovens às vezes se projetava.

Não tendo acompanhado as convulsões por que a Igreja passara desde o Vaticano II, tudo aquilo era novo para mim. Meu primeiro pensamento foi que, por meio de algum obscuro gesto ecumênico, o local tinha se tornado, momentaneamente, protestante.

Quarr estava deveras mudando. De modo geral, eu preferia monges portando armas àquela paródia.

Sem dúvida, a comunidade ainda se encontrava no seio da Igreja. Próximo à conclusão, o Ofício adotou o latim. O hino final, dedicado à Virgem, não foi o *Salve*, mas aquele que o calendário determinava, *Ave Regina Caelorum*, sereno e intenso. O canto elevou-se pelos arcos, meio prece, meio balada, dirigido à mãe espiritual — e, quem sabe?, no fundo dos corações, às amadas — daqueles homens comedidos.

Algo dentro de mim reviveu, qual a chama de um piloto, um fósforo riscado a distância, em meio ao crepúsculo.

Fui até lá fora. Era o único hóspede do monastério. O átrio da igreja estava vazio e às escuras, a casa de hóspedes estava apagada, exceto o meu quarto e a ala comum.

Olhei o céu noturno varrido pelo vento.

Não era a aclamação de outrora. O universo — acima, à minha volta e dentro do átomo — não parecia menos impessoal, menos imensurável.

Apurei o ouvido. Lembrei-me do que ele me dissera: *Apenas ouça, meu caro*. No silêncio vibrante havia uma voz

— a minha voz, segundo parecia, mas, a bem da verdade, sempre parece ser a nossa voz:

— Reconsidera o que descartaste tempos atrás. Reconsidera o que te acostumaste a descartar sem refletir. É só isso o que tens de fazer. Voltar ao zero e recomeçar.

Foi menos uma revelação do que algo direto e óbvio, um pensamento se esgueirando, calado, pela porta da minha mente. As estrelas que brilhavam na cúpula escura do universo ali não estariam — assim como eu aqui não estaria, ou o montinho de pedra fria sob meus pés, tampouco os átomos ali contidos, nem as forças que os ligavam — se não fossem *mantidas* em seu existir. Por algo. Algum princípio fundamental, ou força, ou coisa subjacente a todos os demais princípios, forças ou coisas.

Caso contrário, não haveria nada. E por que não apenas nada?

Wittgenstein disse: *Eis o mistério, por que o universo existe?*

A exemplo de muita gente da minha idade e do meu círculo de relações, eu tinha chegado à conclusão vaga, emocional e nada racional de que a origem do universo e, por conseguinte, da existência estava bastante definida. O peso da pesquisa e das descobertas, bem como das várias teorias postuladas, empurrava indagações como: "Por que não apenas nada?", aos horizontes longínquos da pauta científica.

De certo modo, o progresso obtido era um pouco meu, pois a grande mente que fora meu colega, Stephen Hawking, era central ao processo em questão. Decerto, não cativei aquela grande mente, pedindo-lhe que fizesse meus deveres de casa, mas, ao menos por um momento, estivemos no mesmo time.

À luz da idade e vastidão inconcebíveis do tempo e do espaço, e da pequenez inconcebível dos *quanta*, a pergunta

"Por que não apenas nada?" não precisava ser respondida, ou ao menos poderia ser adiada. Por que existem matéria, energia, tempo e espaço, o que os fez existir e os mantém são, hoje em dia, de certo modo, questões sem sentido. O universo, simplesmente, *existe*. O fato verificável de que matéria, energia, tempo e espaço, bem como as forças que os regem, existem é tudo o que sabemos e tudo que precisamos saber.

Por outro lado, eu me aprazia em provocar amigos dotados de mentes científicas, afirmando que a Teoria da Grande Explosão, examinada com minúcia, era tão esdrúxula quanto qualquer outro mito de criação.

Por exemplo: como saber que o núcleo primordial, ou matéria superdensa, era do tamanho de uma bola de beisebol (conforme asseveram os divulgadores da teoria) e não de uma bola de golfe ou de uma melancia? Como foi que a tal bola de beisebol criou, em tão pouco tempo (três minutos, exatamente), 98% de toda a matéria contida no universo atual, uma entidade cuja dimensão é de, no mínimo, trilhões de anos-luz?

Ou vejamos a questão do tempo. Se o Big Bang ocorreu, conforme é geralmente aceito, há 13,7 bilhões de anos, ou há 5.000.500.000.000 dias, não terá sido aquele instante um momento específico no tempo, uma data específica? À medida que instrumentos de medição se tornam mais sofisticados, em breve talvez seja possível precisar em que dia da semana ocorreu o Big Bang. Como se pode afirmar, então, que antes do Big Bang o tempo não existia? Se houve um depois, houve um antes. Será a teoria do Big Bang muito diferente do cálculo do bispo Usher, efetuado no século XVII, que fixou a criação do universo na data de 22 de outubro do ano 4004 a.C., e que consideramos tão hilariante?

Digamos que alguém prefira a noção mais sofisticada, de um universo que se expande, em que tais questões são evitadas, pois a bola de beisebol é considerada uma "singularidade" que contém não apenas toda matéria, mas também espaço, tempo e energia de algo que se tornaria o universo. Se a energia ainda não existia, como a bola explodiu? Qual o significado de que, após a explosão inicial, a "singularidade" expeliu espaço e matéria, através do nada, de modo que o universo material tivesse um espaço por onde ser expelido? A noção de "criar espaço no nada" não soa como um absurdo semântico? E se não havia um local anterior, onde estaria a "singularidade", no instante que precedeu a explosão? Quando ocorreu T = 0, tempo zero, o momento em que tudo isso, supostamente, teria se passado? Foi T = 0 um momento nulo que existiu antes do princípio do tempo? Nesse caso, quando iniciou o tempo? No instante seguinte a T = 0? Se assim for, o que terá posto o tempo em movimento?

Mais intrigante era a resposta de que nada disso carecia de explicação porque havia um universo anterior que se expandira, assim como o nosso se expande, atingira o limite externo (onde quer que tal se situasse) e, de algum modo, implodira, voltando à bola de beisebol (ou à "singularidade"), para reiniciar o processo. Essa corrente, caracterizada por um processo de explosão-expansão-contração-explosão, prosseguiria para sempre, ou seria "contínua" — termo cosmológico moderno para definir o "eterno". O que soava estranhamente familiar.

Se nos distanciarmos de uma crença irracional na capacidade de a ciência tudo explicar, tais noções não parecem mais plausíveis do que serpentes gigantescas surgindo do oceano, para acasalar com elefantes imensos, ou uma divindade sem motivação explicável que montou o universo em uma semana de trabalho judaico-cristã. Será que a razão da improbabilidade foi que a primeira pessoa a postular o Big Bang foi Georges Lemaître, um sacerdote católico belga?

Mas isso era conversinha para a mesa do jantar. Embora a conversinha me empolgasse, eu sempre acabava me sentindo desgostoso e tristonho. A implausibilidade das teorias era mais um beco sem saída, mais uma falta de resposta ao enigma agonizante relativo a por que e como estamos aqui. Eu detestava me sentir tão perto dessas questões, detestava até mesmo que me passassem pela mente, deixando sua neblina de depressão e desespero.

Agora, não contemplando uma palavra inserida em uma conversinha, mas um universo subitamente real e tangível, uma nova idéia inundou meu cérebro, com a simplicidade refrescante da água que irriga um campo devastado pela seca.

E se o Big Bang não fosse algo esdrúxulo, mas estivesse perfeitamente certo, a avaliação correta de um fato ocorrido há um número exato (embora incontável) de dias, e correspondesse ao horizonte final do conhecimento, além do qual ficava a seguinte conclusão, única e lógica: a inteligência, a força, o princípio que a concebera?

E se a bola de beisebol superdensa, ou o ovo Fabergé de "singularidade", não tivesse surgido por passe de mágica, por acaso, mas fosse ativada por uma inteligência imensuravelmente engenhosa, lúcida e fértil? E mesmo que o universo em contínua explosão-expansão-contração-explosão fosse o modelo correto, e o Big Bang não fosse um nascimento mas uma ressurreição, por que tal não teria um propósito, tornando a dinâmica do nascimento, morte e ressurreição absolutamente fundamental para a existência? Em suma, e se essa força que estava por trás de toda força, essa luz por trás de toda luz, essa mente por trás de toda matéria, que existia no tempo e além do tempo, não fosse uma tolice obscurantista, ou um primitivismo sublimado, ou uma adesão desesperada a algum mecanismo de proteção coletivo freudiano, mas uma conclusão óbvia e inescapável de tudo que a ciência tinha descoberto?

E se o mesmo fosse verdade, em relação ao infinitamente pequeno e ao infinitamente grande? Que maravilha, que idéia criativa, límpida e perfeita, de que tudo o que existe seja baseado em um núcleo infinitesimal — o átomo —; cada um do número inconcebível de átomos do universo tendo existido desde sempre, infinitamente constituindo-se e se reconstituindo, ao lado de um número inconcebível de outros átomos, compondo tudo o que existe no universo, desde galáxias até Galileu e eu? Não será glorioso? Que alguma parte de nós, alguns átomos do meu corpo de carne e osso tenham integrado um astro, um estegossauro, Dante, ou o primeiro peixe que se arrastou na terra seca, ou, sabe-se lá, Buda ou Jesus de Nazaré? Que eu fosse, nós fôssemos, não apenas sob o aspecto espiritual, mas, concretamente, factualmente, partes de um todo?

E se a Grande Teoria Unificada, tão evasiva, com a qual sonha todo físico, estivesse bem à minha frente? A força por trás das forças, unindo, sem envidar esforço, o que é inconcebivelmente imenso ao que é inconcebivelmente mínimo? Essa GTU não anularia três séculos do fulgurante gênio científico, revelações surpreendentes feitas por cosmólogos, astrofísicos, proponentes da teoria quântica, pesquisadores do subatômico, aqueles cujo Prêmio Nobel foi algo trivial, comparado ao aprofundamento imensurável por eles propiciado ao nosso entendimento do universo, e de tudo que nele está contido — que concepção bela, simples, ampla, detalhada, impressionante, maravilhosa. Não

— seu trabalho e tudo o que ainda estava por fazer seriam realizados inefavelmente.

Talvez "por que não apenas nada?" seja uma pergunta que a ciência não possa responder. Possa apenas nos preparar a responder. "Por que não apenas nada?" talvez fique acima e além das incertezas aleatórias do material. Uma pergunta que só pode ser formulada e compreendida pelos que estudam e aferem um aspecto singular da mente humana: a capacidade de considerar a própria existência. Uma pergunta que só pode ser respondida por um poeta — ou um santo.

Eu não fazia idéia do que seria a tal força, ou princípio, que, de súbito, pareceu-me tão real — se correspondia a uma presença, no sentido pessoal, ou no sentido de uma verdade imanente ao universo. Evidentemente, era o que as pessoas queriam dizer, quando se referiam a Deus, mas formulação alguma de Deus, em termos de pessoa, pai ou gênero, tinha até então feito sentido para mim, nem mesmo na condição de metáfora.

Eu não amava tal força ou princípio, tampouco por ela me sentia amado. Não conseguia estabelecer ligação entre a força e aquilo que eu testemunhava dentro da Igreja, por mais belo, comovente ou etéreo que fosse a experiência.

Frei Joe estabeleceria as ligações para mim, de algum modo, em algum momento. Eu tinha total confiança em sua capacidade de realizar tal feito. Era essa sua área de estudo, e ele era um estudioso de nível internacional.

Mas isso podia esperar até amanhã. Agora, pensei, o Deus-força-princípio-coisa queria que eu desse um pulo até o *pub*, para celebrar.

E foi o que fiz.

## CAPÍTULO DEZESSETE

Frei Joe não se achou responsável pelo feito. Não era um animador de torcida. Sucesso e fracasso não faziam parte do seu léxico. Sucesso e fracasso implicam um produto final, e ele sempre esteve mais interessado no processo — um processo de supressão do eu, de descoberta do princípio ou da força que ele chamava de Deus, o processo de amá-lo, escutá-lo —, um processo que não vislumbrava um produto final, tampouco qualquer ponto em que tal produto pudesse ser medido, e sucesso ou fracasso declarado.

Ele não cabia em si, de tanto contentamento, diante da possibilidade de eu retomar o caminho da fé. Eu tinha encontrado o caminho, e agora que conseguia enxergar uma trilha, não muito mais visível do que o rastro de um cervo, mas que era uma trilha na vegetação rasteira, ele não queria louros, por mais que eu o louvasse. Eu jamais seria uma simples marca em alguma caderneta de realizações espirituais.

Eu conhecia aquele homem havia 33 anos, período que correspondia a mais da metade da sua vida de monge. Em poucas semanas, seria seu sexagésimo aniversário. Isto é, sessenta anos desde a sua profissão de fé, em 1928, aos 19 anos, quando ele escreveu os votos solenes de firmeza, obediência e conversão em um pergaminho e o depositou sobre o altar. A primeira Regra de São Bento, e a mais inteligente: faça-o por escrito.

À exceção da Primeira Guerra Mundial, da qual era jovem demais para se lembrar, frei Joe tinha passado por quase tudo naquele século terrível, sôfrego, homicida. Onde estava ele durante a Depressão? Na pobreza. Onde estava durante a Segunda Guerra Mundial? Na paz. Onde se encontrava durante a Guerra Fria, com seus tiranos capitalistas sanguinários e as revoluções comunistas sanguinárias? Amando os inimigos.

Agora, o conflito absurdo começava a arrefecer — graças a homens como João Paulo II e Mikhail Gorbachev, graças às abnegadas populações da Europa, meus contemporâneos e seus pais, que, a despeito de toda a imprudência e das infindáveis rixas tribais, constituíram uma geração de paz, que se recusou a aceitar a caricatura tola que Reagan produziu do povo russo, e não se intimidou diante das armas covardes que visavam ao extermínio de massas. Depois de tanto terror, ameaças, cenários escabrosos e atitudes temerárias, o confronto mais sem sentido e perigoso da história do planeta estava chegando ao fim, sem um único disparo. *Pax* — palavra simples, atemporal, posicionada no cerne da tradição beneditina, palavra que resistira a todas as tribulações e convulsões da Europa, desde

Carlos Magno até Churchill — tinha vencido a Guerra Fria. O espírito de frei Joe saía vitorioso do pior século já registrado pela memória humana. Talvez a fé que ele depositava na força da oração não fosse tão estapafúrdia.

Às vezes, eu tentava imaginar — passatempo comum à minha geração — o que teria acontecido se os nazistas tivessem conseguido dominar a Inglaterra. É certo que teriam acabado com Quarr, e com frei Joe, de roldão. Os nazistas exterminaram católicos — especialmente, o clero católico — com a mesma eficiência com que exterminaram outras vítimas. Mas os beneditinos teriam sobrevivido. Outros freis Joes teriam emergido do rio negro, a fim de construir outros Quarrs. Nos séculos passados, outros nazistas tinham dominado outras nações; mosteiros tinham sido incendiados e monges massacrados, devido ao simples fato de se recusarem a lutar, por abrigarem os indefesos, por acolherem o ódio com amor.

Aqueles impérios poderosos, bem como a ambição, a violência e o ódio que constituem a seiva de todo império, tinham passado, como folhas ao vento. Onde estão os visigodos e os *vikings*, as hordas tártaras, os espanhóis, venezianos, mongóis, o invencível Império Britânico, onde o sol jamais se punha e jamais haveria de se pôr? Onde estão aqueles povos poderosos cujos feitos intimidavam os grandes... e cujos nomes até mesmo os estudiosos têm agora dificuldade de lembrar? Abissínios, francos, lombardos, sarracenos, magiares, otomanos? Já não existiam.

Mas ali estava frei Joe, poderoso em sua submissão, ainda sobrevivendo e crescendo, passados 1.500 anos de outros freis Joes.

Ao longo dos anos, meu foco no velho amigo, minha intenção em não perdê-lo de vista, por mais que eu perdesse o meu próprio caminho, tinha empurrado de lado os sentimentos intensos que eu um dia nutrira pela grande tradição em que Quarr estava inserido. Apesar da minha apostasia, ou ateísmo, ou — francamente — da minha indiferença total diante do divino, frei Joe foi sempre um ser humano excepcional, cuja sabedoria e carisma discreto transcendiam os termos religiosos e monásticos em que essa mesma sabedoria e esse mesmo carisma se alojavam. Mas Quarr eu tinha posto de lado.

Agora, como quem vasculha o sótão e esbarra em tesouros há muito tempo esquecidos, comecei a me lembrar de como me entusiasmara diante da constatação da imutabilidade, de que algumas instituições não passavam como folhas soltas ao vento, mas resistiam, adquirindo uma aura sumamente eletrizante, pelo simples fato de se recusarem a sucumbir à pressão constantemente exercida pela mudança. Diante da descoberta de que a história não era apenas um catálogo de mortos, enterrados e esquecidos, mas um grande mundo novo, a ser desbravado; diante da descoberta de que, se nos aproximássemos do passado com generosidade, por assim dizer — tratando os habitantes do passado como seres humanos, e não como fatos, entendendo-os como modernos, em seu tempo, assim como nós somos em nosso, pessoas que pensavam e sentiam como nós —, os mortos revivem, nossos pares, em nada obsoletos, em nada ignaros, atrasados ou inferiores. A humanidade, para ser devidamente conhecida, precisava ser vista como imutável, assim como precisava ser vista como algo sempre em mutação. Quarr e a tradição beneditina tinham constituído o meu caminho para chegar a tais descobertas, um exemplo específico e vivo, do qual eu fazia parte, e que tinha feito a história latejar, cheia de vida.

\* \* \*

Nos dias subseqüentes, procurei ler o máximo possível a respeito do que havia acontecido com a Igreja durante minha ausência. O quadro não era nada bom.

A grandiosa cadeia de acontecimentos e pessoas que remontava havia quase 2 mil anos, e que suscitava o entusiasmo até de um adolescente espinhento como eu, não tinha sido apenas rompida; tinha sido atirada ao lixo. Como se apenas certos elos fossem importantes — os lapsos e pecados oficiais da Igreja —, não as centenas de milhões de outros elos: gente amável e generosa, clero e irmandade, almas abnegadas, plenas de fé, boas obras e boa vontade, almas plenas de fracassos, frustrações, pecados e tribulações. Estas também faziam parte da Igreja — havia 2 mil anos. Mas não pareciam ter qualquer mérito para nossos intrépidos reformistas, não passavam de uma dança macabra de superstição e credulidade, datando de um milênio.

Até onde eu podia perceber, os reformistas que prevaleceram após o Vaticano II — em sua maioria meus contemporâneos ou um pouco mais velhos do que eu — tinham cedido, com entusiasmo, a um dos defeitos mais mortais da nossa geração, defeito esse nutrido, sem dúvida, pelo fato de crescerem em meio aos escombros da Segunda Guerra Mundial — a falta propositada de qualquer percepção de história.

Eu não tinha me envolvido em qualquer reforma, mas não estava isento de culpa. Tanto quanto meus contemporâneos, durante anos, eu compartilhara de uma atitude que ia muito além da repreensível frase de Henry Ford: "História é tapeação." Na nossa perspectiva, história era muito pior do que tapeação: era algo suspeito, o inimigo, invariavelmente perverso, repositório de fracassos constantes, decepções mortais e ídolos aterradores. História constituía o tempo em que os erros eram cometidos, atrocidades perpetradas, o momento que antecedeu nosso esclarecimento. História era o tempo anterior ao nosso renascimento para a Única e Verdadeira Fé: somente a mudança, com a sua bênção voltada ao novo e ao agora, pode levar à salvação.

Havia ali uma lição objetiva que transcendia a situação caótica da Igreja. Rejeitar qualquer grande grupo de nossos antepassados culturais, em defesa de alguma teoria corrente, não é apenas arrogância; é um tardio assassinato de massas. É o mesmo tipo de raciocínio que viabiliza o genocídio. As massas (conquanto mortas) e as vidinhas patéticas por elas vividas são irrelevantes, comparadas ao propósito maior que se nos apresenta. Vamos retirá-las dos registros históricos. Jamais existiram.

Um resultado concreto dessas "reformas" podia ser visto nos bancos do coro da igreja da abadia de Quarr. Quando uma geração cresce aprendendo a desprezar a história, especialmente a história da sua própria Igreja, em breve tem-se apenas um terço dos frades que se tinha antes, um bando de velhos chatos ou jovens parvos que se aprazem de entoar cantos estranhos, que datam de mil anos, e seguir uma Regra debilitante e autodepreciativa, que data de 1.500 anos.

Quarr não estava mudando. Estava sendo mudado. Por quê? O que, afinal, havia de errado com Quarr? Uma pergunta mais séria: se o mosteiro encolhia naquele ritmo, será que sobreviveria?

Mencionei minhas dúvidas a frei Joe. Ele não estava muito preocupado com o que me parecia ser um desastre.

— As pessoas estão sempre se modificando e modificando o mundo em que se inserem, meu caro. Poucas dessas modificações são novas. Somos propensos a confundir mudança com novidade, eu acho. Aquilo que é deveras novo jamais se modifica.

— Fala por meio de enigmas, ancião progenitor.

— O mundo idolatra um certo tipo de novidade. As pessoas sempre falam de um carro novo, uma bebida nova, uma nova p-p-peça teatral ou de uma casa nova, mas essas coisas não são, de fato, novas, são? Começam a ficar velhas no momento em que as adquirimos. A novidade não está nas coisas. A novidade está em nós. Aquilo que é realmente novo é novo para sempre: o ser humano. Cada manhã da nossa vida, cada noite, cada momento é novo. Jamais vivemos aquele momento antes e jamais o viveremos de novo. Neste sentido, o novo é também o eterno.

A menos que a mudança gerasse novidade desse calibre, ele prosseguiu, a mudança não tinha sentido, seria mudar somente para mudar. Isso não queria dizer que, de quando em vez, não fosse necessário se livrar de velhos hábitos, práticas supérfluas, costumes ultrapassados, adaptar-se a novos dados. Tal era necessário, a fim de fazer a Igreja recuperar sua essência.

Mas isso não significava fundamentalismo, a compulsão recorrente em todos os reformistas por eliminar tudo e voltar "ao começo" — no caso dos reformistas do Vaticano II, "a Igreja Primitiva". Sapiência, genialidade e santidade jamais sonhadas pela Igreja Primitiva foram adquiridas, desde então, ao longo do caminho. Isso também precisava ser preservado.

Os carvalhos demonstravam-lhe a hipótese.

No outono anterior, em 1987, tempestades terríveis, vindas do Atlântico, tinham assolado a Inglaterra e a Europa Ocidental, devastando florestas magníficas. O grande carvalhal de Quarr agora parecia arrasado por bombas. As árvores imponentes tinham tombado umas sobre as outras, formando um gigantesco ninho de ratos, de madeira retorcida, espedaçada. O mar cinzento e encapelado podia ser visto através da teia emaranhada dos galhos mortos. O maravilhoso contorno do bosque, com as copas onduladas das árvores, que costumavam formar, no verão, um majestoso grupo de nuvens verde-acinzentadas, e no inverno, um painel imenso de complexas cruzes bordadas, tinha se acabado para sempre. Mas o que era "para sempre"?

Os carvalhos ali se encontravam havia oito séculos, desde a época em que a abadia de Quarr se situava na parte baixa da colina. Alguns dos carvalhos de hoje talvez descendessem de mudas geradas por árvores que outrora cresceram na mesma área. Rebentos das antigas árvores, sobrevivendo à carnificina, haveriam de desovar e se propagar. Os carvalhos de Quarr ainda estariam aqui, robustos, salvos e reconfortantes, muito tempo depois que eu me fosse, depois que os experimentos lamentáveis, violentos, absurdos e risíveis do século XX já não constituíssem sequer notas de rodapé. Seriam árvores tombadas, cujas raízes não tinham a devida profundidade, ou estavam fincadas em solo traiçoeiro.

Não é possível julgar questões a partir da breve duração da nossa vida. Isso corresponde ao cerne da arrogância moderna: somente o período da minha vida conta. O período da minha vida é "para sempre". O tempo antes e depois da minha vida não existe. Tudo que é importante há de ocorrer segundo a duração da *minha* vida. É isto que impele o frenesi da mudança.

E foi assim, na verdade, que surgiu a idéia. De início, a idéia foi, eminentemente, prática: eu poderia fazer algo para deter esse conceito bobo de novidade. Eu era apenas uma pessoa, mas era preciso começar em algum ponto.

Era por isso que frei Joe e eu estávamos caminhando à beira do bosque devastado.

Eu falava de como estava retomando o ritmo dos Ofícios, apesar de sentir-me perturbado e avesso às novas formas, dizia-lhe que um leve sopro de fé voltava a se infiltrar em minha alma. Eu não podia afirmar que a minha crença em todas as doutrinas católicas tinha retornado; em todo caso, muitas das doutrinas pareciam ter desaparecido, simplificando em muito o Teste de Aptidão à Santidade.

Mas não era sobre isso que eu queria lhe falar naquela manhã.

A idéia havia se tornado uma determinação, cerca de uma semana depois de ter me ocorrido pela primeira vez. Quanto mais eu examinava minha vida e conduta ao longo dos últimos 25 anos, mais ambas pareciam corresponder àquilo que eu mais evitara, e agora a obviedade da questão tinha ficado ridiculamente clara.

Além do mais, a idéia conferia sentido ao tempo que me restava. Uma vez que a noção sempre estivera presente no meu interior, *in profundis*, eu tinha me retraído nos dois casamentos. O que havia se deitado em meu leito conjugal não tinha sido um Espírito Não-santo, um Iago. Ao contrário, não se tratava, absolutamente, de algo perverso ou homicida.

A idéia não poderia ter me ocorrido antes. Mas agora eu atingira o ponto culminante da vida, o momento decisivo ao qual eu vinha me destinando desde sempre. Agora eu podia parar de correr. Fugir não era a resposta.

Quando chegamos a um dado local, especialmente propício, à beira do bosque sofrido, diante da vista magnífica, campo acima, até a massa rosada e amarelada constituída pelo mosteiro, parei. Estávamos bem no início da primavera, cortante, azul e fria. Eu queria guardar na memória aquele momento; e queria que ele também o guardasse.

Virei para mim os pequenos ombros arredondados. Ele agora era bem mais baixo do que eu, e me olhava com os olhos semicerrados, com um sorriso trêmulo nos lábios, apreciando meu ar de mistério, a surpresa que eu planejara para ele.

— Meu caro frei Joe, refleti sobre a questão durante muito tempo. É o porquê de eu estar aqui e o motivo da minha volta à fé e, bem, há uma centena de razões sobre as quais poderemos conversar mais tarde... Estou 26 anos atrasado, meu caro frei Joe, mas a verdade é que não sou conhecido pela pontualidade. Quero me apresentar, novamente, como postulante junto à comunidade da abadia de Quarr. Desta vez, estou pronto.

No decorrer da semana, eu tinha visualizado a cena cem vezes: o velho rosto expressando surpresa, enrugando-se e se iluminando de júbilo, passados tantos anos. Depois de tanto pecado, tanta apostasia, o cordeiro perdido é encontrado. O pródigo retorna. O pai abraça o filho perdido há muito tempo e agradece ao Senhor, e é grande o regozijo naquela casa...

Mas o que vi foi um velho que, subitamente, parecia bastante desanimado. Ele desmoronou sobre um imenso cepo de carvalho e, com a mão, bateu de leve no cepo. Sentei-me ao seu lado.

— Meu caro Tony. Faz tanto tempo que nos conhecemos. Você tem sido uma grande alegria na minha vida.

Cada ruga em seu rosto irradiava ternura. Para variar, o semblante estava tranqüilo, enlevado, grave. O velho olhar agudo buscava o meu. Inicialmente, permaneceu calado.

— Sabe, meu caro...

Deteve-se, durante algum tempo, e suspirou.

— ... desde a primeira vez que o vi, eu soube que você jamais seria monge.

Jamais, em toda a minha vida, palavras tão parcas tinham me atingido com tamanha força. Fui obrigado a inspirar profundamente, pois me faltou o fôlego.

— Muitas vezes, rejeitei a constatação. Pensei, *talvez eu esteja enganado.* Nunca se sabe. Devemos ser humildes. E você era tão dedicado, mesmo depois que teve a terrível visão do inferno, era tão convicto da vocação... Fiquei confuso.

Frei Joe fitava o chão, as mãos postas como se estivesse se confessando, vasculhando a própria consciência.

— Às vezes, tentei empurrá-lo para longe daqui. Às vezes, em meu egoísmo, incitei-o a perseverar. Porque quero muito bem a você, meu caro, sempre quis, e muito desejei que você se tornasse um frade aqui. Por isso o mantive na casa de hóspedes todas aquelas semanas, caro Tony. Não tive coragem de apresentá-lo como postulante. Embora quisesse fazê-lo... Ah, como queria. Mas isso era o que *eu* queria, percebe? Não era o que Deus queria.

Eu não estava escutando. O auto-exame por ele realizado tinha permitido um momento para eu me recuperar do impacto.

— Frei Joe... alto lá! É por causa do meu casamento? Meu casamento está...

— Não, não existe barreira canônica ao seu ingresso em Quarr. A Igreja não reconhece nenhum dos seus casamentos.

— Então, com certeza, a decisão não cabe ao senhor. Cabe a mim!

Os olhos dele ficaram rasos d'água. Dei-me conta de que nunca tinha visto aquele homem, que era profundamente emotivo, com lágrimas nos olhos.

— Naquela noite em que seu pai telefonou, dizendo que você precisava ir para Cambridge, Tony... bem, Deus pareceu severo naquela noite. Mas foi melhor assim. Naquele momento, percebi que não o teríamos depois da universidade...

— Eu deveria ter voltado! Foi nisso que errei!

— Se tivesse voltado, meu caro, mais cedo ou mais tarde, teria explodido...

Um sorriso franziu a velha boca.

— ... causando grandes danos aos circunstantes.

— Frei Joe, aquela pessoa era imatura, estava confusa, iludida; não era confiável, não tinha fé! Eu passei por um novo começo...

— Eu sei, meu caro. E isso há de madurar e florescer. Mas não aqui.

— O senhor está equivocado desta vez! Este lugar sempre fez parte de mim. Por isso meus casamentos não deram certo. Por isso destruí a vida dos que me cercaram. Mesmo nos meus períodos menos espirituais, isto aqui esteve presente, uma pequena ponta de verdade. Eu pertenço a este lugar. Quarr é a minha casa!

As palavras pareciam ter calado fundo. Ele tinha o aspecto de quem estava exausto. Sacudiu levemente a cabeça.

— Esse impulso não é vocação monástica, meu caro. É sua recusa de aceitar sua verdadeira vocação.

— E qual seria tal vocação?

— Você é marido e pai, Tony. Constatei isso há muito tempo. A maneira como pensava em Lily e como a tratava, com gentileza e generosidade, embora ainda fosse um menino. Marido e pai é o que Deus sempre quis que você fosse. Trata-se de vocação tão sagrada quanto a nossa.

— Fracassei, totalmente, em ambos os projetos, frei Joe. Não só uma vez. *Duas.*

— Sim, você lutou contra Deus. Pode-se até dizer que, da primeira vez, você v-v-venceu. Um amor ilimitado, caro Tony, está lhe oferecendo uma segunda chance.

— Frei Joe, meu caro frei Joe! Por favor! Não faça isso!

Como resposta, ele tomou o meu rosto nas velhas mãos e, conforme fizera em nosso primeiro encontro, deu-me o beijo da paz.


Carla foi hábil. Se é que estava curiosa, soube disfarçar bem. Alimentei-lhe a curiosidade com minha reticência em relação ao que havia ocorrido. A intuição afiada como um bisturi deve ter feito com que ela concluísse que algo grandioso tinha acontecido — e que, por enquanto, convinha deixar o assunto em paz.

Tinha eu aceito o veredicto de frei Joe? Não, absolutamente. Afastei-me, às pressas, deixando o ancião desolado, no cepo de carvalho. Somente bem mais tarde, dei-me conta de que a situação teria sido tão difícil para ele quanto para mim, que, provavelmente, ele tivera esperança de nunca precisar dizer aquelas palavras, que eu jamais o colocaria em uma posição na qual ele se visse obrigado a confessar o que realmente sentia. E que, tanto para ele quanto para mim, o momento carregara consigo um penoso caráter final, um anseio por algo que poderia ter acontecido.

Àquela idade venerável, teria sido bastante fácil — se ele, de fato, pensava que teria satisfação e conforto em ter a mim por perto — suprimir os sentimentos autênticos e me acolher, de braços abertos. Em vez disso, como sempre, frei Joe optara por um caminho profundamente altruísta, rejeitando o fácil, desviando-me de uma vida que, a seu ver, em absoluto, não era para mim, que haveria de me causar danos, por mais que eu a desejasse. Um erro que ele não me deixaria repetir.

Tal compreensão adveio mais tarde, quando minha raiva e angústia tinham desaparecido. Meu impulso imediato — pela primeira e única vez, desde que o conheci, anos atrás — foi agir à sua revelia. Ele estava equivocado. Eu sabia disso. O seu julgamento estava comprometido. Talvez fosse a quimioterapia. Quarr estava desesperado por recrutas. Mesmo em se tratando de um recruta com 47 anos de idade. Eu era necessário. Eu estava sendo chamado.

Além disso, ele não era a autoridade final — de maneira nenhuma. Com efeito, fora destituído de sua autoridade. O manda-chuva, que eu deveria ter abordado, primeiramente, era meu velho amigo dom Aelred, que havia anos era o abade, o chefão do claustro, cuja palavra era a lei incontestável.

O abade só pôde me receber dois dias depois, o que significou que tive de viver em um caldeirão de incerteza durante 48 horas; mas, por uma vida inteira de paz, eu podia tolerar uma espera de dois dias.

Dom Aelred não teve sequer um instante de dúvida ou perplexidade: Joe estava absolutamente certo. Se ele dissera que eu não era um monge, então, não era mesmo. Jamais o fora e jamais o seria. Se, para mim, fosse difícil aceitar a situação e se ainda aspirasse por um comportamento monástico, deveria agir segundo o princípio mais importante de São Bento — o alicerce da vida monástica —, a obediência. Seu confessor lhe disse qual é a sua vocação. Obedeçalhe. Tudo falado com amabilidade, é evidente, ao menos segundo a noção que dom Aelred tinha de amabilidade, isto é, com o calor do beijo de um bacalhau gelado. Idade e autoridade não tinham amolecido dom Aelred.

A aspereza do abade expôs uma outra questão, mais espinhosa, a qual frei Joe, com sua afabilidade, talvez tivesse preferido evitar. A verdade era que a Igreja não reconhecia meu casamento. Em todo caso, eu dera minha palavra a outro ser humano, diante de uma centena de testemunhas, em um dia ensolarado, no mês de setembro, de que haveria de amá-la e honrá-la até que a morte nos separasse. Supererrogação não era compulsória no estado de Nova Jersey, caso as partes desejassem rescindir o contrato, mas talvez fosse exigida de alguém que aspirasse aos padrões mais elevados da Regra de São Bento. A questão da minha vocação já estava decidida. Eu já fizera minha escolha.

Fugi para Nova York, abatido, e, conforme ocorria após cada visita a Quarr, levando muito mais sobre o que refletir do que antes. O fundamento da minha grande idéia era de que toda a minha vida se destinara a Quarr; que frei Joe vinha me conduzindo, de maneira sutil, primeiramente, de volta à fé, em seguida, ao meu verdadeiro destino, o claustro; que a minha vocação monástica sempre desgastara os votos dos meus dois casamentos, destruindo-os.

Infelizmente, outra coisa também parecia fazer sentido: minha ilusão, quanto a uma suposta vocação monástica, tinha desgastado os votos do casamento, destruindo o primeiro e quase acabando com o segundo. Mesmo quando me encontrava no auge da apostasia, eu guardava em um cantinho da alma a idéia de que seria capaz de sair de qualquer situação, cair fora de qualquer problema. Eu dispunha de uma rota secreta para fugas: Quarr. Tony, o Monge, meu *alter ego*, vinha apresentando desculpas e racionalizando o meu egoísmo havia trinta anos.

De vez que Tony, o Monge, tinha uma missão maior, não precisava obedecer a normas que pautavam a vida de pessoinhas comuns, mundanas. Tony, o Monge, nos escritos e diretamente, tinha destroçado pessoas, indiferente aos danos, ignorando as conseqüências — até para si mesmo —, pois exibia *contemptus mundi*, distanciamento do mundo. E — de modo menos nobre — porque podia sempre fugir para o santuário, a fim de se esquivar do castigo. Tony, o Monge, estava tão acima do frágil sistema moral dos outros mortais que podia cometer transgressões impunemente, tratando terceiros — esposas, filhos, amigos ou inimigos — com total desdém e falta de humanidade. Tinha direito a fazê-lo, porque seu coração era puro.

O "algo mais" que sempre estivera presente ao lado do amor que existia entre mim e Carla, tramando-lhe o fim, o "algo mais" de que nunca conseguimos nos livrar, o parceiro indesejado, nosso Iago, nosso Espírito Não-santo, tinha sido, o tempo todo... eu.

Agora nosso casamento poderia prosseguir, e prosseguiu. À medida que os meses se arrastavam, a sapiência de frei Joe, qual o remédio certo finalmente administrado contra uma doença que há muito tempo estava mal diagnosticada, começou a surtir efeito. Isso não quer dizer que o casamento tenha se tornado livre de atritos, especialmente em se tratando de um casal como nós, mas a relação já não tinha de lidar com Tony, o Monge. Estava livre para ser um contrato entre um homem e uma mulher, não entre uma mulher e um camarada que se considerava moralmente superior.

Frei Joe também estava certo quanto ao crescimento e amadurecimento da minha fé. Eu não poderia dizer que tal fé tivesse voltado a ser, inteiramente, católica, embora incluísse, com certeza, a noção do divino. Os músculos espirituais que eu não usava havia décadas começaram a adquirir tônus, e, visto que eram músculos católicos, era natural que eu procurasse uma igreja onde pudesse exercitá-los.

Foi difícil. Por mais pavorosa que fosse a predação imposta à liturgia monástica, tal predação era insignificante, comparada à profanação imposta à liturgia secular. O latim tinha desaparecido totalmente, substituído por um inglês insípido, opressivo, típico de telejornalismo, servilmente subtraído de suas fontes sonoras e tornado tão simples e "direto" quanto possível. Não parece ter ocorrido aos vândalos bem-intencionados (que jogaram o bebê fora, junto com a água da bacia) que todo ritual é uma busca do desconhecido, e que só pode ser realizado através do não-cognitivo: evocação, alusão, metáfora, encantação — as ferramentas do poeta.

A missa era agora rezada no idioma da região em que fosse celebrada. À semelhança da política, a missa era agora local — e tinha uma dignidade comparável à da política. Antes da "reforma", as idiossincrasias do sacerdote — fosse ele santo ou criminoso, ou um tonto, como era o padre Bleary — ficavam submersas sob os ritmos atemporais de um roteiro universal. Agora, os sacerdotes tinham grande liberdade para definir os detalhes da missa "moderna". A missa e todos os egos participavam de um verdadeiro desfile.

Em uma igreja que fiz muito mal em visitar, o padre fez um sermão incoerente que durou uma hora, e cuja principal função, ao que parecia, era fazer os fiéis rolarem de rir. Várias das observações absolutamente irrelevantes por ele introduzidas no sermão tinham sido roubadas, palavra por palavra, de um monólogo de David Letterman, transmitido pela TV no início daquela mesma semana. A música baseava-se em um dos novos livros de cânticos católicos que haviam substituído a imponente e milenar música da Igreja por baboseiras sem melodia, compostas por clérigos inexpressivos, nos anos 70 e 80, inspirados por deuses da música, tais como John Denver e Andrew Lloyd Weber. As canções foram acompanhadas por animada cacofonia que combinava guitarra, violino e saxofone. O canto da comunhão foi uma composição de qualidade superior, e também mais conhecida: "Raindrops Keep Falling on My Head".

Finalmente, encontrei uma igreja ao norte da Universidade de Colúmbia, na rua 121, chamada Corpus Christi, dirigida por um monsenhor sorumbático e ascético que não queria saber daquelas atrocidades litúrgicas, era adepto de sermões breves e eruditos e, todos os domingos, celebrava missas monásticas, em latim, com o devido canto gregoriano. Corpus Christi contava com outros vínculos, mais sutis: Thomas Merton fora ali batizado, em 1938, pouco tempo antes de se tornar monge trapista e passar a viver segundo a Regra de São Bento. E meu velho amigo George Carlin[1] tinha crescido naquele quarteirão, durante os anos 40, a poucos prédios da porta da igreja, o que, sem dúvida, teria inspirado algumas das idéias que mais tarde apareceriam em seu trabalho *sui generis* intitulado *Class Clown* (Palhaço da Turma).

Mesmo que não tivesse encontrado Corpus Christi, eu havia logrado um meio de me isolar das práticas horrendas da nova Igreja — aperfeiçoada. Desafiando, até certo ponto,

---

[1] Vide nota 12 do tradutor, do Capítulo 12. (N. do T.)

frei Joe, eu contrabandeara de Quarr um volume dos Ofícios diários, em latim, e os rezava — a maioria deles —, fielmente, todos os dias da semana, algo que não fazia desde o meu primeiro ano em Cambridge.

Era difícil esconder de Carla minhas escapadelas para assistir à missa, várias vezes por semana. De início, o comportamento deixou-me bastante acanhado, pois, ao longo de quase toda a nossa vida conjunta, eu tinha ridicularizado beatices desse tipo. Para minha surpresa, Carla parecia respeitar minha posição. No entanto, não revelei que ainda cultivava o monge interior. Nas circunstâncias, tal pretensão era quase uma infidelidade.

Os Ofícios me redirecionaram a uma tradição na qual, monge ou não, eu sempre me sentiria em casa. Havia muito tempo que eu conhecia a força da enunciação dos Ofícios, a força encantatória dos Salmos. Mas os Salmos tinham agora uma potência redobrada. Nos meus tempos de menino, o salmista (ou salmistas) era algo distante, e os Salmos eram preces extensas que às vezes se elevavam, como grande poesia, mas que, de modo geral, eram apenas tolerados. Na minha meia-idade, os estados de espírito e sentimentos dos salmistas adquiriram vida. Uma das vozes soava idêntica à de um nova-iorquino moderno — eu ou algum conhecido meu: uma personalidade maníaco-depressiva do tipo A, por vezes eufórica, mais freqüentemente depressiva, outras vezes resignada, mais freqüentemente indignada, criticando inimigos traiçoeiros e amigos desleais, sempre se queixando a Deus dos infortúnios a que era submetida. A velha imutabilidade.


Sem fazer alarde, mas de maneira inexorável, calma e felicidade começaram a se abater sobre nosso casamento. Havia menos tensão no ar. As coisas prosseguiam tão bem que até começamos a brigar um pouquinho, não mais do que leves cutucadas, só para voltar a sentir uma certa tensão. A sensação era boa.

Mais uma vez, frei Joe estava certo. Em retrospectiva, eu podia perceber que ele fora bastante coerente. Mesmo quando eu ainda estava na escola, convicto de que desejava entrar para o mosteiro, frei Joe, com sutileza, tinha me empurrado para longe de Quarr, e não na direção deste. Aqueles breves apartes, em que ele dizia que casais eram tão capazes de santidade quanto frades e freiras? A observação de que Paolo e Francesca não estavam além da esperança? O incentivo para eu sair com uma bela garota, a pressão para salvar Judy dos pais e desposá-la?

Agora, após vinte anos, dois casamentos e duas filhas, eu, finalmente, aceitava que esse era o meu destino, que estava sendo chamado para ser marido. E... pai.

Outra questão. A sensação de responsabilidade pela morte de nosso pedacinho de criança perdurava. E se voltasse a acontecer? E se minha semente fosse tóxica?

Mas e se não fosse? E se não voltasse a acontecer? Não seria algo maravilhoso? Não havia certo egoísmo no pensamento de que tudo era responsabilidade minha? Casamento é parceria, certo? É mais do que amor.

Mas amor não faz mal. Naquele verão, em um ensolarado dia de agosto, enquanto fazíamos um piquenique no fundo do nosso jardim, embalados pelo vinho e pela relva cálida e alta, concebemos uma criança. Soubemos imediatamente o que tinha acontecido. Era algo tão exato quanto uma anunciação.

Desta feita não houve erros, nada de sombrias manhãs dominicais, nem mesmo o receio de que tais manhãs ocorressem. Eu sabia que, de certo modo, estávamos sob a proteção de frei Joe. Nunca tínhamos sido mais felizes do que durante a espera do nosso bebê; o mundo e a vida pareciam completos, satisfatórios, suficientes. Eu costumava parar em locais e momentos estranhos, enquanto corria, fazia compras, barbeava-me ou escrevia, e tentava lembrar se meu sentimento inequívoco de felicidade era permissível. Não havia algo extremamente desagradável de que eu me esquecera? Não, não havia nada disso. Não daquela vez.

Sendo pais nova-iorquinos modernos, tínhamos de saber o sexo do rebento. Quando chegou o resultado da ultra-sonografia, ficamos extáticos. A meu ver, o processo como um todo assumira a força inspiradora e o ímpeto de uma profecia que se concretizava. Frei Joe dissera que o caminho tinha sido escolhido para mim e, depois que eu o aceitasse, tudo o que ele sempre havia prometido viria a reboque. A alegria, a paz, o amor que deveras vieram a reboque. E para culminar — um filho.

Sendo pais nova-iorquinos modernos, tínhamos também de escolher o nome muito antes de o filho chegar. Evidentemente — Carla já concordava —, o nome seria uma homenagem a frei Joe e Quarr. "Joseph" não era uma opção, pois era o nome do pai de Carla, o que poderia gerar ambigüidade. Eu queria "Benedict",[2] não apenas pela razão óbvia, mas porque acreditava, piamente, que nosso filho já estivesse abençoado.

Decidimos chamá-lo "Nicholas", inserindo "Benedict" como o nome do meio.

E assim, na plenitude do tempo, pouco mais de um ano após eu, amargurado, ter fugido do meu velho amigo porque ele insistia que eu era marido e pai, nasceu um filho,

---

[2] Isto é, "Bento". [N. do T.]

um menino dourado, com cabelos louros e olhos azuis como o céu de Quarr na primavera. Carla precisou de uma cesariana; entregaram-me o bebê, na sala de operação, com a manta do hospital firmemente envolta em seu corpinho, e levei a trouxinha até um local onde a iluminação era amena, e onde os pais podiam contemplar suas trouxinhas.

E a primeira coisa que ele fez neste mundo foi sorrir para mim, enquanto eu sorria para ele. E voltaram-me à mente as antigas palavras de Meister Eckhart:

Quando o Pai sorri para o Filho e o Filho sorri para o Pai, tal sorriso enseja satisfação, e satisfação enseja alegria, tal alegria enseja amor, e tal amor é o Espírito Santo.

Naquele inverno, minha irmã caçula convidou-nos para celebrar um Natal no estilo de Dickens, em sua fazenda, em Derbyshire, ao lado de um grande número de parentes. Perfeito, pensamos. O primeiro Natal dele, no lugar onde nasceu o Natal, e no dia de São Nicolau.

Pegamos um vôo em meados de dezembro, a fim de ter tempo para realizarmos uma visita à ilha de Wight, onde apresentaríamos nosso filho ao homem que talvez fosse o responsável pela sua existência.

Ventava muito naquele dia tempestuoso, mas frei Joe surgiu mancando, no cascalho, vindo ao nosso encontro, assim que soube que tínhamos chegado. Carla entregou-lhe o bebê, enfiado no macacão de neve, as pequenas bochechas vermelhas como cerejas, os olhos grandes e azuis fixados naquele ser estranho, e, conforme era previsto — quem não haveria de fazê-lo, diante de um beijoqueiro daqueles —, o bebê sorriu para ele.

A alegria estampada no rosto do velho frade, enquanto ele contemplava aquele menininho quase oitenta anos mais novo do que ele, era tão simples, intensa e pura que iluminou o ar úmido e cinzento que nos cercava. Frei Joe, com o velho dedão, fez uma cruz diminuta na testa de Nick, beijou-o na bochecha cor de cereja e, como se o bebê fosse a coisa mais preciosa que já tivera nos braços, abraçou-o durante um minuto inteiro.

Grande frei Joe.

## CAPÍTULO DEZOITO

Sebastian e eu apertamos o passo pela estrada de acesso a Quarr.

Sebastian — também conhecido como Bash — tinha sete anos. Ao contrário de Nick, que aos nove era excepcionalmente alto e forte, atleta completo que se garantia no basquete com os adolescentes negros no Riverside Park, e que, aliás, começava a achar que *era* negro apesar dos olhos azuis e cabelos louros arianos, Sebastian tinha estatura mediana, era asseado e belo — tão louro e de olhos igualmente azuis, mas definitivamente do lado italiano da árvore, ao contrário do mano mais velho, que parecia figura de proa de navio de guerra *viking*.

Todos os três, incluindo a pequena Lucy, que logo completaria cinco anos, eram espertos como que, mas Sebastian era extremamente inteligente, dado a intensas manias semi-acadêmicas. Normalmente, algo da cultura popular deflagrava as tais manias — como, por exemplo, um filme dos estúdios Disney —, mas ele ia muito além das promoções pseudo-educacionais impressas em caixas de cereal, ou na revista *Scholastic* e *Time for Kids*. Isso não bastava para Bash. Ele mergulhava em sua própria pesquisa, vasculhando a biblioteca da escola e navegando na Internet atrás de cada migalha de informação que pudesse encontrar — e então dominava o assunto até poder passar à frente de todos.

*Hércules*, lançado no verão anterior, tinha desencadeado verdadeira mania por deuses e deusas gregos — incluindo ninfas e musas de menor importância, muitas das quais eu desconhecia totalmente —, e por todos os detalhes de cada lenda a eles associados. A mania culminou em uma cena terrível, de partir o coração, quando Bash se deu conta, subitamente, que, embora o monte Olimpo existisse, as divindades talvez não e, portanto, ele jamais, *jamais* poderia ser um deus grego.

Alguns meses depois, quando *Mulan* apareceu, a reação de Bash foi o desejo ardente de aprender mandarim, que ele procedeu a fazer, marcando suas próprias aulas com o professor chinês de violino de um amigo seu. Logo, havia centenas de folhas de papel cobertas com caracteres chineses espalhadas pelo apartamento, e ouvíamos Bash praticando o vocabulário tonal horas a fio em seu quarto. A mania só perdeu força quando ele passou a se interessar por japonês e coreano também, e o tempo ficou escasso. Ainda assim, adquiriu uma certa proficiência nos três idiomas. Eu voltava para casa na companhia de Bash uma noite em um táxi especial dirigido por um garboso senhor coreano, que quase provocou um acidente, quando Bash lhe perguntou algo em coreano. Os dois bateram papo em coreano durante toda a extensão da West End Avenue, um sorriso de serafim na face do velho homem.

— Ele ter sotaque muito bom — disse o senhor, em tom de aprovação, enquanto saíamos do carro.

Já há algum tempo, eu queria que frei Joe conhecesse seu outro neto, mas compromissos escolares e o emprego de Carla dificultavam as visitas à Inglaterra. Ela trabalhava na Ogilvy & Mather agora, dirigindo a filial norte-americana de sua divisão interativa da agência, e a loucura da comunicação eletrônica estava alcançando seu primeiro pico de insanidade. Quando atravessávamos o Atlântico com as crianças, era para ir ao sudoeste da França, onde minha irmã caçula agora morava em um grande e velho *château*; não sobrava muito tempo para outras viagens em família. Então, surgiu em Londres o encontro com um cliente, e nós agarramos a oportunidade de dar uma olhada na "Grã-Bretanha Legal" de Tony Blair (era fevereiro de 1998), levando Bash conosco.

Quarr era um destino obrigatório naquela visita. Em abril seria o septuagésimo jubileu de frei Joe, e os seus extraordinários setenta anos como beneditino seriam devidamente celebrados e homenageados pelo monastério. Eu não poderia participar das festividades, mas queria prestar a minha homenagem, individualmente.

Eu tinha um motivo não-expresso. Com mais de uma década de autoria de escritos na bagagem, eu me sentia pronto para lançar um projeto que tinha em mente havia anos: um livro que se referisse a frei Joe, ou que sobre ele versasse, e que tratasse dos quarenta anos da nossa amizade. Eu nada lhe dissera a esse respeito em visitas anteriores, e não fazia idéia se era algo apropriado, com que um homem santo e humilde pudesse se envolver. Haveria algo na Regra que proibisse um projeto dessa natureza? Eu não conseguia me recordar. Claramente, São Bento não teve nenhuma apreensão a respeito de escrever livros. Ao menos um livro.

Desde minha visita dez anos antes, que constituiu uma espécie de divisor de águas, eu tinha estado em Quarr com relativa freqüência. Quarr parecia ter experimentado uma certa estagnação no decorrer dos anos 90. Mas não havia encolhido muito além do ponto a que chegara na referida década, e o pêndulo litúrgico ensaiava um retorno — em direção ao latim.

Dom Aelred tinha morrido de câncer, em 1992, sendo substituído por um sujeito corpulento e cordial, chamado Leo, que também sucumbiu ao câncer alguns anos depois. Não foram os únicos; câncer parecia estar se tornando um risco ocupacional da vida monástica contemplativa.

O próprio frei Joe tivera uma recaída, no começo dos anos 90, dessa vez uma forma um tanto incomum — câncer do sínus —, que pode ser extremamente martirizante por causa da pressão que exerce no globo ocular, afetando, por sua vez, a visão.

Mas se o câncer pensou que poderia levar vantagem, atacando-o nesse local inesperado, era melhor pensar de novo. Pela segunda vez, frei Joe derrotara o câncer, e estava em remissão havia seis anos. Não fosse pela asma, com a qual não se importava, pois servia de desculpa para ele visitar a Itália, frei Joe era saudável, vigoroso e não mais falava de não chegar à idade de um ancião — afirmação que, em todo caso, àquela altura, já não faria sentido, pois ele completaria noventa anos no ano seguinte e parecia estar firme e forte para completar seu século.

Por conseguinte, foi com entusiasmo que subi a via de acesso. Eu sabia o quanto frei Joe adorava as crianças —

Bash haveria de iluminar-lhe o dia. E embora eu tivesse aprendido, no decorrer de quarenta anos, a jamais supor que deixaria Quarr de posse daquilo que vim buscar, eu sentia boa vibração a respeito do projeto do livro. Talvez tomasse uma forma que eu não pudesse prever, uma forma própria, incitado pela grande alma do frade. Mas iria acontecer.

Uma carta recebida dele algumas semanas antes confirmava a personalidade imutável, falante, afetuosa, a caligrafia mais alongada do que antes, mas ainda firme e clara. E eu tinha falado com ele, de Londres, na noite anterior — comunicávamo-nos principalmente por telefone agora, ele tendo perdido toda hesitação a respeito da recente tecnologia. Havíamos combinado um encontro antes do almoço, em seu quarto, perto da enfermaria, com vista do jardim e do mar, onde ele gostava de passar as manhãs quando fazia frio e não podia sair.

Os grandes olhos de Bash absorviam tudo, desde Londres: as colinas de Sussex, brandas e desnudas na chuva invernal; o Solent encapelado e o movimento da balsa, jogando, aconchegante do lado de dentro, enquanto o vendaval açoitava as janelas; os ônibus de dois andares pintados de verde-maçã que circulavam na ilha; o conjunto neomourisco composto pela igreja e pela casa de hóspedes, sempre impactante; a paz taciturna que inundava o lugar; a sensação de lar.

— Abadia de Quarr — ele disse, experimentando as palavras.

Entramos na igreja para uma breve oração. Simples e silenciosa, livre do tumulto visual das igrejas de Nova York que Bash conhecia, com sua estatuária melodramática e ornamentação exuberante, vitrais cheios de figuras, mil estalactites de cera multicor. Ele nada disse enquanto contemplava aquela penumbra de paz, mas sorriu para mim, como se percebesse, como se entendesse o encanto.

O mosteiro estava silencioso e deserto no meio da manhã, os monges ausentes, dedicando-se a seu trabalho. O velho porteiro nos cumprimentou, sabendo que estávamos ali para ver frei Joseph, e nos admitiu ao claustro sem uma palavra, guiando-nos ao longo de uma das laterais do prédio. Os olhos de Bash estavam agora arregalados, brilhantes de fascínio, os lábios levemente afastados, enquanto ele absorvia aquele lugar *muito* interessante. Eu me perguntava se uma nova mania estaria nascendo em sua mente jovem e fogosa; se fosse o caso, pelo menos uma vez, eu poderia, de fato, acompanhá-lo.

Subimos as escadas até a enfermaria, onde fomos saudados por um irmão — um dos poucos que restavam — chamado John Bennett. O irmão John era um sujeito gentil, lacônico, autêntico membro da classe operária, originário de Manchester; ao longo de cerca de 15 anos que estivera em Quarr, ele fora atraído à enfermaria, onde era agora enfermeiro, responsável pelo principal serviço médico do monastério e, quer queira, quer não — devido ao tamanho reduzido da comunidade —, o único a cuidar dos enfermos.

Era um enfermeiro incomum, corpulento e musculoso, com ombros espadaúdos e feições largas. Ostentava uma serenidade além de sua idade e certa melancolia. Quarr era uma comunidade que envelhecia, e ele tinha visto muita doença, sofrimento e morte. Havia cuidado de frei Joe por ocasião dos dois episódios do câncer e na maioria de suas outras enfermidades, e frei Joe tinha por ele grande afeto.

Irmão John era homem de pouquíssimas palavras — duvido que houvéssemos trocado até 12 palavras durante todo o tempo em que ele esteve em Quarr. Calado, meneou a cabeça positivamente para nós, esboçou o menor dos sorrisos para Bash e nos guiou até o quarto de frei Joe, deixando-nos silenciosamente, de pé, dentro do quarto. Eu havia estado ali uma vez, muito tempo atrás. Era um belo cômodo, situado na velha casa de campo que já existia no local, antes da construção da abadia de Quarr. No segundo andar, com uma grande janela de esquadria de pedra, o quarto era voltado para o jardim que ficava atrás do mosteiro, bege e cinza-escuro no rigor do inverno. A chuva tinha cessado, mas tudo estava enevoado e sombrio. Como sempre, ao longe, arfava o vasto e inquieto fosso do Solent.

Frei Joe estava cochilando em uma poltrona grande e pomposa, diante da janela, um cobertor grosso preso ao redor dos joelhos salientes. Quando nos aproximamos, ele acordou, aos poucos, com um profundo suspiro.

— Tony, meu caro, deve ser você.

Virou a cabeça para nos saudar. Teve de fazer um esforço e tanto.

O olho esquerdo não enxergava, estava horrivelmente inchado, forçado da órbita por pressão interna, o branco do globo ocular descolorido, exibindo um tom de infecção, amarelo-esverdeado, entrecruzado com vasos sanguíneos rompidos, a pupila desviada para o lado, fitando o nada.

Como um relâmpago, passou-me pela mente a memória da terrível epidemia que havia dizimado os coelhos quando eu era garoto, e eu achava os pobres animais em tufos de grama aonde haviam rastejado para morrer, os olhos inchados, fixos, forçados do crânio daquela mesma forma.

Eu sabia o que era, mas não queria saber, queria dar meia-volta, sair pela porta, reentrar e descobrir que tudo estava como sempre fora, desconhecendo essa terrível nova constatação.

O câncer tinha retornado.

E se ele estava ali, e não no hospital...

Frei Joe retirou a mão debaixo do cobertor e a estendeu em nossa direção. O outro olho estava bem, piscando e se contraindo como sempre. Ergueu os óculos, que haviam escorregado pelo nariz enquanto ele dormia, e a bocarra se curvou para cima, formando um sorriso de felicidade por nos saudar. Mas o outro olho tinha sua própria expressão, como se pertencesse a outro crânio, fitando um vácuo, com tristeza e resignação infinitas.

— Frei Joe, por que o senhor não...?

— Não lhe contei, meu caro? Sinto muito. Realmente, esqueço coisas hoje em dia.

— O senhor vai... sente muita dor?

— Não. O médico me deu uns remédios ótimos para diminuir a d-d-dor. Devo dizer que até gosto da sensação que eles dão.

— Você vai melhorar, Joe. Sempre melhorou antes.

Sentimentos valentes que não expressavam, em absoluto, o que eu, de fato, queria dizer: *Você não pode ir, Joe, você sempre esteve aqui. Eu preciso que fique aqui sempre. O mundo sem você é impossível.*

— Não, meu caro, estou morrendo. O m-m-médico tem certeza.

Fiquei estupefato. Diante do meu próprio egoísmo. Diante do vácuo por mim contemplado.

— Este deve ser Sebastian.

Eu quase havia esquecido do pobre Bash. Ele estava petrificado, cabisbaixo, os imensos olhos colados em frei Joe, sob as sobrancelhas louras, arqueadas e finas. Seu semblante bravio.

Bash deu um passo à frente, um pouco hesitante no começo, e então, com mais certeza, foi direto até a poltrona. Em seguida, curvou-se para a frente, esforçando-se para não fitar o olho doente, e deu um beijo na face de frei Joe.

A expressão no rosto do velho foi como uma janela aberta ao céu.

Ele abraçou Bash, segurando-o próximo de si. A boca adotou o costumeiro modo de saborear, contraindo-se lentamente, para trás e para a frente, como se a presença de meu pequeno filho fosse o mais fino vinho que ele já tivesse provado.

— Fui visitado por um anjo.

A porta se abriu. Irmão John adentrou com uma bandeja. Sobre ela havia algumas bolachas e um copo de vinho tinto cheio até a borda.

— Ah, meu Deus, esta é a melhor parte da manhã. Não vai querer um copo, meu caro?

Lancei um olhar inquisitivo ao irmão John.

— Está bem — o sotaque simplório de Manchester fazia com que ele soasse mais severo do que nunca —, mas não se esqueça que já é quase hora do almoço. Você também, Joe.

E foi embora.

— Aquilo foi o dobro de todas as palavras que John dirigiu a mim, em todos os anos que esteve em Quarr — eu disse.

Frei Joe gargalhou.

— Que bom que você pôde vir, meu caro. Eu receava que talvez não viesse. Sei o quanto é ocupado.

Tomou um bom gole de vinho e estalou os lábios.

— Joe, eu cancelaria todos os projetos, se ficando aqui pudesse de algum modo... impedir que você... fosse.

— Não encare como se eu estivesse indo, meu caro. Mais como se Deus estivesse vindo.

— "Ele não está longe nem vai demorar a vir."

— Santo Agostinho. Que bom que ainda se lembra.

Segurou minha mão. De modo geral, a mão era envolvente e morna. Agora estava um tanto fria. E seria aquilo um leve, leve tremor?

Bash, talvez por discrição precoce, mais provavelmente em resultado de um tédio típico de uma criança de sete anos, havia se encaminhado para a janela, absorvido pelo movimento das embarcações no Solent.

Havia uma pergunta que eu tinha de fazer. Achei que ele pudesse achá-la mundana e sem fé, e falei tão baixo que ele teve de se inclinar para a frente.

— Te preocupa, às vezes, Joe, que pode haver... apenas nada?

— Esta é uma pergunta muito boa.

Seu olho sadio achou meu rosto, o olho morto fitava o horizonte sem esperança.

— Não, meu caro. Isso não me preocupa. Estou um pouco assustado, talvez. Sempre estamos, não é? Quando temos de abrir uma porta que sempre esteve ali... mas que nunca foi aberta.

— É certo que você não tem por que ficar assustado, Joe. Depois da vida que levou...

— Não é bem isso que quero dizer, meu caro, apesar de ser um pecador e ter pecado com freqüência. Quero dizer que estou assustado diante da imensidade daquilo que está por trás da porta. Um Deus de amor... infinito e eterno. Como eu poderia algum dia ser digno disso?

Sim, era um tremor. Delicado, mas constante.

Sua mão apertou a minha um pouco mais.

— Nada somos, não é, meu caro, comparados à perfeição daquilo que vem depois? A morte nos derrota, a todos.

Irmão John voltou com meu vinho — o resto da garrafa, aliás. Frei Joe animou-se instantaneamente. Ele já havia terminado o primeiro copo; não deveria beber mais, pois a bebida o deixaria sonolento quando chegasse a hora da refeição. Mas, tão logo o enfermeiro se retirou, ele quase saltou da poltrona, tamanha era a animação diante da possibilidade de tomar mais um copo.

Então, com a luz cinzenta enevoada do inverno inglês escorregando discretamente através do vitral da janela, ali nos sentamos, bebericando nosso vinho, como se estivéssemos no bar tomando alguns tragos. Um prazer bastante simples — um dos melhores —, que eu havia compartilhado com incontáveis amigos, mas jamais com o mais precioso de todos.

O vinho não era de primeira linha, Quarr não dispunha de adega, e eu nunca bebo vinho tinto de manhã, mas o aroma e o sabor eram tão deliciosos quanto os melhores que eu já havia provado. Parei de desviar o olhar do olho doente, morto, do frei Joe e passei a fitar o olho sadio, onde a vida ainda piscava e se contraía. Enquanto ele, contente, estalava os lábios no copo extra, voltei no tempo àquele feriado de Páscoa, quase meio século antes, em que ele descrevera, com um olhar brilhante e epicurista, o banquete que os cozinheiros franceses preparavam para o Domingo de Páscoa...

*E vamos ter vinho!*

Se a minha crença na coisa de Deus-força-princípio havia fraquejado de tempos em tempos, foi completamente reafirmada naquela manhã, quando constatei a criação brilhante que era a fermentação. Da decomposição, vinha um prazer sublime o bastante para evitar a decomposição.

Apenas por alguns minutos, talvez, mas alguns minutos são diferentes de todos os outros.

Não falamos mais de morte. Ele me contou novidades de Quarr, dos companheiros monges que conhecíamos — sobre os quais falou com a espirituosidade de sempre —, do novo abade, recém-chegado, homem enérgico que já estava fazendo melhorias no local, plantando árvores novas para repor as destruídas, tornando o monastério atraente a novos postulantes, fazendo planos para o futuro. Eu lhe falei do meu trabalho, demasiado naquela primavera, mas que incluía alguns dos melhores projetos em que eu já havia me envolvido. Ele ria de coisas que simplesmente não compreendia, como as jogadas defensivas que Nick estava aprendendo ou a vontade de Lucy ter as orelhas de cinco anos de idade furadas, e então Bash entrou na conversa, tagarelando a respeito de assuntos ainda mais urgentes de Nova York, e que estavam muito além do radar lingüístico de frei Joe, mas que o deleitavam imensamente, qualquer que fosse o significado de tudo aquilo.

Ali nos sentamos, pela primeira e última vez, avô, pai e filho, até que o vinho terminou, e a pálpebra do olho sadio começou a pender.

Um sino dobrou: o Ângelus, término do ofício do meio-dia e anúncio a todos, convidados e comunidade, que deveriam se reunir para o almoço. O toque do sino, do outro lado do monastério, soava distante. Figuras negras deixavam a igreja agora em fila dupla, os idosos cambaleando, os jovens mantendo o mesmo passo, respeitosamente, devagar. Agora saíam da igreja e seguiam pelo claustro silencioso, em direção ao refeitório. Todo dia, por mais de setenta anos, frei Joe fizera o pequeno percurso, da prece ao alimento, duas das pouquíssimas necessidades básicas que lhe preenchiam a vida. Ele jamais voltaria a caminhar, nem mesmo aqueles poucos metros. Ainda assim, nada desacelerava o ritmo do mosteiro, que, silenciosamente, irresistivelmente, continuava a fluir.

Levantei-me. Frei Joe trouxe Bash até si e fez um pequeno sinal-da-cruz em sua testa, com o polegar trêmulo. Ajoelhei-me, para ele não precisar se esticar, quando fosse fazer o mesmo à minha testa. Seu toque estava fraco, era como a carícia de uma pena. Tomei-o nos braços e o abracei por um longo, longo tempo.

Irmão John atravessou a porta, em silêncio, para nos levar ao andar inferior, à refeição do meio-dia.

Era hora de ir.

Ele ergueu o olhar até mim, sacudindo a cabeça, quase imperceptivelmente, com o esforço. Até mesmo o olho cego parecia cheio de lágrimas. Os meus se enchiam tão rapidamente que ele parecia estar debaixo d'água, escapando para dentro das profundezas.

Sua face se vincou em um último, leve sorriso.

— Adeus, caro Tony.

— Adeus, frei Joe.

# EPÍLOGO

Caminho por ruas vitorianas, sem graça, em um dia vitoriano, sem graça. Ao meu redor, falando alto, cambaleando, reclamando, vejo homens e mulheres aposentados, todos sem graça, com seus cardigãs discretos e bonés.

Escolhi caminhar pela trilha costeira até o túmulo de frei Joe. São cerca de 3 quilômetros, mas a trilha passa ao longo do pior trecho dos chalés do tipo Little Haven/Laburnums/Mon Nid, ainda ocupados após um século de implacável ridículo — aliás produziram uma nova geração de novos chalés, tão medonhos quanto os primeiros. A trilha corre ao longo do mar, a oeste de Ryde, desembocando nas ruínas do velho Quarr.

A verdade é que, embora irresistivelmente atraído ao túmulo do frade, estou apreensivo quanto à reação que terei. Quanto mais demorar a chegar lá, melhor.

Seis meses, mas o pesar ainda está cru, em carne viva. Nos locais mais improváveis — no dentista, em restaurantes, em reuniões, sentado no vaso sanitário — ainda posso ser engolido pelo choro. Em público, preciso pedir licença ou fingir que alguma coisa "desceu pelo tubo errado". Uma vez, em Los Angeles, um sujeito quis me aplicar a técnica Heimlich. Eu mal pude dizer-lhe que estava bem, que estava apenas engasgado com a tristeza.

Curiosamente, isso jamais acontece na igreja.


De volta àquela primavera, estender a permanência em Quarr estava fora de questão. Bash tinha de voltar à escola e Carla ao trabalho, e nosso avião partiu na manhã seguinte. Outrora, eu teria a liberdade de ficar um pouco mais. Agora, porém, eu era marido e pai.

Antes de irmos embora, eu tinha pedido a todos que conhecia — a irmão John, ao responsável pelos hóspedes, ao porteiro — que me avisassem caso frei Joe piorasse. Ou quando. Eu poderia pegar um avião e estar em Quarr em questão de horas. Dei-lhes todos os meus números de telefone.

Em Nova York, o delírio do trabalho bateu como um furacão. Ron Shelton e eu tínhamos recebido sinal verde para fazer um filme pela Warners, mas o verde estava rapidamente passando para amarelo, à medida que a Warners se dissolvia em caos. Ao mesmo tempo, eu trabalhava em um artigo sobre a última viagem de um pirata do século XVIII, projeto que implicaria um "cruzeiro" de três semanas, de

Nassau até a Jamaica, via Haiti e Cuba, no barco de madeira mais velho que eu pudesse encontrar. Todos os preparativos estavam por minha conta.

Não tendo recebido notícias, telefonei para Quarr no começo de abril e fiquei animado. Joe estava agüentando firme. Ele não deixaria uma coisinha como a morte ludibriá-lo e impedir-lhe o jubileu de setenta anos, a ser celebrado na terça-feira da semana da Páscoa, 14 de abril de 1998. Ele haveria de conseguir. Frei Joe sempre gostava da Páscoa como uma criança, e a Páscoa o faria resistir.

O milagre estaria acontecendo? Teria ele encurralado o velho inimigo pela terceira vez? Por que não? Ele havia derrotado outras doenças, tantas vezes, anteriormente.

Zarpei em minha viagem de pirata, em um barco tão antigo e autêntico que o capitão não dispunha de telefone. Fiquei incomunicável durante semanas; nos poucos locais desolados onde desembarcamos, os telefones, se os conseguisse achar, nunca funcionavam. Em Santiago de Cuba, era possível falar com a Espanha e com a Polônia, mas com nenhum outro lugar.

Na noite em que voltei da baía de Montego, exultei. Nenhuma mensagem, carta, absolutamente nada de Quarr. Era muito tarde para telefonar para lá, mas o que a falta de notícia isso poderia indicar, se não boas notícias? Uma voz alegre começou a trinar dentro da minha cabeça: *Ele conseguiu! Igual às outras vezes. É o velho Joe, indestrutível!*

Fui dormir mais feliz do que havia me sentido durante meses.

Mas ele já estava morto.

Tinha conseguido chegar ao jubileu, embora fraco demais para descer as escadas e participar das cerimônias. Foi representado pelos irmãos. Um companheiro de enfermaria ouviu-o falando o dia todo ao telefone celular, mas, em uma certa manhã, havia apenas silêncio. Frei Joe tinha entrado em uma nuvem de medicamentos e dor e, no dia 27 de abril de 1998, a morte finalmente o derrubou sobre os joelhos ossudos.

Seis semanas atrás. Ninguém havia telefonado nem escrito. Porque monges não vivem no mundo em que nós vivemos, suponho. Porque a morte não é um desastre, apenas uma porta, suponho.

De que adiantava encontrar explicações naquela manhã? Chorei e chorei e chorei. E então chorei mais. Jamais havia entendido a frase "prostrado de dor", que sempre me parecera uma atitude ridícula, típica do século XIX. Agora eu entendia. Sentia-me tão fraco como se estivesse com febre alta, incapaz de erguer-me do chão, onde eu desmoronara, de joelhos, torturado pela perda.

As lágrimas não eram todas por Joe. Nunca são. Eram principalmente por mim — pois a segurança, a certeza, a proximidade dele haviam desaparecido no escuro. Um medo espiritual muito pior do que o físico, porque escapar do físico é sempre possível, mas não há como escapar do terror de vagar pela fria solidão cósmica. Enquanto Joe estava vivo, no mundo, havia um fio de teia de aranha que conectava à possibilidade de Deus, mas agora...

Sempre egoísta. Eu não tinha pensado em como seria para ele dentro daquele crânio sagrado e simples. Teria sentido medo? Estaria tremendo, a despeito das palavras? Teria receio de que os setenta anos de mortificação, privação e dedicação talvez tivessem sido em vão? Que horror *isso* deve ser. Teria ele se perguntado, subitamente, se a fé é recompensada — ou se é, ela mesma, simplesmente, sua própria recompensa, o relógio de pulso oferecido pela administração da empresa? Como eu queria ter estado lá, para abraçá-lo enquanto ele partia. Não havia outra pessoa no mundo em cuja companhia eu gostaria de estar, para dela me despedir no momento em que adentrasse a escuridão, segurando-lhe a mão até que escorregasse de meu alcance, e sua alma caminhasse para o céu — ou para o esquecimento...

Como se estivesse em uma coleira, fui levado à igreja localizada na esquina de meu escritório — no cruzamento da rua Oitenta e Dois com Amsterdã, a Santíssima Trindade. As lágrimas secaram. Sentei-me. Ajoelhei-me. Fechei os olhos. Abri-os. A casinhola dourada e muda estava sob a caverna de mármore, no centro do altar. Se havia alguém dentro, ele não tinha nada a me dizer.

Ao menos eu o vira e abraçara antes que ele morresse. Ao menos meu lindo menino o beijara com amor, como o avô que ele era para ele, e levara a velha umidade de volta a seus olhos meigos, doentes e avermelhados. Frei Joe significava Deus para mim, mais do que qualquer daquelas imagens idealizadas, mais do que os rebuscados vitrais alemães, mais do que quaisquer palavras ou credos que tivessem ecoado entre aquelas paredes.

Contudo, ao menos alguns daqueles santos foram, um dia, pessoas vivas, espirituosas, amáveis, que exerceram nas pessoas que os conheciam o mesmo efeito que Joe exerceu em mim. As pessoas sagradas são veneradas não apenas a fim de propiciar favores, mas para manter, além da morte, aquela conexão que elas nos concedem com o divino, com o melhor, com o que quer que seja essa coisa-Deus. A coisa-Deus é inconcebível sem um corpo humano como médium, algo em que possamos nos agarrar, que alcançou o inconcebível.

Ponderei a respeito da possibilidade de rezar por Joe, e sua personalidade floresceu-me na mente, brilhante e viva, como se ele ainda estivesse presente em algum lugar do mundo. Isso me sustentou, mitigou o impacto do luto e da perda. Meu Deus. Teria eu, cínico, cético, ex-satirista, membro de carteirinha do clube dos faladores, para quem coisa alguma jamais era sagrada, finalmente, encontrado um santo? Ali, naquela igreja feia e descascada, tão distante de Quarr, pela última vez, cantei a *Salve Regina* para ele.

Agora parece que a torre brota das árvores um pouco antes, para quem desce pela trilha. Dá-me calafrios. À sua sombra jaz o pequeno cemitério quadrado, com as cruzes simplórias, de pedra, enfileiradas, como um trecho de Flanders Field transplantado.

Apresso-me pela via de acesso ao mosteiro. Não porque mal possa esperar para chegar a Quarr; Quarr parece estranho para mim. Não sei se a sensação é passageira — vestígio do ressentimento por não ter sido avisado da morte de Joe — ou se é algo mais permanente: sem Joe, o local não me interessa.

Atravesso a grande porta preta que certa vez se abriu, revelando-me meu Éden secreto. Já não existe o Éden. O cemitério está agora a apenas alguns metros de distância, fora da trilha, mas não posso entrar. Ainda não. Temo que a presença dele seja tão forte que eu não possa agüentar — qual a hóstia consagrada, quando eu era menino, que se tornou tão presente e real que tive vontade de sair correndo da igreja. "A humanidade só pode tolerar a realidade até certo ponto."

Desço, às pressas, pela trilha principal, passando entre os castanheiros resplandecentes, cujas folhas de outono ainda incandescem em morno marrom. Tudo o que há de querido e familiar está mudado. O que antes era um refúgio seguro agora é paisagem de perda, destituída do espírito que animava aquele lugar para mim.

Em nosso lugar favorito, o pequeno promontório, que ainda estava lá, apesar de a cada ano ser corroído pelo oceano que avança bosque adentro, a imagem do frade é mais fácil de ser invocada. A longa face oval, com os olhos sempre a piscar e o sorriso trêmulo, as orelhas grandes, o nariz triangular que lembrava coelho. Toda vez que via Joe, eu esperava que enormes bigodes tivessem crescido nele.

Ele está de pé ali, no vento eterno: as mãos sob o hábito, para se aquecer, os pés chatos, calçando meias pretas e as sandálias frouxas do Asterix. Aquele personagem de desenho animado, aquele centro fixo, aquela rocha da alma, firme e forte, à semelhança do imenso carvalho que cresce no topo da colina.

Frei Joe tinha uma última surpresa para mim.

A primeira pista surgiu no obituário que um amigo me enviou da Inglaterra. Segundo constava, cerca de duzentas pessoas tinham comparecido ao réquiem em homenagem ao frade. Um princípio básico, no que respeita a funerais — especialmente funerais de pessoas amadas — é que, para cada indivíduo que comparece, há meia dúzia de outros que gostariam de ter comparecido.

Se tal princípio fosse aplicado, o número de conhecidos daquele frade humilde, discreto e que vivia enclausurado chegaria a quatro dígitos. Então, no mesmo obituário, li as seguintes palavras, estarrecedoras: "Ele influenciou a vida de muitas pessoas, na Inglaterra e no exterior, pertencentes ou não à sua própria Igreja... é difícil avaliar a extensão de sua influência pastoral."

Frei Joe? *Meu* frei Joe?

Nunca fui tão arrogante e egocêntrico a ponto de imaginar que fosse seu único amigo e penitente. Eu sabia que outras pessoas o procuravam em busca de ajuda, e sabia também da existência de alguns "velhos amigos", como ele os chamava, especialmente à medida que foi ficando mais velho. Outros monges em Quarr tinham penitentes ou velhos amigos com quem podiam se encontrar. A tolerância de Quarr quanto a tais laços era maior do que a de muitas outras casas ou ordens.

Mas "influenciou a vida de muitas pessoas", número que, bastava fazer alguns cálculos, chegaria a centenas?

Sempre acreditei — com base simplesmente na evidência do interesse permanente por ele demonstrado — que o que era a amizade decisiva da minha vida fosse também um elemento central da vida dele. Todas as grandes amizades ajudam os dois lados a descobrir a singularidade dos respectivos seres, o "eu" que eles devem ser. O verdadeiro amigo nos acompanha em uma viagem através do mar interior cujo resultado nenhum dos dois pode saber ao embarcar. Uma viagem que há de mudar os dois.

O senso comum sugere ser difícil para uma pessoa manter mais do que algumas poucas amizades desse tipo ao longo da vida. Seria fisicamente exaustivo — devido ao custo elevado, em termos de tempo, energia, paciência, concentração — e brutal às emoções, quanto mais ao espírito. Ainda assim, à medida que as homenagens aconteciam e eu pesquisei um pouco mais, ficou claro que frei Joe havia empreendido não apenas algumas ou até mesmo algumas dezenas, mas centenas das tais viagens que mudam a vida.

Minha ignorância resultou, em parte, do fato de eu morar do lado errado do Atlântico. Os amigos europeus deveriam ter maior conhecimento de sua relativa fama. Mas que eu, um jornalista, nunca tenha detectado uma pista da extensão dessa fama é indício eloqüente da humildade do frade. Nunca, em todos aqueles anos, ele havia mencionado uma única vez que havia centenas de outros Tonys — ao contrário da maioria dos mentores espirituais, que, apesar de serem profundamente espiritualizados e operarem com base nos motivos mais nobres, sempre celebram a própria centralidade em relação aos seguidores, estão sempre em busca de expansão, usando suas histórias de sucesso como exemplos para novos clientes.

Joe jamais havia mencionado seu sucesso com qualquer outro velho amigo, a título de me dar uma lição. E tenho certeza que jamais mencionou algum aspecto da nossa amizade como algo útil ou inspirador para outra pessoa. Até onde eu sabia, ele tratava de maneira idêntica todos os demais integrantes do imenso rebanho. Era imensamente conciliatório e cativante sermos tratados como se fôssemos únicos em sua vida; e, com efeito, durante o tempo em que estávamos com ele, éramos mesmo os únicos. Ele amava qualquer um que estivesse ao seu lado; espiritualmente promíscuo, absolutamente discreto.

Quando expressei surpresa por "Não Ser o Único", um de seus companheiros monges disse:

— Ah, sim... todos pensavam que eram o melhor amigo de Joe.

E todos estávamos certos. Todos éramos.

Descobri, depois de ler a respeito de mais homenagens e fazer mais perguntas, que ele era mais conhecido por salvar vocações, especialmente de padres açoitados pelas tempestades dos experimentos e das controvérsias na Igreja pós-Vaticano II. Mas a maioria dos que o procuravam era de leigos, como eu, indivíduos comuns, adeptos de todo tipo de estilo de vida, lutando mundo afora. Muitos o conheciam havia muito mais tempo do que eu, alguns há cinqüenta anos, outros até mesmo há sessenta.

Um segmento bastante numeroso dos seus penitentes era *gay*, pessoas que haviam perdido amantes devido à Aids, ou que sofriam de Aids, bem como aqueles torturados pela implacável intolerância da Igreja quanto a orientações sexuais diferentes (ao menos no mundo leigo). O que talvez fosse ainda mais incomum, uma grande porcentagem de seus amigos era composta de mulheres. Eu havia constatado, muito tempo atrás, a simpatia de frei Joe por Lily e pela situação difícil em que ela se encontrava; portanto, isso não foi surpresa para mim, apesar de, aparentemente, ter sido para algumas pessoas. Joe nunca aderiu à convicção tácita do clero de que as mulheres são, na vasta maioria, uma espécie animal numerosa e excepcionalmente irritante.

Uma amiga especial, a quem ele chamava de "a garota do moinho", morava em uma cidade no norte da Inglaterra. Ela se tornara mãe solteira aos trinta anos, em um tempo e lugar onde isso era motivo de grande provação, e de algum modo travara conhecimento com Joe. O frade continuou seu amigo até ela passar dos oitenta anos; em todas as férias, ela vinha até a ilha de Wight, para estar perto dele. No outro extremo, houve, em meados dos anos 90, uma interação discreta, por telefone e por carta, com a princesa Diana. Tipicamente, Joe nunca se preocupou em compartilhar esse dado tão surpreendente. (A despeito do segredo do confessionário, quem não adoraria saber o que ele dizia acerca de Camilla.)

Tampouco era chauvinista. Prestou auxílio a muitas pessoas que freqüentavam outras igrejas, notadamente a um homem que se refere a ele como seu "principal mentor espiritual" — Rowan Williams, indivíduo dinâmico, o novo arce-

bispo de Canterbury. Arcebispo Williams recentemente disse
em uma entrevista:

> [Frei Joe] era um ouvinte genial — alguém que
> vinha ao nosso encontro, muito antes da nossa
> chegada. Ele nos escancarava as portas. Era dotado
> de grande bom senso, em se tratando de conselhos
> acerca da prece.

Joe era um camaleão sagrado. Para mim, era irreverente
e secular. Para outros, era um guia intensamente espiritual;
para outros, ainda, um disciplinador tão meigo quanto firme. Para alguns, era pai, para outros, mãe. Sempre fazia o
que era adequado e prático para a pessoa que estava a seu
lado. Para Joe, não havia apenas dois tipos de pessoas no
mundo, nem três, nem dez. Apenas pessoas. Era o profeta
do possível. Acalmava os sofridos, cuidava dos torturados e
animava os imperfeitos.

Minha descoberta da grande infidelidade de Joe, consta-
tada postumamente, esclareceu mais um mistério: onde e
quando teria o sábio inocente adquirido seu vasto conhecimento do ser humano? E a capacidade de nunca se chocar
ou se desconcertar ou se desorientar diante de qualquer comportamento humano? Até certa medida, evidentemente, tal
conhecimento decorria do muito que ele havia visto e ouvido,
de tantos meios e níveis de imperfeição aos quais foi exposto.

Mas, em última instância, o conhecimento adveio de
uma provisão infinda de amor, palavra pobre, denegrida,
desgastada, obsoleta, mas revitalizada nas mãos de frei Joe.
Para Joe, amor era cura, emoliente, mecanismo de diagnós-
tico, estímulo, recompensa, nutriente, garantia de saúde e
paz. O frade era a prova viva de que o amor ensina tudo que

realmente precisamos saber, até mesmo se escolhermos viver fora do mundo e de seus suprimentos supostamente ilimitados de sabedoria e informação.

Frei Joe era a encarnação humana da visão de Blake: podemos encontrar a eternidade em um grão de areia.

Demoro o máximo possível para caminhar de volta até a abadia, ainda retardando minha visita ao cemitério. As noites de outono estão se aproximando e a luz desaparece. O vento parece enfurecido em meio aos carvalhos, chicoteando as folhas restantes, que se agarram aos galhos como se ainda tivessem alguma esperança. Podem esquecer, folhas. O inverno está chegando.

Preciso entrar. Ao me deter no pequeno portão de ferro, vejo ali, em meio às fileiras de cruzes simplórias de pedras, sua cruz. Ainda não fizeram a cruz de pedra; portanto, é de madeira, dois pedaços de pau pregados em ângulos retos. Uma placa de plástico já descolorido está aparafusada à cruz. Diz: "D. [de dom] Joseph Warrilow." E a data da morte dele em algarismos romanos.

Longe de sentir uma presença esmagadora, não sinto presença alguma. Empenho-me em alcançá-lo. Ele parece menos vivo aqui do que perto do mar, onde sua imagem era tão vívida. Apesar de ele estar aqui à minha frente, morto há apenas seis meses, não mais distante de mim do que quando conversamos pela última vez, não consigo sequer visualizá-lo debaixo da terra, as feições queridas desaparecendo, os pobres olhos afetados pelo câncer apodrecendo, o crânio, dentro do qual Deus certamente morou, embranquecendo, uma caveira.

Ele não está mais aqui. Está em outro lugar. Está em todo lugar.

Conheça mais sobre nossos livros e autores no site
www.objetiva.com.br
Disque-Objetiva: (21) 2233-1388

Este livro foi impresso na
LIS GRÁFICA E EDITORA LTDA.
Rua Felício Antonio Alves, 370 – Bonsucesso
CEP 07175-450 – Guarulhos – SP – Fax: (11) 6436-1538
Fone: (11) 6436-1000 – e-mail: lisgrafica@lisgrafica.com.br